세상의 모든 전략은
전쟁에서 탄생했다

세상의 모든 전략은 전쟁에서 탄생했다

3040을 위한 인생 전략 특강 　임용한 지음

교보문고

| 시작하는 글 |

전쟁사에 숨은 전략과 삶의 지혜를 읽다

사람은 위기의 순간에 자신의 숨겨진 능력을 발휘한다고 한다. 이것이 역사 속에서 가장 잘 나타난 것이 바로 전쟁이 아닐까 싶다. 패하면 삶의 터전이 초토화되고 국가는 식민지가 되며, 개인에게는 죽음이 기다리고 있다. 이를 필사적으로 막기 위해 사고가 뛰어난 사람, 실행이 뛰어난 사람, 체력이 뛰어난 사람들이 전쟁에서 두각을 나타내 영웅이 되었다. 갈리아 전쟁을 수행해 유럽을 평정한 카이사르, 13척의 함선으로 133척의 왜구를 물리친 이순신, 북부 아프리카에서 기발한 전술로 '사막의 여우'로 불리게 된 롬멜, 노르망디 상륙 작전을 성공시켜 제2차 세계대전을 끝낸 아이젠하워 등이 그 주인공들이다.

이들은 절체절명의 순간에 뛰어난 전략과 전술을 고안했는데, 이 전략과 전술들은 오늘날 조직사회나 기업은 물론 개인의 삶의 '전쟁'에서도 여전히 유효하다. 이 때문에 현명한 리더들은 위기가 닥쳐오거나 쇄신이 필요할 때가 되면 전쟁사를 통해 지혜를 구한다. 이는 세상의 모든 뛰어난 전략이, 다름 아닌 전쟁 속에서 탄생했기 때문이다.

전쟁도 본질은 경영이다. 《손자병법》이 병법의 고전이 된 이유도—비록 경영이란 단어는 사용하지 않았지만—이 점을 파악했던 덕분이었다. 3년 전 〈DBR 동아비즈니스리뷰〉에서 '전쟁과 경영'을 주제로 연재를 부탁받았을 때, 꽤 망설였다. 그러나 전쟁 자체가 경영이라는 생각과, 인생의 즐거움은 새로운 영역에 도전하는 것이라는 평소의 신념에 따라 한번 해보기로 결정했다.

연재를 하다 보니 또 하나의 도전 과제가 주어졌다. '적은 분열시켜라' '부하를 사랑해야 한다'와 같은 뻔한 결론을 벗어나보자는 것이었다. 소위 뻔한 교훈의 문제는 결론이 뻔해서가 아니라 고찰과 분석 자체가 피상적이거나 대중의 기호에 맞게 왜곡한다는 점이다. 그러므로 최소한 기존의 전쟁사에서 교훈이라고 언급되고 있는 것, 우리 사회에서 공통적으로 발생하고 있는 오류, 우리의 역사·문화적 환경이나 기성 교육 탓에 빠지기 쉬운 함정을 탈피하고, 이것들이 뻔한 교훈을 만들어내고 있다는 사실을 깨우치는 수준에는 도달해야 한다고 결심했다.

연재를 하면서 보니 우리나라뿐 아니라 외국의 자료에도 비슷한 교훈을 나열하는 사례가 의외로 많았다. 하지만 심도 있고, 시사점과 상상력이 풍부한 자료도 많이 발견했다. 서양 전쟁사의 사례를 분석하면서 같은 사건이라도 시대가 다르고 환경이 다르니, 느끼는 바와 교훈의 포인트가 확연히 달라진다는 경험을 하게 된 것도 쏠쏠한 즐거움의 하나였다.

하지만 연재라는 속성상 분량에 제한이 있어서 충분히 설명할 수 없는 경우가 종종 있었다. 특히 서양 전쟁사와 현대 전쟁사 부분은 연재 후 삼성경제연구소에서 주관하는 엠키스Mkiss와 세리SERICEO에서 같은 주제로 강연하면서 새롭게 깨닫는 부분도 많았다. 이런 새로운 깨달음을 독자들에게 전달하기 위해 연재한 글을 새로 보완하고 정리해서 《세상의 모든 전략은 전쟁에서 탄생했다》를 출간하게 되었다.

마지막으로 이 책을 읽는 독자들에게 당부하고 싶은 말이 있다. 앞서 언급한 카이사르, 이순신 등 4명을 포함한 명장들에게는 공통점이 하나 더 있다. 이들이 모두 40~50대에 가장 눈부신 활약을 보였다는 것이다. 카이사르는 부와 권력을 얻은 뒤 41세의 나이에 갈리아 정복에 새롭게 도전했으며, 아이젠하워가 노르망디 상륙 작전을 성공시킨 것은 54세 때였다. 이들이 불혹을 넘긴 나이에 뛰어난 전략과 전술을 구사할 수 있었던 이유는 충실한 이론에 더해 수많은 실전을 통해 이론들을 직접 체득해 40~50대에서야 겨우 실력을 발휘할 조건을 갖추었기 때문이다.

현대를 살아가고 있는 우리는 서른을 넘으면 안정을 추구하고, 마흔을 넘기면 보신만을 생각해 웅크리고 있는지도 모른다. 하지만 30대는 물론 40대도 아직 더 치열하게 싸워야 할 때다. 삶은 전쟁과 같다. 어느 순간이든 승자와 패자가 나뉜다. 당신은 승자가 되고 싶은가, 패자에 머물고 싶은가? 답은 정해져 있을 것이다. 그렇기 때문에 인생 한가운데서 여전히 우리는 '전쟁사'를 읽어야 하며, 그 안에 숨은 전략, 삶의 지혜를 추구해야 한다.

이 책이 나오기까지 많은 분들에게 신세를 졌다. 동아일보사 미래전략연구소의 김남국 편집장님과 늘 꼼꼼하게 원고를 검토해주신 이방실 기자님, 원고를 더 좋은 글로 수정해주신 삼성경제연구소의 김춘영PD님, 교보문고의 관계자 여러분에게 이 자리를 빌려 감사를 드린다.

임 용 한

목차

| 시작하는 글 | 전쟁사에 숨은 전략과 삶의 지혜를 읽다   005

Strategy 1
먼저 생각을 바꿔라

1. 마라톤 전투 :: 전략과 전술의 힘   013
2. 별무반의 여진 정벌 :: 사전 조사 없이 승리도 없다   027
3. 무적함대 :: 거시적 타당성의 함정   035
4. 7년 전쟁 :: 이론과 실전을 결합하면 전략이 보인다   046
5. 솜 전투 :: 검증하지 않은 신무기가 참혹한 패배를 낳다   060
6. 크라곤자 산 전투 :: 천재는 변화와 자기계발 욕구에서 태어난다 072

Strategy 2
변화를 이룰 때까지 계속 도전하라

7. 스팍테리아 전투 :: 기득권을 버려야 진정한 변혁을 이룰 수 있다   085
8. 십자군 전쟁 :: 전쟁은 끝나도 경쟁은 결코 끝이 없다   095
9. 서안평 점령 :: 남들이 감히 시도하지 못하는 것에 도전하라   106
10. 진포 해전 :: 아이디어가 세상을 바꾼다   113
11. 나폴레옹 전쟁 :: 목마른 사람이 우물을 파야 한다   120
12. 남북 전쟁 :: 눈에 보이지 않는 것을 바꾸기는 쉽지 않다   129

Strategy 3
실패를 거울 삼아라

13. 절령 전투 :: 현장을 모르는 분석은 독이다   139
14. 콘스탄티노플의 함락 :: 배고픈 자가 전쟁에서 이긴다   146
15. 이탕개의 난 :: 일벌백계와 본보기는 조직을 망친다   158
16. 광성보 전투 :: 경직된 관료주의가 패배를 가져온다   166
17. 과달카날 전투 :: 자신의 부족함을 겸허히 인정하라   176

Strategy 4
멀리 가려면 함께 가라

18. 크레시 전투 :: 투철한 프로가 고상한 아마추어를 이긴다   189
19. 을묘왜변 :: 현장의 목소리에 답이 있다   201
20. 게티즈버그 전투 :: 익숙하지 않은 상황에서 더욱 빛나는 팀워크   212
21. 노르망디 상륙 작전 :: 드러나지 않는 공로자를 배려하라   224

Strategy 5
명장의 리더십을 배워라

22. 갈리아 전쟁 :: 벤치마킹의 위력과 한계   237
23. 임진왜란 :: 리더십은 책임감이다   254
24. 미드웨이 해전 :: 완벽한 계획의 함정   260
25. 지평리 전투 :: 카리스마형 리더십과 민주적 리더십   270

| 참고문헌 |

: : Strategy 1 : :
먼저 생각을 바꿔라

1. 마라톤 전투
전략과 전술의 힘

기원전 490년 마라톤 평원에서 치러진 그리스군과 페르시아군의 전투는 세계사에서 가장 유명한 전투다. 그런데 규모로는 그리 큰 전투가 아니었다. 그리스군은 약 1만 명, 페르시아군은 1만 5,000~2만 5,000명이었다. 폴리스_{도시국가} 단위로 살던 그리스인에게는 엄청난 전투였겠지만, 세계적 관점에서 보면 지역분쟁 정도에 불과했다. 이 작은 전투가 세계사를 바꾼 전투로 자리매김하게 된 이유는 마리톤 전투로부터 시작된 페르시아 전쟁이 동양의 침공에서 서구를 지킨 전쟁으로, 독재와 전체주의에 대한 민주주의의 승리로 포장된 덕분이다.

　페르시아 전쟁 직후부터 20세기까지 서구 역사가들은 소국인 그리스가 자신들보다 1만 배가 넘는 인구를 보유한 페르시아를 이길 수 있었던 비결을 민주주의 덕분이라고 믿었다. 마라톤 전투는 민주주의가 독재와 파시즘보다 강하며, 자발적 시민정신이 타율적이며 경직된 인간보다 강하다는 증거가 되었다.

올림픽의 창설자들이 마라톤 전투의 고사에 착안해 마라톤 경주를 기획하고 올림픽의 하이라이트로 만든 것도 이러한 역사적 평가와 무관하지 않다.

노블리스 오블리주를 실천하는 전제군주
vs. 부패한 시민사회

하지만 적어도 민주주의에 관한 한 마라톤 전투의 의미는 과장이다. 고대 그리스의 민주주의는 오늘날의 민주주의와는 전혀 달랐다. 게다가 페르시아 전쟁 내내 아테네가 보여준 민주주의와 시민정신이란 부패하고 야비한 협잡과 선동 정치이며, 치졸한 지역주의와 집단이기주의의 결합일 뿐이었다. 이렇게 말하면 현대의 정치판도 다를 게 없다고 한숨을 쉬는 이들도 있는데, 하여간 그리스인의 이기주의와 야비함은 민주주의에 회의를 불어넣기에 충분했다. 오죽하면 그리스인들조차 적국이 페르시아 황제의 공정함과 노량에 매료되고 그들을 지도자의 표상으로 추앙했을까(소크라테스의 제자였던 크세노폰은 페르시아의 황제 키루스를 지도자의 모범으로 찬양했다).

두 국가 체제의 진실을 보여주는 사례가 있다. 다리우스 1세가 그리스를 침공하기 전에 벌인 흑해 부근의 스키타이족 정벌이다. 무패를 자랑하던 키루스 2세도 다리우스 1세보다 20년 앞서 스키타이족을 정벌하려다 실패해 적군에게 살해되었다. 이처럼 스키타이족 정벌은 모두가 위험하다고 반대한, 무리한 원정이었다. 다리우스 1세 역시 패배했으며, 거의 죽을 위기에 몰렸다가 간신히 탈출해서 돌아온다.

다리우스 1세만 빼고 모두가 불안해하던 원정군이 출발할 즈음 오이오바조스라는 귀족이 다리우스를 배알했다. 아들 셋이 모두 이 원정에 종군하게 된 오이오바조스는 황제에게 한 명만 남겨달라고 부탁했다. 당시의 기준에서도 이 요청은 무리한 것이 아니었다. 의리 있고 자비롭기로 유명했던 황제 다리우스 1세는 오이오바조스에게 아들 하나가 아니라 셋 모두 남겨주겠다고 한다. 다음 날 세 아들이 모두 집으로 돌아왔다. 목이 잘린 채로.

다리우스 1세의 아들 크세륵세스가 2차 그리스 침공을 감행할 때의 에피소드도 있다. 리디아 왕국_{소아시아에 있던 나라}의 국왕 퓌티오스는 자진해서 거액의 군자금을 헌납했다. 그는 페르시아를 통틀어 최고의 거부였는데, 기부금이 금만 27.5톤이었다. 크세륵세스는 큰 감동을 받아 자기 금 0.5톤을 더해 28톤으로 채워 돌려주고 퓌티오스를 친구로 삼았다.

며칠 후 퓌티오스가 찾아와 오이오바조스와 같은 부탁을 했다. 그에게는 종군하는 아들이 무려 다섯 있었는데, 장남만은 남겨달라고 부탁한 것이다. 그러자 크세륵세스는 이렇게 대답했다.

"황제인 나도, 모든 아들과 사위, 친척이 참전하고 있다."

그러고는 부친 다리우스 1세의 전례를 따르면 아들을 모두 처형해야 하지만, 지난번의 공을 감안해서 장남만 처형하겠노라고 했다. 크세륵세스는 장남을 반 토막 내서 시체를 길 양쪽에 놔두고 군대를 그 시신 사이로 행진하게 했다.

:: Strategy 1 :: 먼저 생각을 바꿔라

페르시아 황제들의 엄정함과 노블리스 오블리주는 이 정도였다. 하지만 그리스는 이와 정반대였다. 페르시아 황제에게 그리스 침공을 부추긴 사람이 아테네의 참주 페이시스트라토스의 아들 히피아스였다. 그는 아테네 시민의 봉기로 참주직에서 쫓겨나자 적국으로 망명하더니 기꺼이 페르시아군의 길 안내를 맡아 고국을 침공했다.

귀족만 배신을 일삼은 것은 아니다. 마라톤 전투를 승리로 이끈 명장 밀티아데스는 마라톤 전투 후 대중에게 인기가 높아지자 모함을 받아 전 재산을 몰수당하고 쫓겨나 자살로 생을 마감한다. 최소한 아테네를 구한 공로는 참작해주었어야 했지만, 아테네 시민은 그조차 매몰차게 거절했다. 2차 페르시아 전쟁에서 페르시아군을 살라미스로 끌어내 전멸시킨 테미스토클레스도 전쟁이 끝나자마자 시민들에게 배신당해 페르시아로 망명했다. 정작 테미스토클레스를 '그리스의 뱀'이라고 부르며, 현상금까지 걸었던 크세륵세스는 이 원수를 받아주었다. 하지만 아테네 시민은 테미스토클레스의 귀환을 끝내 거부했고, 그 역시 자살로 생을 마감해야 했다.

나보다 잘난 사람은 절대 용납할 수 없다. 이것이 그리스 시민정신의 본질이었다. 과장이 아니다. 이 정신이 얼마나 투철했는지를 보여주는 좋은 사례기 있다. 2차 페르시아 선쟁이 끝난 후, 참전했던 폴리스의 장군들을 대상으로 최고 공로자를 뽑는 투표를 했다. 그런데 개표하니 2표를 얻은 사람이 한 명도 없었다. 전원이 자기 자신에게 투표했던 것이다. 살라미스 해전에 배 한 척 보내지 않은 폴리스가 수두룩했는데도 말이다. 그래도 일말의 양심은 있어서 2등은 거의 모두 테미스토클레스를 찍었다고 한다.

이것이 그리스 민주주의와 시민정신의 실체다. 페르시아 전쟁은 독재 국가와 자유시민의 싸움이 아니라, 공정함과 야비함의 대결이었다. 이런 정신 상태에 국력은 1만분의 1 수준인 나라가 어떻게 페르시아를 이길 수 있었을까?

분열된 폴리스에 국가는 없었다

기원전 490년 페르시아의 다리우스 1세는 지금의 소아시아 연안에 있는 그리스 식민지의 반란을 제압하고, 그리스 본토를 공략하기로 결심한다. 향도嚮導가 된 히피아스는 페르시아 함대를 아테네 북동쪽 40킬로미터쯤 되는 지점에 있는 마라톤 평야로 인도했다. 마라톤 평야는 해안 평야로 해안선은 길고 평평했다. 평야 북쪽에는 현지 주민들이 '개꼬리'라고 부르는 회초리처럼 가느다랗게 튀어나온 석호가 나무랄 데 없는 방파제를 만들어주었다.

아테네는 공포에 휩싸였다. 그리스군은 폴리스 간의 힘겨루기에만 적합한 군대였다. 청동갑옷과 방패로 무장하고 방진을 이룬 중장보병대는 고대 세계에서 최강의 보병대였지만 그것이 전부였다. 그들은 기병도, 제대로 된 궁수도 없었다. 청동보병은 적이 앞에 있을 때만 제대로 싸울 수 있었다. 측면과 후면은 무방비 상태이며, 기동력은 최악이었다. 평원에서 페르시아 기병이 측면과 후면으로 공격해 들어오면 손쓸 도리가 없고, 궁병대가 화살공격을 하면 비 맞듯이 서서 맞아야 했다.

도시에는 성이 있었지만, 엄밀히 따져 성이라기보다 벽에 가까웠다. 그래서 현대의 번역가들은 이 구조물을 성이라고 하지 않고 방벽이라고 번역한다. 이렇게 현저한 전력 차이로 인해 이미 소아시아 연안의 그리스 도시들은 페르시아군에게 힘 한번 제대로 쓰지 못하고 격파되었다.

오늘날 우리는 이 전쟁을 그리스-페르시아 전쟁이라고 언급하지만, 정확히 말하면 그리스라는 국가는 없었다. 그리스는 수백 개 폴리스의 모임이었다. 페르시아군이 도래하자 폴리스는 항복하자는 도시와 싸우자는 도시로 분열되었다. 아테네와 스파르타 다음으로 큰 폴리스이며 북부 동맹의 중심도시였던 테베는 전쟁 내내 페르시아 편에 섰다. 펠로폰네소스 반도의 입구에 자리 잡은 아르고스는 스파르타와 쌍벽을 이루는 강한 도시였는데, 그들은 숙적 스파르타가 싫다는 이유만으로 페르시아 편에 붙었다.

싸우자는 도시들도 연합전선이나 동맹을 전혀 형성하지 못했다. 아테네를 도와 마라톤 전투에 참전한 도시는 플라타이아이라는 소도시뿐이었다. 그들이 탈탈 털어서 보낸 병력은 겨우 800명이었다.

우리가 생각하는 민족 감정이나 국가의식도 없었다. 마라톤 전투 후 현장서 전사자들의 무덤을 만들었는데, 아테네인들은 플라타이아이인 전사자 11명을 위한 작은 무덤을 따로 만들었다. 이것이 플라타이아이인에 대한 감사의 표시일 수도 있지만, 뿌리 깊은 지역주의의 소산이기도 하다. 이 정도의 지역주의는 그나마 낫다. 폴리스 안에서도 분열이 극심했다. 아테네는 10개의 부족으로 구성되어 있었는데, 각 부족의 자존심이 너무 강해서 군대 지휘도 10명의 지휘관이 하루씩 돌아가면서 맡았다.

페르시아가 침공하자 아테네는 그리스 최강의 육군을 가진 스파르타에 도움을 청했다. 스파르타는 원군 파병에 동의했지만 출발은 일주일

후로 미뤘다. 때마침 축제기간이었는데, 축제의 주제가 전쟁을 금지하는 평화의 축제였기 때문이다. 그런데 사실 축제는 핑계고 진짜 이유는 아테네군의 지휘를 받으며 싸우기 싫기 때문이었다. 할 수 없이 아테네군은 단독으로 출정했다.

한정된 인원과 자원으로 승리하려면
기존의 아이디어를 답습하지 마라

그리스와 페르시아의 군대가 대치한 곳은 마라톤 평야 남쪽, 산과 평야와 바다가 만나는 협로였다. 마라톤에서 아테네로 가는 길은 두 군데였는데, 해안을 따라 남하하는 길과 북서쪽으로 전진하다 서쪽으로 좌회전해서 계곡을 넘어가는 길이었다. 그리스군은 이 길이 나뉘는 근처에 자리 잡았다. 어느 길로 진행하든 페르시아군은 그리스군을 격파해야 아테네로 들어갈 수 있었다.

그리스군이 포진한 정확한 장소에 대해서는 두 가지 설이 있다. 그리스군은 페르시아의 기병을 두려워했는데, 기병의 측면이나 후면 공격을 방지할 수 있는 지형이 두 곳 있었기 때문이다. 하나는 계곡 안쪽이고, 하나는 해안길이 내려다보이는 산비탈이다.

측면이 보호되는 좁은 지형 덕분에 그리스군은 버티기에 성공했다. 페르시아군은 기병을 활용할 수 없으므로 보병으로 정면공격을 해야 했다. 하지만 페르시아 보병은 모두 경무장이라 그리스의 중장보병과 정면대결을 벌일 수 없었다. 그리스군도 페르시아 기병이 무서워 계곡이나 비탈

▶ **마라톤 전투 전황도** | 그리스군은 아테네로 가는 서쪽 계곡과 남쪽 해안 길이 나뉘는 근처에 자리 잡아 페르시아군이 아테네로 진격하지 못하도록 방어했다.

밖으로 나가지 못했다. 서로 먼저 공격하기를 기다리는 양상이었다.

페르시아 제국의 크기가 무색하게 마라톤 전투에 투입된 페르시아군은 매우 적었다. 군대를 절반으로 나눠서 한 부대가 그리스군을 묶어두고, 다른 한 부대가 아테네로 진군했더라면, 아테네는 간단히 함락되었을 것이다. 하지만 병력 부족으로 군대를 나누기도 쉽지 않았다.

시간을 끌수록 페르시아가 불리했다. 보급품은 바닥나고 계절이 바뀌면 태풍이 불어닥친다. 최악의 상황은 스파르타에서 오는 지원부대였다. 결국 페르시아군은 모험을 감행했다. 보병은 남겨 그리스군을 묶어두고, 기병을 배에 태워 아테네에 상륙시키기로 한 것이다. 아테네는 병력이 모두 마라톤으로 출동해 무방비 상태였다.

기병과 보병을 분리한 것은 단순히 인원을 둘로 나누는 것과 의미가 전혀 다르다. 군대로서 제기능을 할 수 없기 때문이다. 그래서 페르시아군의 이동은 비밀리에 진행했다. 하지만 페르시아군은 워낙 여러 민족으로 구성되어 보안이 취약했다. 그날 밤 페르시아군에서 탈출한 스파이들이 그리스군 진영으로 뛰어 들어와서 소리쳤다. "기병대가 떠났다!"

페르시아군이 아테네로 향했으니 그리스군도 빨리 페르시아의 보병을 격파하고, 아테네로 귀환해야 했다. 그리스군은 공격을 결정하고 밀티아데스를 대장으로 선출했다. 소아시아의 식민도시 케르네소스의 지도자로 있으면서 페르시아군과 전투를 해본 경험이 있기 때문이었다.

무시무시한 페르시아의 기병이 빠졌지만 그리스군은 여전히 불리했다. 그리스군은 1만 명, 페르시아군은 1만 5,000명으로 페르시아 보병대의 전열이 좀 더 길었다. 전열이 짧으면 양쪽이 격돌했을 때 긴 쪽이 유리하다. 상대의 전열을 좌우에서 감아 들어와 측면을 공격할 수 있다. 그리스의 중장보병은 모든 장갑이 전면에 집중되어 있어서 측면과 뒤는 벗은 몸이나 다름없었다.

약간 남아 있는 페르시아의 기병과 경보병도 위협적이었다. 그리스군이 진격하는 동안 소수만으로도 측면을 공격해 교란할 수 있었다. 측면을 방어할 대책이 필요했다. 위협은 측면만이 아니었다. 그리스군과 페르시아군 사이의 거리는 1,500미터였다. 이 정도 거리면 행진하는 동안 페르시아 궁병들에게 위협적인 화살세례를 받을 가능성이 충분했다.

밀티아데스는 이 세 가지 난관을 한꺼번에 해결하는 묘책을 내놓았다. 그는 수백 년간 변함이 없었던 보병진형을 새로 디자인했다. 페르시아군과 전열을 맞추기 위해 맨 뒤쪽 보병을 빼서 앞 열을 보충해 좌우 길이를 늘렸다. 보통 8~10열인 중앙이 4열이 되었다. 진을 얇게 해서 좌우로 길게 늘린 것이다. 대신 기병과 경보병의 측면 공격을 대비해서 좌우의 보병대열은 8열을 유지했다.

중앙이 얇아졌음에도 페르시아군 길이에 맞추려면 병력이 여전히 부족했다. 그래서 병사들의 좌우 간격을 벌려서 길이를 맞추었다. 이 방법은 화살에 의한 피해를 줄이는 효과도 있었다.

간단한 아이디어 같지만 이는 매우 위험한 방법이었다. 방진이 얇아지면 충격을 막아내기 어렵고, 병사들의 간격이 넓어지면 스크럼을 짜기 힘들다. 적과 충돌하자마자 그리스군의 중앙부가 썩은 각목처럼 부러질 수도 있었다. 중앙부가 부러지면 적은 중앙을 가르고 나와 그리스군의 좌우를 휘감아 전멸시킬 것이다.

영원히 변하지 않는 원칙은 없다

이 상황에서 밀티아데스는 그리스의 전쟁 역사상 아무도 해본 적이 없는 절대 금기에 도전한다. 그는 중장보병대의 불문율인 '대형과 체력을 유지하기 위해 천천히 전진한다'는 원칙을 과감히 깨트리고 적진을 향해 돌격했다. 20~40킬로그램에 가까운 중무장을 한 보병이 1,500미터를 달려서 적과 백병전을 벌이는 것이 가능할까? 올림픽 레슬링 결승전에서 한 명에게 40킬로그램을 지고 1,500미터를 뛰게 한 뒤에 시합에 내보내면 그 선수가 승리할 수 있을까? 그래서 그리스군이 달린 거리와 속도를 두고 수백 년간 논쟁이 벌어진다.

그들이 달린 거리에 대해서는 의문이 넘쳐나지만, 달린 것은 확실하다. 결과도 확실했다. 당황한 페르시아군은 활시위를 당길 타이밍을 놓쳤다. 청동덩어리인 그리스군이 달려온 힘까지 더해서 페르시아군에 부딪치자 그 충격은 일상적인 충격보다 훨씬 강했다. 그리스군의 청동방패는 페르시아군의 가벼운 나무방패를 박살내고, 페르시아군의 창보다 더 긴 그리스군의 창은 갑옷도 입지 않은 페르시아 경보병을 관통했다.

그래도 페르시아군 최정예로, 무시무시한 도끼를 휘두르는 사카족^{카자흐스탄 지방에서 파미르 고원지대에 살던 스키타이족의 일파}이 배치된 중앙부는 얇은 그리스군을 튕겨냈다. 그리스군 중앙부가 후퇴하면서 페르시아군이 승기를 잡는 듯했다. 바로 좌우측의 그리스군을 측면 공격했다면 승리할 수 있었다. 하지만 페르시아군은 측면을 무방비로 노출한 그리스군을 공격하지 않고, 도주하는 중앙부의 그리스군을 쫓아갔다. 그 사이에 좌측과 우측의 그리스군은 승리했다. 좌우측의 페르시아군이 도망치자 그리스군은 그들을 내버려두고 중앙의 페르시아군을 협공했다. 페르시아군은 괴멸했고 전원이 패주했다. 이 여세를 몰아 그리스군은 바로 개꼬리 곶으로 진격해서 페르시아 함대까지 쫓아냈다. 페르시아군은 6,400명이 전사했고, 그리스군의 전사자는 겨우 192명이었다.

마라톤 전투가 끝난 직후 아테네 시민에게 한시 바삐 승리의 소식을 알리기 위해 필리피데스라는 병사가 아테네로 파견되었다. 그는 기쁜 마음에 너무 열심히 달린 나머지 아테네에 도착하자마자 "우리가 이겼노라"는 말을 남기고 쓰러져 죽었다고 한다. 이 사건을 기념해서 마라톤 평야에서 아테네까지의 거리인 약 42킬로미터를 달리는 경주가 탄생했다. 필리피데스는 실존 인물이지만, 그가 달린 거리도, 목적도 전해지는 이야기와는 다르다. 아테네 최고의 달리기 선수였던 그는 마라톤 전투가 벌어지기 전 스파르타에 원병을 청하는 임무를 수행하기 위해 스파르타로 달렸다. 그 거리는 무려 225킬로미터에 달한다. 그는 이 거리를 단 이틀에 주파했고, 죽지도 않았다.

마라톤에서 아테네까지의 달린 역사적 사실이 있기는 하다. 마라톤 전투가 끝난 후 아테네 중장보병대는 급히 아테네로 돌아가야 했다. 배를 타고 떠난 페르시아 기병의 상륙을 저지해야 했기 때문이다. 그들은 전투로 지친 몸이었음에도 최대한 속도를 내서 아테네로 달려갔다. 오전 10시경에 출발해 대략 6~7시간 정도를 강행군해서 아슬아슬하게 아테네에 도착했다. 부두 가까이 도착했던 페르시아군은 해변에 도열한 아테네군을 보고 상륙을 포기했다.

프랑스의 언어학자 미셸 브레알이 이 사건에서 영감을 얻어 마라톤 경기를 제안했다. 1896년 최초의 근대 올림픽인 아테네 올림픽에 마라톤이 포함되었다. 하지만 군대의 달리기는 국제평화를 모토로 하는 올림픽과는 이미지가 맞지 않다. 이 때문에 필리피데스의 전설로 대체된 것이 아닌가 싶다.

물량공세는 전술이 아니다

마라톤 전투를 잊을 수 없는 전투로 만든 진짜 요인은 밀티아데스의 창의적인 전술이다. 고대의 전쟁에서 이렇게 창의적이고 융통성을 발휘한 전투는 매우 드물다.

이날 하루만은 그리스의 지도자들이 공명정대하게 행동한 것도 승리를 도왔다. 총사령관격인 칼리마코스는 선두에서 싸우다가 전사했다. 다음 전쟁에서 그리스를 구한 미래의 지도자 테미스토클레스와 아리스티데스도 이 보병대열에 있었다. 그들은 가장 위험한 중앙부에 자원했다. 음모에 달통한 정치가들이었지만 이 순간만은 전체를 보고, 자신에게 주어진 책임을 회피하지 않았다. 하지만 여기에도 나름 이유는 있었다. 그나마 아테네의 민주주의가 지닌 최대의 장점이 국가를 위해 싸운 지도자와 그렇지 않은 지도자, 최전선에서 싸운 지도자와 그렇지 않은 지도자를 예민하게 구분할 줄 안다는 것이었다.

하지만 패배의 진정한 원인은 페르시아군에게 있었다. 페르시아군은 다양한 민족으로 구성된 탓에 복잡했다. 이날의 보병진에도 여러 부족들이 제각각으로 무장하고 섰다. 현대인들은 다양성이 왜 단점이냐고 갸우뚱할 것이다. 다양성이 장점이 되는 이유는 변화하는 환경에 대한 적절한 대처능력과 창의력을 발휘할 가능성을 높이기 때문이다. 페르시아 제국의 다양성은 넓은 영토가 만든 것으로, 중앙아시아 초원의 유목민족을 징발해서 최고의 기병을 보유했고 그리스군보다 훨씬 우수한 궁병도 보유했다. 하지만 그뿐이었다.

페르시아는 보유한 자원을 적에 따라 적절하게 조합해서 특성화하는 시스템이 없었다. 그저 다양한 민족을 모아놓으면 어디서 어떤 군대와 부딪혀도 상대와 상성인 부족이 있을 것이고 이들이 큰 역할을 할 것이라고 생각했다. 페르시아가 항상 불필요할 정도로 많은 병력을 동원하는 이유도 이 때문이었다. 이런 태도는 상대에 맞춰 적정한 전술과 편성을 구성해서 최대의 효율을 추구하는 전술을 포기하고, 물량공세와 우연에 기대는 방식이었다. 그렇기에 패배할 수밖에 없었다.

페르시아는 왜 이런 바보 같은 행동을 했을까? 그들이 맞춤형 전술의 효용과 필요성을 몰랐을 리는 없다. 진짜 이유는 그들이 전쟁에서도 전투의 효율성보다 제국의 운영논리를 우선한 탓이었다. 맞춤형 전술을 사용하면 많은 민족 중에서 특정 민족에게 과도한 부담이 갈 수 있고, 균일하고 공정한 병력 징발을 할 수 없다. 내치를 위해서는 비효율과 막대한 비용을 감수하고 무조건 전체 민족에서 동일한 비율로 병력을 모아야 했다. 결국 기회주의적이고 부패한 그리스보다 훨씬 고상하고 합리적인 리더십을 보유한 탓에, 전투 현장의 상황에 전술과 전력을 집중하지 못했던 것이다.

오늘날 많은 대기업, 공룡화된 조직이 비슷한 현상을 보인다. 조직이 거대하며, 다양한 능력과 인재를 포함하고 있다는 것은 분명히 장점이다. 하지만 비대한 조직은 필연적으로 조직 운영을 위한 부가적인 요소를 대량으로 생산해서 사업 현장의 집중도와 효율성을 떨어뜨린다. 그래서 대기업이 특화한 기업에 패배하고, 대형병원이 전문병원에게 밀리는 사례를 종종 볼 수 있다. 이를 판별하는 유효한 기준은 다음과 같다.

우리 조직의 다양성은 맞춤형 전술과 효율적 대응에 도움을 주고 있는가? 아니면 그서 물량의 늑을 보고 있는가?

2. 별무반의 여진 정벌
사전 조사 없이 승리도 없다

　전쟁영화 중에는 특공대나 특수부대의 활약상을 그린 것이 많다. 특수부대 용사들의 이야기는 전쟁터에서 벌어지는 병사들의 용기와 두려움, 헌신과 갈등을 세밀하게 보여준다는 장점이 있다. 적진을 뚫고 불가능해 보이는 임무를 수행하는 병사들, 고립된 요새에서 끝까지 싸워 승리하는 용사들은 할리우드에서 좋아하는 극적인 영웅담의 소재다. 그런데 그 속에 숨어 있는 논리는 다름 아닌 돈이다. 대규모 전쟁영화는 예산이 너무 많이 들고 촬영도 어렵기 때문에 소규모 특수부대의 무용담을 영화화하는 것이다. 잘 알려지지 않아서 그렇지 우리나라 전쟁사에도 세계적인 전쟁영화의 명장면 같은 일화들이 있다. 그 중 한 장면의 현장으로 들어가보자.

　지금부터 약 900년 전에 소수의 무사들이 함경산맥의 좁은 골짜기를 조심스럽게 헤쳐 나가고 있었다. 이들의 임무는 지금의 함북 길주 동남쪽에 자리한 웅주성으로 연락문서와 약재를 전달하는 것이다. 그런데 웅주성으로 통하는 도로는 여진족이 차단한 지 오래였다. 유일한 길은 해상보급로였지만 바닷길은 안전하지 않았으며, 기후 탓에 연락이 두절될 때가 많았다.

이로 인해 작은 배로 찔끔찔끔 보급을 유지하되, 급한 연락이나 비상용품의 수송은 소수의 특수부대원들이 담당하고 있었다. 고려군은 여러 개의 성에 분산되어 있었는데 이 성들을 연결하는 도로가 여진족의 공격에 무방비 상태였다. 여진족은 평소에는 소부대를 이용해 보급부대를 습격하고 성을 고립시키다가 병력이 모이면 적당한 성을 골라 공격하는 전술을 썼다. 이렇게 싸워온 게 벌써 2년째였다. 고려군은 성들을 악착같이 사수하고 있었지만 부족한 식량과 보급품, 반복되는 전투와 질병으로 전투력이 고갈되어가고 있었다.

어려운 상황에서도 고려군은 잘 싸웠다. 이 분전의 비결은 철저한 준비와 훈련이었다. 1103년 고려군은 함북과 간도 지방에 걸쳐 살고 있던 여진족이 완안부를 중심으로 단합하기 시작한다는 첩보를 입수했다. 고려는 과거 거란족의 결집을 수수방관하다가 침공당해 혹독한 전쟁을 치른 경험이 있던 터라 이번에는 신속하게 대응했다. 1104년 고려는 여진을 공격하지만 어이없게 패배하고 만다. 그 뒤 고려군은 '특별한 무사들의 부대'란 뜻의 '별무반'을 창설했는데 이들은 여진 정벌에서 남다른 활약을 보인다.

솔선수범과 동기부여로 최강의 조직을 만들다

고려군은 훈련을 통해 병사들의 실력을 키우는 동시에 소속 부대에 대한 일체감과 자긍심을 불어넣었다. 전쟁에서는 소속감과 자긍심을 지닌 엘리트 부대가 반드시 필요하다. 물론 공정하고 냉철한 이성으로 보면 그 자긍심이 유치하기 짝이 없고, 다른 집단에 대한 터무니없는 멸시가 수반되기도 한다. 그렇지만 여진 정벌뿐 아니라 어떠한 전쟁사를 봐도 이런 부대의 활약은 놀랄 만하다.

별무반의 활약에는 지휘관과 지배층의 솔선수범도 한몫했다. 고려는 여진 정벌의 중요성을 깨닫고 관료 자제들도 예외 없이 철저하게 징집했다. 그래도 여진 정벌에 종군한 지휘관과 장교들을 보면 명문가 자제보다 신흥 가문 출신의 인물이 많다. 이들이 출세가 보장된 환경에서 편안하게 지내온 명문가 자제들과 달리 자기계발과 성장에 대한 강한 욕구를 지녔기 때문이다. 최고 지휘관인 윤관만 해도 나중에 고려와 조선의 최고 명문가가 되지만 당시에는 신진 가문이었다. 부사령관인 오연총도 마찬가지다. 동기와 능력을 지닌 장수들은 곳곳에서 창의적인 기지와 능력을 발휘하고, 병사들의 신뢰를 얻었다. 포위전과 구출 작전에서 보여준 병사들의 헌신과 용기는 이렇게 형성된 일체감의 소산이었다.

마지막으로 이 모두를 아우르는 별무반 활약의 숨은 비결이 있다. 조선시대에 《고려사》를 기록한 사람들은 이 비밀을 감추고 싶어했지만, 역사가의 양심과 사명감에 모호하게나마 기록해놓았다. 바로 신분제를 파괴하고 능력 본위로 등용한다는 원칙이었다. 신분제를 아예 무시한 것은 아니지만 대단히 파격적이어서, 능력 있는 무사는 신분을 무시하고 등용한다는 원칙은 확실히 지켜졌다.

고위 지휘관까지는 아니어도 전투가 계속되면서 능력 있는 인물은 하사관이나 초급 지휘관까지도 올랐을 가능성이 높다. 이 전쟁에서 최고의 영웅이 된 척준경만 해도 시골 향리집안 출신이다. 잘해야 관청의 서리나 될 수 있는 신분이었는데, 전쟁의 공으로 최고위 장군까지 승진했다. 이것이 별무반이 승승장구한 진짜 비결이었다.

잘못된 정보 앞에서는 어떤 용맹도 무용지물

하지만 이 대단한 군대를 동원하고도 고려는 끝내 9성 지역의 확보에 실패하고 철수한다. 그 이유는 지금까지 알려진 것처럼 문신들의 사대주의와 소극적인 외교정책 때문은 아니다. 고려시대에는 문신과 무신의 구분조차 애매했다. 예를 들어 별무반의 주요 지휘관은 모두 문관이었는데, 그들은 후방사령관이 아니라 전투 현장에서 칼을 휘두르며 싸우는 전투 지휘관이다.

여진 정벌이 곤경에 빠진 결정적 이유는 함북 지역의 지형을 잘못 파악한 탓이었다. 함경도 해안지방에서 개마고원과 백두산을 넘어 간도 지방으로 들어가는 루트는 험한 산악지대인 데다 중간에 도시마저 없어 고려군은 대규모 군대의 이동이 어려울 것으로 판단했다. 따라서 함경도 해안선을 따라 북진해 함경산맥과 마천령산맥이 십자로 교차하는 지점을 방어선으로 설정하고, 마천령산맥을 향해 종대로 성을 쌓았다.

하지만 백두산 북쪽의 지형은 예상과는 전혀 달랐다. 여기서부터 위쪽으로는 지형이 갑자기 바뀌어 완만한 고원에 평야가 펼쳐져 있었고 도시도 있었다. 지금은 많이 쇠퇴했지만 백두산 북쪽에는 해발 1,000미터 고원에도 1만 명 정도의 인구를 가진 읍이 있었다. 백두산 남쪽 개마고원 지대도 완만한 경사로가 있다. 한국 전쟁 때 격전지가 된 장진호와 황초령을 지나 함흥으로 내려오는 산길은 삼국시대부터 군대가 남하하던 통로였다. 이런 지형이어서 여진족이 개마고원을 지나 남하하기가 어렵지 않았다.

여진족은 이 길을 따라 내려와 고려군의 측면으로 침투했다. 고려군의 방어선은 좌향좌를 해야 했다. 계획으로는 함경도 해안선의 좁은 외길을 따라 종대로 배치한 두터운 방어선이 좌향좌를 하면서 갑자기 종잇장처럼 얇은 일자형 방어선이 되었다. 게다가 바로 뒤는 동해여서 후방 보급선도, 퇴로도 없는 배수진이었다. 함흥에서 길주까지 연결하는 한 줄의 선이 방어선이자 보급로가 되었다. 전술 상식으로 볼 때 상상할 수도 없는 방어선이었다. 한마디로 전쟁을 할 수 있는 상황이 아니었다.

사태를 깨달았을 때는 고려가 이미 이 방어선에 9성을 쌓았고, 정착지를 형성하기 위해 일반 주민까지 이주시킨 뒤였다. 주민 이주를 신속하게 할 수 있었던 이유는 당시 국경의 개념이 애매해서 이 일대에 고려인과 여진속이 혼거하던 탓이었다. 어떤 부락은 여진족 부락이지만 고려로 귀순해서 국가기능을 고려에 의지하는 부락도 있었다.

이런 지역에 성을 쌓고, 여진족과 혼거하고 있는 고려인을 뽑아내거나 고려와 여진족을 분리시켜 고려인 마을을 만들었을 것이다. 어찌 보면 멀쩡하게 잘 살고 있는 이들을 갈라서 재배치한 셈이다. 이는 결국 서로간에 거리감과 분열의식을 조장한 것인데, 일을 이렇게 벌인 이상 떠날 수는 없었다. 고려군은 버티기로 결정하고 2년을 싸웠다. 쉽지 않은 싸움이었다. 여진족은 게릴라전을 시도하고, 보급선을 쉴 새 없이 습격했다. 보급이 불충분하니 성에 갇힌 병사들은 굶주림과 병으로 고통 받았다.

부자父子가 함께 참전해 서로 다른 성에 주둔하는 경우도 있었다. 부친이 병에 걸렸다는 소식이 들려도 아들들이 약을 보낼 수도, 가볼 수도 없었다. 마침내 참다 못한 막내아들이 포위를 뚫고 들어가 부친의 임종을 지켰다는 이야기도 전한다.

여진족은 하나의 성이라도 함락시키는 것이 목적이었다. 성이 함락되면 학살극이 벌어질 테고, 충격을 받은 고려군이 9성을 포기하고 철수할 가능성이 높았기 때문이다. 주로 웅주성과 길주성에서 몇 차례의 격전이 벌어졌다. 이곳은 2선, 3선의 기지가 전혀 없어 공격을 받아도 지원이 불가능했기 때문이다. 지원은커녕 서로 연락조차 쉽지 않아 공격받는 줄도 모르는 경우가 허다했다. 지원을 받으려면 고려의 국경 안으로 돌아가 구원부대를 이끌고 와야 했다.

성의 위험을 알리고 구원병을 데려오기 위해 몇 명의 용사들이 여진족의 포위망을 뚫기도 했다. 하지만 그들이 연락에 성공했다고 해서 끝이 아니었다. 여진족은 이런 사태를 예상하고 지원부대가 지나는 길에 몇 겹의 매복과 차단진지를 설정했다. 여진족은 지원부대의 도착을 늦추는 지연 작전으로 나왔고, 고려군의 철갑으로 무장한 기병들은 시간을 맞추기 위해 돌격과 돌파를 반복했다. 성이 함락되기 직전에 가까스로 지원부대가 도착하거나, 성벽이 뚫리는 순간 날이 저무는 덕에 기적적으로 함락을 면하는 극적인 상황들이 반복되었다.

결국 2년 뒤에 고려군은 9성을 포기하고 철수했다. 하지만 여진 정벌은 결코 실패한 전쟁이 아니었다. 고려는 2년 동안 단 하나의 성도 잃지 않았으며, 목숨을 건 투쟁 속에서 위기에 빠진 동료들을 구했다. 고려군의 투쟁은 우리나라 전쟁사에서 가장 영웅적이고 감동적인 전투였다. 이 멋진 이야기가 영화나 드라마로 한 번도 소개되지 않은 것이 안타까울 정도다.

적을 알기 위해 전력을 투입하는 일을 아까워하지 마라

여진 정벌은 잘못된 지형 정보 앞에서는 어떤 군대와 전술도 통하지 않는다는 준엄한 교훈을 준다. 오늘날 경영에서도 사업 지형에 대한 판단이 중요하다. 천하의 스티브 잡스도 몇 번의 무리한 판단으로 애플을 망하기 직전까지 몰아갔었다. 더욱이 우리 기업은 수출 의존도가 크고 어찌 보면 한 기업이 너무 많은 국가와 거래하고 있다. 국내의 사업 지형도 판단하기 어려운데, 외국의 사정은 더욱 쉽지 않다. 그럼에도 우리는 외국을 이해하려는 노력이 부족하다. 1980년대 이야기이긴 하지만, 상당한 중견기업에서 유럽 담당인원을 단 한 명 둔 경우도 있었다.

1980년대까지만 해도 저개발 국가들의 성장과 변화가 느렸기에 운이 좋았다고 할 수 있다. 하지만 21세기인 현재 전 세계가 변화와 발전으로 요동치고 있다. 따라서 수출 현장의 사업 지형에 대한 정확한 판단의 중요성은 더욱 높아질 것이다. 우리 기업이 다양한 국가와 거래하고 있다는 경험은 앞으로 커다란 자산이 될 수 있다. 이 자산을 살려서 국내뿐 아니라 해외의 문화를 이해하고 변화를 읽으려는 노력에 더욱 집중해야 한다. 정확한 판단과 효율적인 정보 수집을 위해서는 전문적인 교육과 소양이 필요하다는 사실도 잊지 말아야겠다.

3. 무적함대
거시적 타당성의 함정

오랫동안 중국이 절대강자로 군림해온 동양사회는 영원히 변치 않는 것에 대한 기대와, 한번 최강이면 영원한 최강이라는 믿음이 상대적으로 강하다. 반면에 과거 유럽은 서로 다른 민족과 국가로 분할되어 전쟁이 잦고, 승패도 엎치락뒤치락했다. 극적인 역전도 많았다. 무적의 로마제국을 건설했던 이탈리아는 로마 시대 이후로는 전쟁을 못하는 나라로 낙인찍혔다. 17-20세기에 이탈리아군은 여러 전쟁에서 온갖 망신을 당했다. 프랑스는 그 어느 국가보다도 극적인 승리와 패배 사이를 오르내렸다. 스페인은 단 한 번 유럽을 강타하고 긴 침묵에 들어갔다. 이런 경험이 절대강자도 절대약자도 없다는 개념을 자연스럽게 유럽 국가와 사회에 심어준 것 같다.

끊임없는 경쟁과 역전의 경험은 과감한 도전을 낳았고 무기와 군사기술이 발달하면서 도전정신은 더욱 강렬해졌다. 신무기를 장착한 군대가 전통의 강대국을 한순간에 제압하는 일이 현실에서 벌어졌다. 15세기 말 스페인은 머스킷 총과 창병을 조합한 신식 대형으로 전통의 강호 프랑스를 단숨에 제압하고 유럽의 최강자가 되었다. 이것이 16세기 스페인 전성시대의 시작이었다.

펠리페 2세의 과감한 도전

15세기 후반에 시작된 '대항해시대'의 선구자는 포르투갈로, 아프리카와 아시아에 개척한 주요 항구에서 중국의 도자기와 비단, 동남아시아의 향료 무역을 선점했다. 펠리페 2세는 이 포르투갈을 합병함으로써 포르투갈이 차지한 엄청난 식민지와 부, 포르투갈의 항해기술을 손에 넣었다. 펠리페 2세의 긴 통치기에 스페인은 네덜란드를 식민지화하고, 남아메리카 대륙 전체에 걸쳐 있던 마야·잉카 제국을 정복했다. 그곳에서 상상할 수 없는 엄청난 금이 쏟아져 들어왔다. 유럽의 모든 사람들이 최강국으로 스페인을 꼽는 데 주저하지 않았다. 특히 스페인 육군은 유럽 최강이었고, 이를 이끄는 파르마 공작은 당대 최고의 지휘관이었다.

하지만 스페인도 약점이 있었다. 포르투갈의 항해기술을 수용하긴 했지만, 해전은 생각처럼 쉽지 않았다. 카리브 해를 오가는 스페인 선박은 영국 해적의 탐스러운 먹이가 되었다. 영국의 엘리자베스1세는 해적들에게 작위를 줘 이들을 기사와 총독으로 임명했으며, 심지어 정규군으로까지 편입하면서 그들을 독려했다. 이것이 유명한 '캐리비안의 해적'이다.

그녀 자신이 영국 최대의 상선 소유주였으며, 가장 믿고 의지하는 심복 존 호킨스는 노예상인이었다.

해적들은 영화에서처럼 카리브 해에서만 출몰한 게 아니다. 아메리카에서 유럽 연안까지 스페인의 배와 항구가 있는 모든 곳에서 등장했다. 해적왕 드레이크는 종종 포르투갈 해안까지 상륙하곤 했다. 그는 심지어 '대항해시대'를 열었다고 평가받는 포르투갈의 항해왕 엔리케 왕자의 집무실이 있던 바닷가 궁전까지 털어갔다. 스페인의 부와 전쟁비용은 거의 남아메리카에서 가져오는 황금과 물자에 의존하고 있었기 때문에 영국의 가로채기로 인한 손실은 막대했다.

하지만 스페인 해군은 영국은 고사하고 식민지 네덜란드에서도 수모를 겪고 있었다. 네덜란드에는 저지대와 얕은 수로가 많은데, 육지에서 네덜란드군은 스페인의 상대가 되지 않았지만, 좁은 수로에서 스페인군은 느리고 굼떴다. 전세가 역전될 정도는 아니었지만, 네덜란드군의 저항을 근절시킬 수 없다는 게 문제였다.

영국은 네덜란드 독립군의 분전을 보고 이들을 지원하기 시작했다. 네덜란드에 욕심이 있어서가 아니라 네덜란드가 스페인에 대항하기 위해 프랑스에 투항할지도 모른다고 우려했기 때문이다. 펠리페 2세도 그것이 걱정이었다. 네덜란드가 프랑스에 투항하면 스페인은 다시 프랑스와 전쟁을 치러야 한다. 한 번 격파하기는 했지만, 프랑스는 여전히 두려운 상대였다. 그러니 빨리 반란을 진압해야 했는데, 얄밉게도 영국이 끼어든 것이다.

복잡한 역학구도를 보며 고심하던 펠리페 2세는 문제의 추가 영국이라는 결론은 내린다. 하지만 바다에서는 도저히 영국을 당할 수 없었다.

영국군과 육지에서 대결하는 방법은 무엇일까? 펠리페 2세는 그 수단으로 영국 침공을 계획한다. 영국의 역사를 보면 일단 국내에 발을 들인 침공군, 즉 데인, 앵글로색슨, 노르만족에게 승리한 적이 없다.

펠리페 2세는 네덜란드에 주둔 중인 파르마 공작의 군대 3만 명을 영국에 상륙시키기로 한다. 이것은 과감하다 못해 무모한 결정이었다. 파르마의 부대는 최강이지만, 스페인군이 영국 해군이 지키는 바다를 살아서 건널 가능성이 없었다. 스페인 육상 전력의 절반이 도버 해협에 수장 당하면 스페인은 다시 이류 국가로 전락할 수도 있었다. 하지만 펠리페 2세는 단호했다.

단점을 잘 알면
합리적이고 타당한 전략을 세울 수 있다

상륙부대를 수송하기 위해 펠리페 2세는 스페인의 재력을 쏟아부어 사상 최대의 함대를 건조했다. 함대의 전력은 전함 130척에 해군 8,000명, 육군 1만 9,000명, 대포 2,000문이었다. 반면 영국은 전함 80척에 병력은 8,000명이었다.

이것이 유명한 스페인의 무적함대. 하지만 무적이란 명칭은 영국인들이 붙인 이름이고 스페인 사람들이 명명한 원래 이름은 아르마다 armada, 신의 축복을 받은 함대였다. 이 두 명칭은 듣기 좋으라고 붙인 명칭이 아니라 각각 솔직한 심정을 담고 있다. 무적함대라는 명칭은 무적의 불침함대를 영국인이 깨트렸다는 자부심의 표현이다. 한편 아르마다는 이토록 거대하고 막강한 함대를 건조한 것이 신의 축복이라는 의미를 담고 있다. 하지만 내면의 진실은 아르마다가 성공하려면 신의 도움이 절실하다는 불안감의 표출이었는지도 모른다.

펠리페 2세는 무적의 함대를 추구하지 않았다. 영국 침공이라는 구상 자체는 획기적이었지만, 그는 신중하고 합리적으로 접근했다. 전쟁에서 군대의 덩치만 키운다고 전력이 급상승하지 않는다. 해군력은 육군보다 더 오랜 시간과 투자가 필요하다. 이를 잘 알고 있던 펠리페 2세는 무적함대를 내보내 영국 해군을 박살 내려는 게 아니라, 최강의 파르마 부대를 영국에 상륙시키고자 했다.

16세기는 선박 건조술과 해양 전술에 혁명이 진행되던 시기다. 유사 이래 해전은 노를 저어 돌진해서 상대의 배를 들이받고, 배가 기동불능이 되면 상대편 배로 올라타 백병전을 벌이는 방식으로 진행되었다. 이렇게 노로 추진하는 군선을 갤리선이라고 했다.

갤리선은 접근전에서는 제격이지만, 항속거리가 짧고, 거친 바다에 약하며, 승무원이 너무 많아 원양항해가 불가능했다. 대항해시대가 열리자 배들은 먼 바다로 나가야 했고, 돛으로 항해하는 갈레온선^{범선}이 갤리선을 대체하게 된다.

갈레온선에서 가장 앞서간 나라가 영국이었다. 이 무렵에 대포까지 발달하면서, 갈레온선이 거리를 두고 포격전을 벌이는 완전히 새로운 해양 전술이 태동했다. 반면에 남쪽에 위치해 따뜻하고 잔잔한 지중해를 끼고 있는 스페인은 갤리선에 대한 미련을 오랫동안 버리지 못했다. 스페인이 갤리선을 버리고 갈레온선을 주축으로 편성한 최초의 함대가 아르마다였다. 최초는 미숙하다는 의미도 된다. 스페인의 갈레온선 운용술과 해양 전술은 신뢰할 수 없었다. 갈레온선의 운용술은 돛을 얼마나 교묘하게 다루느냐에 달려 있는데, 큰 범선은 돛을 조정하는 밧줄만 100개가 넘었다. 바다에서 이 조종술의 차이는 엄청난 격차를 유발했다.

스페인군은 함대를 밀집시켜 거대한 해상진지를 구축했다. 초원에서 양떼나 소떼가 뭉쳐 늑대들이 덤벼들지 못하게 하는 전술과 같다. 영국 함대가 스페인 함대의 정면에서 길을 막으면, 스페인은 밀집대형 그대로 영국함대와 부딪쳐 좌우 날개가 영국함대를 포위한다. 충돌 후 백병전은 스페인군의 장기이고, 영국군의 장기인 기동력은 소용이 없다. 또 영국군이 그들의 장기인 기동력을 살려 스페인군의 뒤로 들어올 수도 있다. 이때를 대비해 초승달 대형을 만들었다. 배후를 공격하려면 초승달 대형의 안쪽으로 들어와야 하므로 좌우 날개로부터 십자포화를 맞게 될 것이다. 전술로 보면 스페인군의 작전은 현명한 원칙과 사고에 기초하고 있으며, 타당하고 나무랄 데가 없었다.

1588년 5월 28일, 유럽 역사상 최대의 함대가 포르투갈의 리스본 항을 출발했다.

미시적 균열이 거대 함대를 침몰시키다

규모, 단기간에 거대 함대를 급조한 행정력, 거시적이고 체계적인 함대 운영 전략, 이 모든 면에서 아르마다는 역사에 남을 혁신을 이루었다. 원정과 상륙 작전에서 가장 애로사항이 물자 조달이다. 더구나 스페인군은 한번 출발하면 영국에 도착할 때까지 제대로 된 보급기지가 없었다.

사령관 메디나는 필요한 물자를 계산하고, 물품명세와 관리지침을 만들어 이를 문서화했다. 이와 같이 방대하면서도 체계적인 매뉴얼은 유럽에서 최초였다.

이런 합리적 체제로 인해 무적함대는 거대하면서 동맥경화나 비만도 없는, 신체의 순환과 메커니즘도 완벽한 거인이었다. 이 거인이 드디어 도버 해협에 도착하면서 기다리던 전투가 개시되었다.

여기서 스페인군이 예상치 못한 상황이 발생했다. 그때까지의 갈레온선은 조류를 역행하지 못했다. 초승달 대형도 그런 이유로 영국군이 앞을 막든가, 뒤에서 쫓아오는 방법밖에 없다는 가정하에 구상한 것이다. 그런데 영국의 신예 갈레온선들은 스페인 함대 앞에서 보란 듯이 조류를 거슬러 움직이며 함대의 주변을 상어 떼처럼 빙빙 돌았다. 그리고 앞과 뒤가 아니라 초승달 대형의 약한 부분인 양쪽 끝 뿔처럼 튀어나온 부분을 공략했다. 모서리부터 야금야금 깨트려 대형을 와해시키겠다는 의도였다.

이 전술은 영국군은 피해가 거의 없는 반면 스페인군이 일방적으로 당할 수밖에 없는 작전이었다. 갑자기 전세가 역전된 것 같지만 실상은 그렇지도 않았다. 스페인군이 워낙 거대했기 때문에 피해가 크지 않았다. 또 놀란 스페인군 측에서는 가장 강력한 전함을 끝부분에 배치해 필사적으로 저항했다. 영국군은 감히 맞붙을 수가 없어서 원거리 공격만 감행했는데, 아직 대포의 위력이 약해서 포격으로 전함을 침몰시키기는 무리였다.

하지만 스페인군의 심리적 충격과 동요는 컸다. 영국 함선이 초승달 끝으로 접근하자 스페인군은 미친 듯이 대포를 쏘아댔다. 출판까지 한

매뉴얼이 무색하게, 단 두 번의 전투로 스페인군은 적재한 탄약을 모조리 소비했다. 더 황당했던 것은 스페인군의 대포가 모두 중포라, 위력은 셌지만 사정거리가 짧아 포탄이 영국 배에 도달하지도 못했다. 엄청난 포격전이 무색하게 영국군은 피해가 전혀 없고, 스페인군은 2척이 침몰했다.

조금 손상은 입었지만 무적함대는 파르마 공작과의 합류지점에 무사히 도착했다. 하지만 파르마는 병력을 보낼 수 없다고 알려왔다. 네덜란드의 해군이 항구를 봉쇄하고 있는 상황에서 이를 돌파할 호송 함대가 없다는 게 이유였다. 하지만 이는 핑계일 뿐, 파르마가 영국 상륙에 의욕이 없었다는 견해도 있다. 상식적으로 생각해도 제해권이 불안정한 상황에서 영국에 상륙한다는 것은 자멸에 가까운 행동이었다. 그래도 파르마의 반응은 야박했다. 걸인을 쫓아내듯이 물 한 통 보급해주지 않고, 문전박대로 아르마다를 내몰았다.

결국 무적함대는 목표 달성에 실패했다. 네덜란드와 영국 어느 쪽에도 정박할 수 없어 휴식과 보급의 기회를 얻지 못한 것이 치명적이었다. 조류를 역행하지 못하는 단점 때문에 함대는 계속 북상하다가 스코틀랜드까지 가서야 유턴할 수 있었다. 그 사이에도 영국군은 그들을 뒤쫓아 치고 빠지기를 거듭하며 무적함대를 괴롭혔다. 칼레 부근에서는 불타는 배를 스페인 함대로 보내 화공을 펼쳤다.

이런 공세들은 물리적 효과는 보잘것없었지만 스페인군에게 심한 무력감을 전파시켰고, 식량과 물이 고갈되면서 진짜로 무력해졌다. 함대를 급조하는 과정에서 목재를 충분히 건조하지 않은 불량 물통이 보급되어, 영국에 도달하기도 전에 물통의 물이 모두 썩었다. 전투보다도 갈증과 굶주림으로 인한 사상자가 훨씬 많았다. 탈진한 선원들이 배를 조종할 수 없어 바람과 파도에 휘말리면서 표류하고 좌초하는 참극도 발생했다. 살아 돌아온 배는 54척, 생존자는 4,000명에 불과했다.

거시와 미시의 균형이 필요하다

전쟁사에는 거시적 구조를 보지 못하고 눈앞의 과제에만 집착하거나, 부대의 능력은 뛰어나지만 후방 지원체제가 소홀해서 전투를 망치는 경우가 종종 있다. 그런데 아르마다의 경우는 정반대로 거시와 경영에 몰입해서 전투 현장에서 발생하는 사건, 사고에는 전혀 대비하지 못한 경우라고 하겠다.

유례없는 거대한 함대, 전투보다는 방어에 치중해야 하는 부담이 과중한 무게가 되어 이성을 짓눌렀던 탓인지는 모르겠지만, 세부적으로 보면 아르마다는 신의 입장에서도 도와주기 곤란한 문제가 한두 가지가 아니었다.

메디나 공작을 사령관으로 임명한 것부터가 그랬다. 개인적으로 메디나는 동정이 가는 인물이다. 탁월한 행정가이자 조직가였던 그는 전형적인 외유내강형 리더로서 주어진 임무에 최선을 다했다. 메디나는 세상에 없던 함대, 세상에 없던 대규모 상륙 작전을 훌륭하게 기획하고 관리했다.

하지만 그는 군에 몸담은 적이 한 번도 없었다. 군 출신이 아니어도 훌륭하게 군을 지휘한 인물들이 있기는 하다. 하지만 이는 무기와 전술이 비교적 단순하던 시대의 이야기다. 총과 대포가 나오면서 전쟁에서 기술 분야의 지식이 중요해졌다. 더욱이 해전은 고도의 전문성을 요구해, 새로운 전함과 대포를 사용하는 해전에 대해서는 해군에서 잔뼈가 굵은 장교들도 낯설고 확신이 부족한 상황이었다. 메디나는 최선을 다했고, 그가 할 수 있는 선에서 최선의 결정을 내렸지만, 상식으로 상황을 통제하는 데는 한계가 있었다.

칼레에서 영국군의 화공을 받았을 때, 메디나는 야습 가능성을 예측하고 전 부대에 경계령을 내렸다. 하지만 그의 명령은 함대에 잘 먹혀들지 않았다. 결과적으로 그의 책임이 아니라고 할 수도 있겠지만, 지휘관의 진정한 능력은 옳은 지적을 하는 것으로 끝나지 않는다. 피곤하고 어려운 상황에서도 부하들이 명령과 지시를 받들도록 하는 것이 지휘관의 진짜 능력이다. 메디나는 이 부분이 결여되어 있었다. 그 결과 선장과 선원에 대한 통제가 되지 않았고, 전황이 불리하지 않았음에도 공황과 무기력 상태가 함대를 휩쓸 때, 이를 제어하고 통제하지 못했다.

가장 황당한 사건이 아르마다의 운영 매뉴얼을 만든 것까지는 좋았는데, 그것을 네덜란드에서 출간해 전 유럽에 배포한 일이다. 당연히 영국군도 그것을 입수했다. 메디나가 왜 이런 짓을 했는지는 오늘날까지 아무도 명확한 설명을 못하고 있다. 분명한 사실은 단 하나 그가 전쟁을 몰랐음이 분명하다는 것이다.

그렇다고 아르마다의 실패를 메디나 공작에게 전가하는 것 역시 부당하다. 아르마다 실패한 근본적인 원인은 준비 부족이었다. 아르마다는 소위 전략적 구조, 전략의 방향, 목적, 함대의 건조와 운영 분야에는 준비가 올바르고 철저했다. 하지만 전술적 준비와 중간 보급기지, 병참 등 실전 분야에서 구멍투성이였다. 특히 중간 보급기지를 만들지 않고 함대를 출발시킨 것은 이해 불가능한 치명적인 실수였다.

우리 사회는 오랫동안 '하면 된다'는 식의 의지와 도전정신을 강조해왔다. 그러다 보니 치밀함과 준비, 엄정한 분석은 도전정신과 상치하는 것으로 간주하는 경향이 생겼다. 하지만 이 둘은 항상 공존해야 하는 미덕이다. 과거 우리 사회에서 '의지'가 더 부각된 이유는 사업이나 경영환경과 규모가 지금보다 훨씬 작고 단순했기 때문이다. 하지만 오늘날처럼 경영의 내용이 고도화하고 규모가 커지면 거기에 합당한 준비와 대응력을 갖춰야 한다.

무리한 확장과 도전으로 고통받는 기업을 우리는 수없이 목격했다. 그럴 때 우리는 그 시도의 크기와 목표를 지적하는 경우가 많다. 하지만 더 주목해야 할 부분은 그 목적을 수행할 만큼 충분한 준비를 했는지 여부다.

4. 7년 전쟁
이론과 실전을 결합하면 전략이 보인다

 1757년 영국에서 여러 술집들이 간판을 고쳐 달았다. 새로운 가게 이름은 '킹 오브 프로이센'. 그 술집에 모인 사람들의 시끌벅적한 대화는 새로이 등장한 전쟁 영웅에 대한 찬사와 그의 승리에 대한 이야기로 가득 찼다. 이 프로이센의 왕이 바로 프리드리히 2세다.
 카이사르가 갈리아를 침공한 이래 게르만족과 독일은 군사력과 국가적 잠재력에 관한 한 언제나 주변국에게 긴장감을 주는 존재였다. 현재도 프랑스 외인부대 하사관으로는 반드시 독일인을 고용한다는 말이 있을 정도로 게르만족은 군인으로서 최고 자질을 지닌 민족이라는 평가를 받는다. 하지만 18세기 중반까지 독일은 한 번도 유럽의 강국이 되지 못했다. 최고의 군인들은 2000년간 유럽 전역에 용병으로 팔려 다녀야 했다. 이 독일을 마침내 유럽의 강국으로 키우는 기틀을 마련한 사람이

프리드리히 2세다.

시작은 결코 쉽지 않았다. 유럽의 두 거인인 프랑스와 오스트리아가 독일의 용트림을 방치할 리 없었다. 1756년 유럽의 모든 강국이 프로이센을 향해 덤벼들었다. 오스트리아, 프랑스, 지금은 독일에 흡수된 작센과 바이에른, 영국, 스웨덴에 거대한 러시아까지 가세했다. 오늘날 독일의 일부에 불과했던 프로이센이 전 유럽의 강국을 상대로 싸우는 유례없는 투쟁이 시작된 것이다. 이것이 7년 전쟁이다. 대륙의 거의 모든 강국이 반 프로이센 동맹을 형성했는데, 그나마 영국이 중간에 발을 빼고 프로인센 편으로 돌아선 게 다행이었다. 대륙의 영원한 방해자였던 영국은 유럽의 핵심국가들이 반 프로이센을 기치로 단결하자 균형을 맞추기 위해 얼른 편을 바꾸었다. 하지만 7년 전쟁 동안 영국의 지원은 그리 대단하지 않았다.

입장이 달라지면 가치도 바뀐다

프리드리히 2세는 군대를 진두지휘하며 전쟁터를 누볐다. 유럽 사람들, 특히 이 전쟁을 강 건너 불구경하듯 취급한 영국인들은 흥미롭게 전쟁터의 이야기에 귀를 기울였다. 왕자 시절 프리드리히 2세의 이미지는 전쟁터의 지휘관과는 거리가 멀었다. 이지적인 외모, 프로 수준의 플루트 실력(7년 전쟁 중에도 프리드리히 2세는 플루트를 지니고 다니며 야전 텐트에서 플루트를 연주하곤 했다), 학문과 예술을 사랑하는 미소년 왕자로 명성을 날렸다.

프리드리히 2세의 이런 면모는 모친의 유전자라고 한다. 부친 프리드리히 빌헬름 1세(이하 빌헬름)는 아들과는 정반대의 성격으로 거칠고 예술은 우습게 보는 밀리터리 마니아였다. 전쟁에는 거의 나간 적이 없지만, 평생 군복을 입고 늘 군가를 들으며 살았다. 프로이센을 군사강국으로 만드는 목표로 군대를 조련하고 재정을 키웠다.

프리드리히 2세는 투박한 프로이센의 군사 문화가 끔찍하게 싫었다. 왕자는 19세가 되자 자신이 원하는 삶을 살기 위해 왕위도 내팽개치고 모친의 조국인 영국으로 탈출을 시도했다. 이 계획은 사전에 누설되어 실패했다. 분노한 아버지는 아들을 탑에 가두고 함께 탈출하려고 했던 친구를 아들의 눈앞에서 처형한다. 친구의 처형 장면을 보고 프리드리히 2세는 기절했는데, 눈을 뜨자 테이블에 친구의 목이 놓여 있었다는 이야기도 전해진다.

빌헬름은 프리드리히 2세를 군법회의에 회부시켰다. 군법에서 탈출죄는 사형이므로 처형하라는 의미였다. 당황한 재판부는 왕위계승자는 재판할 수 없다는 희한한 구실을 내걸고 재판을 회피했다. 그러자 빌헬름은 프리드리히 2세의 왕위계승 자격을 박탈했다. 정말 처형할 기세였다. 극한으로 치닫던 부자관계는 한 목사의 중재로 간신히 타협점을 찾았다. 조건은 프리드리히 2세가 군사훈련을 받는다는 것이었다.

빌헬름이 정말 아들을 죽이려고 했는지는 신만이 알 일이지만, 이 공세로 프리드리히 2세도 조금은 양보했다. 출옥 후 그는 군사훈련을 받았고 더 이상 아버지에게 노골적으로 반항하지 않았다. 하지만 군복을 입고 훈련을 받는 척만 했을 뿐, 실제로 훈련에는 거의 참여하지 않았다. 대신 베를린 궁전에 명망 있는 문학가와 예술가를 초빙해 교류했다. 그

중에는 프랑스의 계몽주의 작가이며 진보적 지식인이었던 볼테르도 있었다. 볼테르의 영향으로 민주적인 국가제도에 관심을 기울이게 된 그는 고문, 언론 검열과 같은 악법을 비판했다. 이 기간에 그는 마키아벨리의 군주론을 비난하는 《반 마키아벨리론》을 저술하기도 했다. 요지는 '왕은 수단방법을 가리지 않는 절대군주가 아니라 국민의 노복이 되어야 한다'는 것이었다. 이것이 계몽전제군주론이다. 감동을 받은 볼테르는 젊은 왕자에게 무한한 희망을 걸었다.

1740년 빌헬름이 갑자기 쓰러져, 문학청년은 왕이 되었다. 그는 진보적 입법을 시행했고, 세상의 놀림거리가 되었던 허우대 좋은 병사들만 모아놓은 아버지의 친위대를 해체했다. 유럽의 많은 지식인들이 병영국가였던 프로이센이 문화국가로 변모하는 과정을 흥미롭게 지켜보았다. 하지만 1740년이 가기도 전에 프리드리히 2세는 부친이 양성한 군대를 동원해 오스트리아를 기습적으로 침공하고, 슐레지엔을 확보한다.

그러자 프리드리히 2세의 숙적이 된 오스트리아의 여걸 마리아 테레지아는 비밀리에 유럽 국가들을 설득해 반 프로이센 동맹을 맺는다. 1756년 연합군은 승리를 확신하고 전쟁을 개시했다. 이것이 7년 전쟁이다.

프로이센의 유일한 동맹국이있던 영국인들은 절반은 영국인인 이 애처로운 왕의 운명을 흥미 반, 동정심 반으로 지켜보았다. 누구도 프로이센이 전쟁에서 배겨날 것이라고 생각하지는 않았다. 하지만 흥미진진한 건 사실이었다. 프리드리히 2세의 이야기는 〈니벨룽의 반지〉처럼 처절하고 애처로운 비극적 서사시로서 충분한 조건을 지니고 있었다. 사람들은 숨을 죽이고 프로이센의 비장한 최후를 지켜보았다.

로이텐의 덫과 프로이센의 역습

1757년 11월 로스바흐 전투에서 프리드리히 2세는 3만 명의 군사로 프랑스군 5만 명을 궤멸시켰다. 프로이센군의 손실은 경미했다. 하지만 승리의 기쁨도 잠깐, 프로이센이 프랑스를 상대하는 틈을 노려 오스트리아가 프로이센의 슐레지엔을 침공했다. 프리드리히 2세는 서둘러 슐레지엔으로 회군한다. 먼저 장군을 외친 쪽은 오스트리아였기 때문에 전황은 오스트리아에게 유리하게 돌아갔다. 전쟁에서 상대방의 다음 행동과 진로를 예측한다는 것처럼 유리한 것은 없다.

오스트리아군은 프로이센의 회군을 예측하고 프로이센군을 요격하기 유리한 곳에 자리를 잡고 기다렸다. 그 장소가 로이텐이었다. 오스트리아군의 병력은 8만 명으로 프로이센의 2.5배가 넘었지만, 선제공격을 가할 마음은 없었다.

프로이센은 선수를 놓친 데다 사방에서 침공하는 적과 싸워야 했기 때문에 한 지방에서 장기전을 펼 시간도 여력도 없었다. 무조건 속전속결로 눈앞에 있는 오스트리아군을 격멸하고, 슐레지엔을 수복해야 했다. 오스트리아군은 이 약점을 최대한 이용할 생각이었다.

전술학적으로 공격에는 수비군의 5배에 달하는 병력이 필요하다. 상대가 유리한 지형을 장악하고, 방어시설을 충분히 구축하고 있으면 필요 병력은 10배로 늘어난다. 이 수치는 고대의 공성전 개념에서 유래한 것인데, 산출 근거는 다르지만 현대전에도 적용되고 있다.

이 개념대로 봤을 때 오스트리아군을 공략하기 위해 약 7배의 병력이 필요했다. 오스트리아군의 진형 배치는 완벽했다. 높은 지역, 벽처럼 늘어선 구릉 위에 자리했는데, 좌익의 끝은 고지와 강, 우익은 늪지대와 삼림이었다.

전통적으로 공격은 측면으로 기병을 투입해서 대형을 교란하는 것으로 시작한다. 하지만 좌익의 고지는 기병 공격이 불가능하고, 강이 있어서 측면을 우회해서 기습하기도 불가능했다. 늪지대와 삼림은 기병이 접근할 수 없는 곳은 아니지만 그들을 쩔쩔매게 하기에는 충분했다. 달리지도 못하고 늪에서 허우적거리는 기병은 소총병에게는 더할 나위 없는 표적이었다. 기병은 오스트리아군 진지에 도착하기도 전에 궤멸될 것이다.

보병도 마찬가지였다. 당시 보병 공격은 긴 횡대의 밀집 대형을 이루고, 총구를 겨누고 있는 적들 앞으로 곧바로 전진하는 방식이었기 때문에 삼림 지역을 이용하기도 곤란했다. 유일한 방법은 늪지대를 횡단하는 것이었다. 하지만 늪지대도 보행이 쉽지 않아 프로이센군은 전진에 애를 먹을 것이고, 오스트리아군은 수렁에 빠진 그들을 향해 총알 세례를 퍼부을 것이다.

하지만 오스트리아군도 약점이 하나 있었다. 프로이센군이 취할 수 있는 방법은 공격 지점을 하나 정한 뒤 희생을 각오하고 병력을 집중 투입해서 승부를 거는 것이다. 그런데 오스트리아군은 구릉을 빈틈없이 막다 보니 진이 너무 길어졌다. 능선의 길이가 8킬로미터나 되었던 것이다. 8만 명이나 되는 병력이었지만 이 길이를 메우다 보니 대형이 너무 얇아졌다. 프로이센이 집중공격으로 나오면 그들을 제압할 병력이 부족할 수도 있었다. 따라서 프로이센군의 공격지점을 예상하고 그곳에 예비대를 배치할 필요가 있었다.

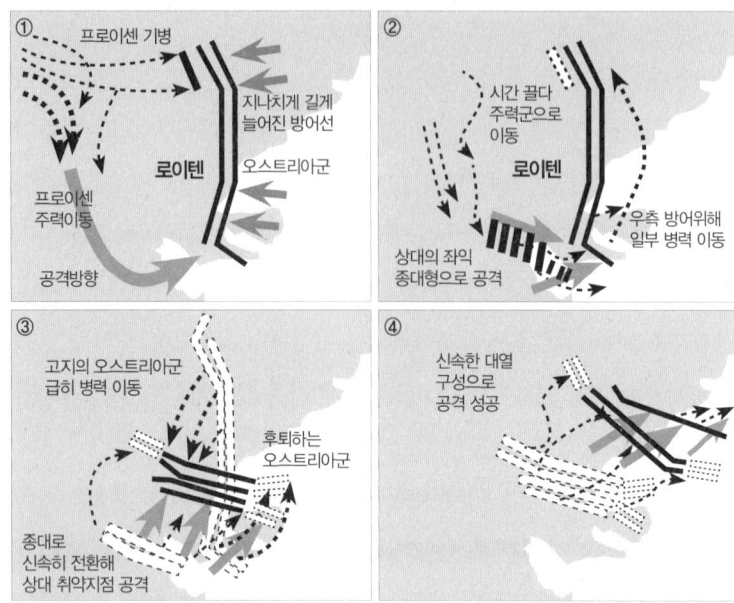

▶ **로이텐 전투 전황도** | 프로이센은 종대형으로 오스트리아군의 좌익으로 신속히 침투해 측면-중앙-우익으로 진군하며 오스트리아군을 섬멸했다.

오스트리아군은 프로이센이 공격할 수 있는 곳은 우익의 늪지대뿐이라고 판단했다. 실제로 프로이센 기병들이 벌써 그쪽으로 와서 오스트리아군을 찔러보고 있었다. 오스트리아군은 프로이센의 공격지점이 우익이라고 확신하고 좌익 끝에 두었던 예비대를 우익으로 옮겼다.

그런데 우익의 오스트리아군 눈앞에 나타나 법석을 떨고 있는 프로이센 기병은 양동 작전을 위한 속임수였다. 프로이센은 전 병력을 오스트리아군의 좌익으로 진격시켰다.

예측이 어긋났지만 오스트리아군은 별다른 걱정을 하지 않았다. 예비대를 우익으로 보낸 이유는 지형적으로 좌익의 공격이 훨씬 힘들기 때문이었다. 프로이센의 긴 횡대는 경사가 급한 고지 전면을 향하고 있었고, 그 방향으로 진군해오면 엄청난 희생을 치를 것이 분명했다.

그런데 오스트리아군의 눈앞에서 프로이센의 횡대가 카드섹션을 하듯이 움직이기 시작하더니 순식간에 종대로 변경되었다. 가늘고 긴 대형으로 변한 프로이센군은 오스트리아군의 왼쪽 끝으로 몰려가기 시작했다. 오스트리아군은 허둥지둥 프로이센의 측면공격에 대비하려고 했지만, 미처 진지 배치를 재편하기 전에 프로이센군이 왼쪽 끝에서부터 파고들기 시작했다.

긴 직사각형 형태의 오스트리아군은 가로 길이로 보면 프로이센군의 3배에 가까웠지만, 세로 길이, 즉 횡대의 폭은 얇았다. 프로이센군은 종대형으로 좌익 끝에 오스트리아군과 직각이 되는 형태로 진입을 완료하자 프로이센군의 전열이 오스트리아군의 대형 두께보다 훨씬 길어졌다. 평야도 아니고, 능선을 따라 길게 포진했기 때문에 오스트리아군이 프로이센군의 전열에 대항해서 대형을 다시 펼치기는 불가능했다. 오스트리아군의 긴 대형이 속수무책으로 먹혀 들어갔다. 결국 오스트리아군은 2만여 명의 전사자를 내고 패주했다. 프로이센의 사상자는 겨우 6,400명이었다.

금기를 깨는 발상의 전환만이
불리한 상황을 뒤집는다

프로이센군의 비밀 병기는 횡대에서 종대로의 전환이었다. 우향우나 좌향좌를 해서 횡대나 종대로 전환한 것이 아니고 여러 횡대로 구성된 대형이 행진하면서 분해·결합하는 방식이기 때문에 제식훈련 중에서도 가장 고난도 기술이다. 프로이센군은 평소에 이 훈련을 엄청나게 해두었기 때문에 로이텐에서 오스트리아군을 속이고 측면을 때릴 수 있었다. 그런데 오스트리아와 다른 유럽 군대는 왜 이런 공격 방식을 생각하지 못했을까?

적과 근접 대치한 상태에서 횡대와 종대를 전환하는 기동은 수천 년간 전쟁터의 금기였다. 고대부터 보병들은 중장갑을 하고 밀집 대형을 형성해서 적과 백병전을 벌였다. 이 방식은 적과 정면충돌해서 한 겹씩 적을 해치우는 것이 아니다. 한 명을 해치우면 쐐기처럼 그곳을 파고들어서 적의 측면과 후면을 쳐야 했다. 중장보병의 약점은 측면과 후면이다. 측면과 후면까지 갑옷을 두르면 무거워서 움직일 수가 없었다.

그래서 기동도 매우 신중해야 했다. 보병대형은 항상 적의 정면을 향하며, 잠시라도 측면을 노출하거나 대형의 간격이 벌어지면 안 된다. 그런데 훈련이 부족한 군대는 줄이 비뚤고 지형이 울퉁불퉁하거나 좌향좌, 우향우를 하다 보면 대형이 헝클어진다. 여기서 승부가 갈리는 것이다. 오늘날 제식훈련에서 열과 오를 맞추고 간격을 유지하는 것은 바둑판처럼 가로세로의 줄이 맞는 직선의 미학을 추구해서가 아니라 중장보병 전투의 기본이기 때문이다.

따라서 밀집대형 전투에서 적과 대면한 상황에서 대형을 전환하지 않는다는 철칙이 생겼다. 괜히 대형에 변화를 주다 잘못하면 간격이 벌어지거나 측면을 노출할 수 있었다. 20~40킬로그램의 장비를 갖추고 부딪치는 싸움이라 불필요한 기동은 체력을 낭비한다. 적보다 한 발자국이라도 짧고 적게 움직여서 체력을 절약하는 것이 승리의 가능성을 높이는 비결이었다.

또 하나 적의 횡대형에 대해 종대형의 공격은 자살행위였다. 전열의 좌우 폭이 적군보다 좁으면 적군은 좌우익을 꺾어 종대의 좌우 측면을 간단히 공략할 것이다.

총이 등장하면서 방패를 든 중장보병대는 전장에서 사라졌다. 하지만 갑옷이 완전히 없어지지는 않았다. 초반에는 총의 성능이 떨어져서 적에게 부분적인 타격을 줄 뿐이었다. 전투의 승부는 사격 후의 백병전에 달렸다. 백병전에 투입되는 창병은 중장보병보다는 덜했지만, 투구를 쓰고 전신 흉갑을 착용하는 것이 보통이었다.

이 무렵 총검이 발명되었다. 소켓식 총검이라고 불린 이 기다란 흉기는 총검 밑에 원통의 소켓을 달아 총구에 끼우는 방식이었다. 이렇게 함으로써 마침내 총병이 창병을 겸할 수 있게 되었다. 게다가 인체공학적으로 설계된 총은 의외로 백병전에서 창보다 더 위력적이었다. 힘을 효과적으로 집중시킬 수 있고, 개머리판을 타격무기로도 사용할 수 있었다. 그 결과 전투는 더욱 처참하고 피비린내 나는 것이 되었다. 갑옷은 사격을 저해하므로 병사들은 갑옷을 완전히 버리고 아무런 보호장비 없이 맨몸으로 맨살을 찌르고 베는 피투성이 혈투를 벌이게 된 것이나.

18세기의 전쟁에서 갑자기 찾아온 이 피비린내는 지휘관들의 눈살을 찌푸리게 만들기에 충분했다. 전쟁이 적군을 죽이는 것이며, 더 효과적으로, 더 쉽게 죽이는 방법을 찾는 행위라는 사실은 틀림없다. 하지만 군인들이라고 그 과정이 유쾌한 것은 아니다. 스포츠와는 달라도 전쟁에도 룰이 있고, 적을 죽이는 데도 넘지 말아야 할 선이 있다는 생각은 오랜 세월 장수들의 관념 속에 살아 있었다.

물론 갑옷의 빈틈을 노려 찌르는 기술이 발달했지만, 방패와 투구, 갑옷으로 무장하고 벌이는 전투는 공격과 수비의 가능성을 반반씩 분배하고, 병사들에게 생존과 치명상 방지의 가능성을 부여하는 공정한 행위였다. 하지만 이제 병사들은 오직 공격을 위한 병기만을 장착한다. 수비의 방법은 적을 일격에 죽이는 길뿐이다. 살육이 최상의 수비이자 유일한 방어수단이 된 것이다.

결론을 외우지 말고 전제를 생각하라

새로운 전투 방식의 흉악함과 상실감이 너무 컸던 탓일까? 많은 장군과 전술가들이 이 잔혹한 변화가 내포한 진정한 의미를 깨닫지 못했다. 무거운 갑옷과 투구를 벗음으로써 대형전환의 불가라는 원칙도 사라졌던 것이다. 동시에 종대 공격도 가능해졌다. 갑옷을 벗은 군대는 빨라졌고 적이 좌우를 감싸기 전에 신속하게 적진을 분쇄하고 돌파할 수 있게 되었다. 이 사실을 깨달은 프리드리히 2세는 종대와 횡대의 자유로운 전환을 통한 측면공격 전술을 고안했다. 그리고 이것이 기적 같은 로이텐의 승리를 가져왔고, 전쟁사에서 전술의 모든 개념을 새롭게 정리하는 혁신을 불러일으켰다.

프리드리히 2세가 이 변화를 잡아낸 비결은 교리와 개념을 맹목적으로 암기하지 않고, 그 개념이 탄생한 전제와 원인을 추구했기 때문이다. 세상의 모든 행동, 모든 원리에는 다 이유가 있다. 그 원인은 뚜렷한 형체를 가진 경우도 있지만, 너무나 당연하기 때문에 무의식 속에 파묻힌 경우도 많다. 예를 들면 타인을 갑자기 밀어버리는 행위는 폭력행위다. 설사 그 사람이 전혀 다치지 않았다고 해도 이는 폭행미수에 해당한다. 왜 그럴까? 인간의 존엄성, 자유의지, 여러 가지 이유가 있겠지만, 우리가 미처 생각하지 못하는 전제가 중력이다. 중력의 작용 때문에 사람이 중심을 잃고 쓰러지면 충격을 받고 다친다. 중력이 없다면 이 행위는 전혀 다른 의미를 지니게 될 것이다.

하지만 우리들이 일상의 행동에서 이런 전제들을 일일이 추구하고 검증하며 살아가기 힘들다. 그래서 관습의 함정에 빠진다. 이 함정을 깨닫고, 변화에 따른 연쇄반응을 찾아내는 행위가 통찰이다. 그리고 이것이 인문학의 사명이다. 오늘날 경영 분야에서도 인문학적 통찰의 중요성이 강조되고 있다. 하지만 그 의미를 정확히 이해하지 못하는 경우가 많다. 그 결과 인문학에 대해 다시 실망한다. 사물의 본질이 가진 진짜 의미를 아는 것이 인문학적 통찰의 진정한 시작이다.

훗날 어느 대위가 프리드리히 2세에게 "폐하처럼 훌륭한 전략가가 되기 위해서는 어떻게 해야 합니까?"라고 물었다. 왕은 전쟁사를 열심히 공부하라고 말했다. 나중에 나폴레옹도 똑같은 질문을 받고 "전쟁사를 공부하는 것 외에는 방법이 없다"고 말했다. 젊은 장교로부터 이 질문을 받은 제2차 세계대전의 영웅 몽고메리 원수의 대답 역시 같았다.

대위는 고개를 갸우뚱하더니 자신은 그런 이론보다는 실전 경험이 더 중요하다고 생각한다고 대답했다. 그러자 왕은 이렇게 말했다. "우리 부대에 전투를 60회나 치른 노새가 두 마리가 있다. 하지만 그들은 아직도 노새다."

경험은 교리를 외우는 행위와 같다. 프리드리히 2세가 전쟁사를 추천한 이유는 전술의 역사 속에 숨어 있는 원칙과 전제를 찾으라는 의미였다. 그래야 경험을 분석하고, 창조적으로 적응하고, 새로운 창조적 대책을 창출하는 능력을 갖출 수 있다.

자신이 비판했던 마키아벨리즘의
완벽한 구현자가 되다

로이텐 전투에서 승리를 거두었지만, 프로이센이 전 유럽을 상대로 싸우기란 벅찼다. 시간이 갈수록 프로이센의 자원은 고갈되었고, 전황은 불리해졌다. 프로이센이 패하는 전투가 많아졌다. 그래도 프리드리히 2세의 탁월한 전술과 잘 훈련된 군대 덕분에 궤멸은 면했다. 1759년 크네르스도로프 전투에서는 오스트리아와 러시아 연합군에게 패전했다. 총탄이 프리드리히 2세의 군복을 스치고 지나갔고, 프리드리히 2세는 주머니에 넣고 다니던 독약으로 자살 시도까지 했다. 마침내 수도 베를린이 포위되었다. 전쟁이 프로이센의 멸망으로 끝나려는 슈가 러시아 황제가 사망하고, 표트르 3세가 즉위했다. 그는 프리드리히 2세의 열광적인 팬이었다. 러시아가 전쟁에서 발을 빼자, 놀란 프랑스와 오스트리아는 휴전에 동의했다. 1763년에 기적적으로 전쟁이 끝나 프리드리히 2세는 승자가 되었다.

이후 프리드리히 2세는 베를린에 아카데미를 설립하고 독일 통일의 기초를 다졌다. 독일인들은 그에게 '대제'의 칭호를 부여했다. 하지만 이 과정에서 그는 완전한 독재자로 변했다. 전쟁 중에 그는 가혹한 징세를 실시했고, 병력 조달을 위해 납치도 서슴지 않았다. 만년에는 정적을 가혹하게 숙청하고 목적을 위해서 수단과 방법을 가리지 않게 되었다. 하지만 개인적으로는 청렴하고 고독했으며, 개인의 욕망이 아니라 국가의 미래를 위해 헌신했다. 아이러니하게도 프리드리히 2세는 그가 젊은 날에 비판했던 마키아벨리즘의 가장 완벽한 구현자가 되었다.

5. 솜 전투
검증하지 않은 신무기가 참혹한 패배를 낳다

1916년 7월 1일 오전 7시, 솜 강 전선. 영국군 19개 사단과 3개의 프랑스 사단의 병사들은 축축한 참호 벽에 기대어 곧 떨어질 진격 명령을 기다리고 있었다. 존 키건은 저서 《전쟁의 얼굴》에서 이 시간 전선의 표정을 다음과 같이 스케치했다.

'어떤 이는 기도문을 되뇌었고, 어떤 이는 잠시 전선을 덮었던 얇은 안개를 녹여버리며 푸른 하늘을 선사하고 있는 아침 태양을 원망스러운 눈초리로 바라보았다. 어떤 이는 묵묵히 아침식사를 했다. 독일군 진영에서 흙과 물이 뒤섞인 포연이 작렬하는 동안 영국군 진지 곳곳에서는 아침식사를 조리하는 하얗고 낭만적인 연기가 피어올랐다.
장교들은 군화를 닦거나, 실제 전투에서는 아무 쓸모가 없지만 자신들의 귀중한 장비인 지휘봉 혹은 지팡이를 정성스레 손질했다. 이때까지도 장교 문화에는 귀족사회의 풍습이 남아 있어 장교들은 무기를 착용하기보다는 지휘봉 드는 것을 더 선호했다. 싸우는 것은 병사들의 역할이고, 장교들은 그들의 싸움이 우아하고 질서정연하며 효율적인 것이 되도록 이끌고 유지할 책임이 있다고 생각했다. 좀 위화감을 주는 생각이긴 하지만, 잘못된 것은 아니었다. 게다가 그들은 진짜 귀족처럼 병사들의 뒤에서 우아하게 지휘하지도 않았다. 그것이 시대에 뒤처진 낡은 방식임을 알고 있었다.

이런 진보적인 변화에도, 상당수의 장교들은 품위와 지휘봉으로 우아한 전투를 이끌어낼 수 있다는 구시대적 환상을 버리지 못했다. 어떤 병사들은 참호 밖으로 뻗어나온 잠망경을 통해, 어떤 병사는 아예 참호 위에 걸터앉아 3킬로미터 밖의 땅에서 작렬하는 엄청난 포화와 연기를 지켜보고 있었다.

미 국방성 자료에 따르면 제1차 세계대전의 연합국 사상자는 사망, 514만 2,831명, 부상 1,280만 706명, 동맹군은 사망 338만 6,200명, 부상 838만 8,448명, 양측을 합하면 사망 852만 9,031명, 부상 2,118만 9,154명이었다.

제1차 세계대전의 전장에서 이렇게 많은 사람들이 얼마나 쉽게 죽어갔는지를 아는 사람이라면 참호에서 공격 개시를 기다리는 시간이 사형 집행을 기다리는 시간 못지않다는 사실을 이해할 수 있을 것이다. 하지만 이날은 달랐다. 병사들 대부분은 그런 수준의 공포감을 느끼지 않았다. 그들이 느끼는 불안감은 전투를 앞둔 일상적인 불안감, 그 이상도 이

하도 아니었다. 심지어 어떤 장병들은 환상적인 전투가 될지도 모른다는 기대감까지 품었다. 이날의 공격은 특별했다. 또한 모두가 그렇게 믿고 싶어했다.

문제에 해결책도 함께 들어 있다

근대에 들어 공격전술은 계속 발전했다. 화력과 진지 건축기술도 함께 발전해온 결과, 제1차 세계대전은 엄청난 살육의 현장이 되었다.

1915년 2~12월에 펼쳐진 베르됭 전투는 프랑스군 37만 명, 독일군 35만 명이라는 사상자를 냈다. 요새진지에 대한 끊임없는 돌격으로 점철된 이 전투는 1개 사단이 하루 전투로 사라지고, 며칠이면 군단이 사라졌다. 베르됭의 최고 격전지에는 '시체고지'라는 이름이 붙었다. 이런 살육전에도, 전투가 10개월 이상 계속된 것은 학살의 밀도가 낮아서가 아니라, 너무 끔찍한 희생으로 병력을 충당하기 위해 쉬는 시간이 길었기 때문이다. 이 전투의 양상은 피터 심킨스의 《모든 전쟁을 끝내기 위한 전쟁》에 묘사된 다음의 서술이 가장 완벽한 표현인 듯하다

> '베르됭의 전장은 모든 것을 집어삼키는 통제 불가능한 괴물 같은 존재가 되어버렸다. 공격이 최고의 전술이라는 사상을 맹신한 양측 지휘부는 이 괴물에게 끊임없이 병사들의 피와 살을 던져주었다.'

살아 있는 인간은 피와 살에 더해 감정이 있다. 살아 있는 인간이었던

양측의 사령부들은 더 이상은 이런 전투를 지속할 수 없고, 해결책을 찾지 않으면 안 된다고 생각하기에 이르렀다.

따지고 보면 이 참극의 원인은 강력해진 무기, 발달한 과학기술에게 있었다. 남북 전쟁 때 발명된 기관총은 1명이 100명의 역할을 한다는 모토로 탄생한 무기였다. 기능은 굉장했지만 기술적인 결함으로 전쟁에서 큰 역할을 못해 개발자인 리처드 개틀링 박사는 파산지경까지 몰렸다. 그러다 유럽 시장 개척에 성공했다. 제1차 세계대전 당시 영국·독일·프랑스·러시아의 기관총은 모두 개틀링의 기관총을 기술적으로 안정시킨 제품이었다. 제 모습을 갖춘 이 무기는 인류 역사상 최고의 킬러가 되었다.

대포도 50년 사이에 구경이 커지고 강력해졌다. 남북 전쟁 당시의 대포는 나폴레옹 시대의 대포와 모양이 비슷했지만 제1차 세계대전의 대포는 현대의 대포 형태를 띤다. 정확도와 타격력도 크게 향상되었다. 이 살인무기들 앞으로 병사들을 돌격시키니 인간이 남아날 수가 없었다.

그렇다면 해법도 무기와 기술에서 찾아야 하지 않을까? 개틀링은 기관총을 개발한 이유에 대해 이렇게 말했다(그의 직업은 의사였다). "강력한 무기를 만들어서 전쟁을 빨리 끝냄으로써 인명을 구하기 위해서였다."

한편 영국군은 전쟁사에 길이 남을 새로운 전술을 고안했다. 탄막포격 전술이다. 탄막포격은 진격하는 보병의 선방에 포격을 피부어 포화를 커튼저럼 배열하고, 보병이 전진하면 다시 그 앞쪽을 때리면서 비질하듯 쓸고 나가는 전술이다. 이런 아이디어는 나폴레옹 시대부터 구상했던 것 같지만, 그 시대의 기술로는 실현 불가능한 전술이었다. 무엇보다 포탄의 부족으로 비처럼 퍼붓기가 불가능했다.

20세기 들어 포탄의 생산량이 비약적으로 늘었다. 프랑스는 헨리 포드가 자동차 공장에 적용한 자동조립 시스템으로 포탄을 생산했다. 여기에 사격, 관측 기술도 발전해서 정교한 사격이 가능해지면서 비로소 탄막포격 전술이 실현될 수 있었다.

영국군은 대포와 포탄을 모았다. 유례없는 포격은 2단계 작전으로 구성되었다. 강력하고 지속적인 집중포격으로 적의 방어진지를 초토화시킨다. 그 다음에게 보병을 전진시킨다. 행여나 적이 궤멸되지는 않을 것을 대비해서 공격부대의 앞으로 이동식 탄막포격을 실시하는 방법을 사용했다.

이 결정에 따라 솜 전투에서 행한 사전 포격은 엄청난 것이었다. 1,537문의 포가 일주일 동안 쉬지 않고 포격했다. 마지막으로 돌격 1시간 전 시행된 최후의 포격은 어마어마했다. 넓은 평원에 독일군은 보이지도 않았지만, 22킬로미터에 달하는 전선의 전 범위에 동시에 포탄이 작렬했다. 무한정 떨어지는 포탄은 솜 평원을 물과 진흙이 뒤섞인 구멍투성이 진창으로 만들었다. 일주일간 독일군 진지로 떨어진 포탄은 무려 150만 발이었다. 이 엄청난 포화 아래 살아남을 생명체는 없을 것 같았다. 아니 그러기를 바라야 했다. 영국군이 가로질러야 할 평원은 너무 길었다.

기술적 불리함보다 더 무서운 것은 자만이다

같은 시각, 독일군 병사들은 지하 20미터 아래의 대피호에서 숨 막히는 공포에 떨고 있었다. 깊고 튼튼하게 구축한 대피호는 이론적으로는 포격에 안전하다고 해도 포탄이 주는 충격은 어마어마했다. 폭발이 주는 효과로 벽이 흔들리고 촛불이 꺼졌다.

심한 경우 흙먼지가 호 안을 채우고 독가스까지 흘러들었다. 마지막 날이 가까워올수록 충격은 더욱 심해져서 거대한 포탄이 땅에 박히는 게 느껴질 정도였다. 지상으로 나가는 통로는 대부분 막혀 병사들이 쉴 새 없이 통로를 다시 파야 했다. 무엇보다도 고통스러운 것은 금세라도 벽이 무너지고, 땅에 매몰될 것 같은 공포가 일주일째 계속되고 있다는 사실이었다.

이 어둡고 매캐한 공포 속에서 장교와 하사관, 고참 병사들은 끊임없이 한 가지 사실을 주지시키고 있었다. 포격이 끝나는 순간 그들은 입구를 막은 흙을 파내고, 지상으로 뛰어 올라가 2선 참호를 지나 1선 참호의 흉벽, 특히 기관총 진지까지 최대한의 속도로 달려야 한다.

제1차 세계대전 당시 참호 구조는 복잡했다. 기본 참호는 2미터 정도의 깊이로 수평으로 쭉 뻗어 있었다. 하지만 일직선 형태는 아니고 성벽의 요철 모양으로 팠다. 일직선으로 파면 적군이 참호에 침투했을 때 전 부대의 측면이 노출되기 때문이다. 그 뒤에 같은 형태로 2선, 3선의 참호가 있었다. 지역에 따라서는 10선까지도 있었다. 이 다중의 참호선들을 연결해 주는 교통호가 있고, 참호선 뒤쪽 또는 교통호 중간에 가장 깊은 대피호가 있었다. 그리고 1선 참호선 앞에는 돌출한 작은 참호들이 있었다. 이곳이 관측, 기관총 진지 등의 역할을 했다.

포격이 진행되는 동안 독일군은 대피호에 있었다. 포격이 멈추면 돌격해오는 영국군을 저지하기 위해서 1선 참호에 설치한 기관총 진지까지 달려가야 했다. 그들이 대피호를 나와 교통호를 통과해 1선 참호까지 달려나가 기관총 진지에 총을 거치하기 전에 영국군이 1선 참호에 도착하면 전투는 끝이었다. 땅 위에서 달려오는 영국군과 땅 밑에서 기어나오는 독일군 간의 달리기 시합. 신이 하늘에서 이를 지켜보고 있다면 침을 꼴깍거리며 숨을 죽일 만한 순간이었다. 수십만 명이 동시에 참가하고, 그 많은 사람들이 순식간에 죽어나갈 수 있는 경주였으니 말이다.

매사에 정확한 영국군답게 7시 30분이 되자 전 전선에서 호각 소리가 울렸다. 이어 병사들의 환호성이 길게 울려퍼졌다. 그것은 악에 받친 돌격의 함성이 아니라 진정한 승리의 함성이었다. 병사들은 그렇게 믿고 싶었다. 장교와 병사들은 일주일 동안 감행된 엄청난 포격으로 독일군이 몰살됐거나 적어도 심한 타격을 입었을 것이라고 추측했다. 그들은 똑바로 서서 걸어가도 아무런 반격을 받지 않을 것이라고 생각하고, 솜 전투를 입안할 때부터 진격 대형과 속도에 전혀 신경을 쓰지 않았다.

그런 이유로 영국 젊은이들의 행렬은 '죽음의 달리기'라는 표현이 무색하게 느긋했다. 마라톤 경주가 시작될 때처럼 새까맣게 몰려오는 대신 병사들은 질서정연하게 대형을 형성했다. 종군기자가 당시 돌격의 순간을 찍은 사진을 보면 과거처럼 열과 오를 맞춘 밀집대형은 아니지만 병사들은 삼삼오오 어깨를 마주대고 총은 사열할 때처럼 어깨에 멘 채 걷고 있다.

영국군은 천천히 독일군 전선을 향해 진격했다. 평원은, 적어도 영국군이 진격을 시작한 순간까지는 포연과 영국군 병사들이 던진 연막탄으로 안개가 자욱했다. 조금 진격한 후에야 영국군 병사들은 포격으로 지형이 뒤틀리고 엉망진창이 된 평원을 볼 수 있었다. 시야가 좀 더 또렷해지자 믿을 수 없는 광경이 펼쳐졌다. 독일군 참호 앞에 두껍게 펼쳐놓은 철조망의 숲이 멀쩡했던 것이다.

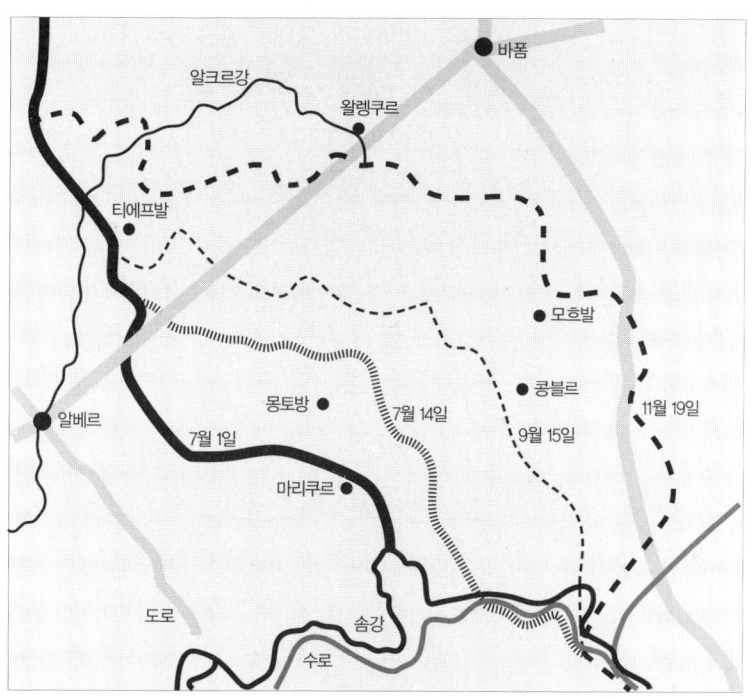

▶ **솜 전투** | 날짜별 영국군의 진격 현황. 이 4개월 18일간 영국군이 진격한 거리는 겨우 12킬로미터였다.

지상에 노출된 철조망이 멀쩡했으니 땅 속에 있는 독일군은 말할 것도 없었다. 지하에 매설해놓은 전화선도 멀쩡했다. 그리고 독일군은 영국군과 달리 벙커에서 나오자마자 전력질주해서 기관총 진지로 달렸다. 영국군이 시선에 도달하기도 전에 기관총이 설치되고 탄창이 걸렸다. 독일군의 기관총 사수들은 어떤 나라의 병사들보다 잘 훈련되고 우수했다.

진격해오는 연합군을 향해 2대의 기관총이 양 측면에서 십자로 사격하면서 킬링 존을 형성했다. 이 킬링 존에 들어서면 수백 명의 보병이 전멸하는 것도 한순간이다. 약 30미터를 걸어가는 동안 중대가 전멸당하기도 했다. 살아남은 중대장은 "어디선가 기관총 소리가 들리는 것 같더니 주위에 살아남은 사람이 하나도 없었다"고 회고했다.

영국군이 성공적인 진격을 한 지점도 있었다. 하지만 공격대형과 진격 속도를 부대 자율에 맡겼던 탓에 부대 간의 연결, 돌파지점에 대한 집중 지원과 연계공격이 전혀 되지 않았다.

7월 1일 돌격에 나선 17개 사단 중 독일군 영역에 들어간 부대는 5개 사단에 불과했다. 나머지는 모두 중간에서 사라졌다. 영국군 10만 명의 병사 중 2만 명이 돌아오지 못했고, 4만 명이 부상했다.

하지만 이것은 악몽의 시작일 뿐이었다. 11월 18일까지 이어진 전투에서 연합군은 총 62만 4,000여 명의 사상자를 냈다. 독일군 피해의 정확한 통계는 없지만, 45만~60만 명 정도가 사상했을 것으로 추정한다. 이 엄청난 희생을 통해 영국군이 진격한 거리는 겨우 12킬로미터였다.

올바른 발상도 검증이 없으면 오폭이 된다

영국군 지휘부는 탄막포격에 엄청난 기대를 걸었다. 살인적 포격으로 독일군을 궤멸시키거나, 최소한 영국군이 독일군 1선 참호에 접근할 동안만이라도 그들을 땅 속에 가둬놓는다면 지옥 같은 기관총 공세를 무력화시킬 수 있을 것이었다. 하지만 이 기대는 무참히 실패했다.

실패 이유 가운데 하나는 엄청난 양의 불발탄이었다. 이 포탄들은 솜의 진창 속에 그대로 박혀 전쟁이 끝난 후에도 수십 년 동안 이 지역의 농부들을 괴롭혔다.

둘째로 포탄 선정도 잘못되었다. 독일군 진지로 떨어진 포탄은 150만 발이었는데, 그 중 100만 발이 유산탄이었다. 유산탄은 고폭탄보다 훨씬 비싸 제1차 세계대전 동안 사용된 양이 고폭탄보다 적었다. 그런데도 솜 전투에 유산탄을 2대1 비율로 배정했다는 것은 통 큰 투자였다. 하지만 금속구슬을 날리는 유산탄은 대피호를 파괴하는 데는 쓸모가 없었다. 영국군은 이 산탄이 철조망을 끊을 수 있을 것이라고 기대했지만, 허공에 포연과 파편만 흩날리고 사라졌다. 땅속에 들어간 독일군을 처치하기 위해서는 고폭탄을 사용해야 했다. 하지만 1,500문의 포중 고폭탄을 발사할 수 있는 중포는 467문에 불과했다. 그나마 사용된 고폭탄도 화약을 적게 넣어 폭발력이 약했다. 화약을 가득 채우면 포탄이 포신 안에서 폭발할 위험도 높았고, 고폭탄의 폭팔력보다는 포탄의 철갑이 통째로 날아가 타격하는 편이 더 파괴적일 것이라는 황당한 추정 때문이었다. 포탄의 철갑이 녹지 않고 파편이 되어 날아가려면 폭약을 조금 덜 넣어야 했다.

이 부실한 고폭탄으로 벙커를 부수려면 집요하고 지속적인 타격이 필요했다. 하지만 영국군은 전 전선에 고르게 포탄을 뿌리느라 집중의 원칙도 무시했다. 어마어마한 포격이었지만, 22킬로미터라는 전선의 길이를 감안하면 포격의 밀도는 상당히 낮았다. 편승 없이 공격부대를 공평하게 엄호해야 한다는 발상이 한명도 제대로 보호하지 못하는 결과를 낳은 것이다. 이것이 세 번째 이유다.

마지막으로 기술 부족, 경험 부족, 훈련 부족도 화근이 되었다. 먼저 독일군 참호에 집중 포격을 한 뒤 영국군이 진격을 시작하면 진군에 맞춰 탄막포격을 하기로 했지만, 영국군은 생각처럼 정교한 탄막포격을 할 수 없었다. 무엇보다도 통신장비가 발달하지 않아 진격하는 보병과 실시간 통화가 불가능했다. 결국 영국군은 보병의 속도를 감안해서 진격 시간을 계산하고 시간표에 따라 표적을 정해놓고 포격했다. 이것이 치명적인 불행을 야기했다. 참호에서 대기하던 독일군은 포격 지점이 자신들의 후방으로 이동하면 즉시 뛰어나와 참호로 달려갔는데, 영국군은 그들의 이동속도와 위치를 상상해서 포탄을 퍼부었다.

과학적 사고와 유연한 태도의 중요성

솜 전투의 참상은 많은 교훈을 준다. 대표적으로 준비와 훈련의 중요성, 과학의 발전과 기술 변화에 대한 대응과 변화의 필요성을 꼽을 수 있다. 그런데 가장 간과하기 쉬운 교훈은, 실험의 필요성이다. 장교들의 행태에서 보듯이, 제1차 세계대전은 19세기적인 것과 20세기가 혼합된 미묘한 전쟁이었다. 구시대의 중요한 유물 중 하나가 관념론적 태도였다. 아무리 좋은 생각, 당연하게 느껴지는 논리라도 현장에서 확인하고 실험과 검증을 통해 실용성을 확립할 필요가 있다.

영국군 지휘부가 대피호의 파괴 방법을 실험하고, 과학적으로 검증했더라면 이 엄청난 살상을 최소한으로 줄였을지도 모른다. 전쟁이 끝나고 1930년대 이후에 알려진 일이지만 유산탄은 위력이 약해서 인명살상조차 불가능한 것으로 드러났다. 유산탄을 처음 개발할 때, 나무판자를 세워놓고 실험했는데, 그 판자의 강도가 사람의 몸보다 훨씬 약했던 것이다. 제임스 더니건은 그의 저서에서 '세상에 이렇게 인도적인 무기도 없었다'

라고 비꼬았다. 그럼에도 불구하고 끔찍한 살상을 당한 제1차 세계대전의 참전 병사들에게는 그나마 다행한 일이었는지도 모르겠지만 말이다.

과학적 사고와 실험적 자세, 합리적 실험방법이라는 것이 이때만 해도 이렇게 허술했다. 이 사실은 관념과 추정을 통해 문제를 해결하는 것이 아니라 정확한 실험을 통해서 판단하고, 실험으로 판단하려는 자세가 인류 역사에 자리 잡은 지 채 100년도 되지 않았음을 말해준다.

유개진지에 대한 포격의 위력과 결과에 대한 오판은 제2차 세계대전 중에도 심심찮게 문제를 일으켰다. 타라와, 이오지마에서 미군은 섬을 통째로 날려버릴 듯한 기세로 포격했지만 원하는 결과를 얻으려면 3~5배 이상의 포격을 했어야 했다는 결론을 얻었다. 물론 그런 엄청난 포격을 사전에 테스트한다는 것이 불가능했을 수도 있다. 하지만 그 결과는 언제나 똑같다. 요새 앞 백사장에 내던져진 병사들의 무참한 희생이었다.

21세기 들어 관념론적 태도는 사라진 것처럼 보이지만 사실 그렇지도 않다. 우리 사회는 아직도 분석적이고 실험적인 태도를 각박하고 귀찮게 여기는 관습이 곳곳에 남아 있다. 혹 실험한다고 해도, 경직된 조직문화와 위계질서 탓에 상부의 의견을 뒤엎는 실험 결과를 제출하지 못하는 경우도 종종 있다. 솜 전투 때도 포격 계획의 결함, 유산탄의 무용을 인지했던 젊은 장교들이 없다고 할 수 없다. 하지만 그들의 생각과 건의가 제대로 전달되지도 않았던 것은 아닐까? 공개적인 검증과 다각적인 실험을 권장하는 태도가 필요한 또 하나의 이유가 이것이다.

아무리 민주적인 사회라고 해도 조직의 경직성은 언제 어디서나 발생할 수 있다. 다각적인 실험과 활발한 검증은 상급자의 아집과 조직의 동맥경화를 방지하는 유용한 수단이 된다.

6. 크라곤자 산 전투
천재는 변화와
자기계발 욕구에서 태어난다

'사막의 여우' 롬멜은 이 명칭이 거의 고유명사처럼 되었을 정도로 유명한 장군이다. 하지만 롬멜이 어떤 장군이고, 그의 전술이 왜 탁월한지 아는 사람은 드물다. 사막의 여우라는 별명 자체가 롬멜에 대한 무지의 표현이라고 할 수 있다.

사막의 여우라고 하면 사람들은 제갈공명식 꾀와 책략을 연상한다. 제2차 세계대전 당시 북아프리카 전선에서 독일군이 제갈공명식 책략을 쓰기는 했다. 비행기의 프로펠러 엔진을 트럭에 싣고 달리면서 엄청난 먼지를 일으킨다. 그러면 영국군은 독일군 대부대가 움직이는 줄 알았다. '독일군 수송 트럭이 쉴 새 없이 줄을 지어 달린다. 이는 총공격을 준비하기 위해 군수품을 모으는 것이 틀림없다'고 생각하는 것이다. 하지만 사실은 몇 대가 원을 그리며 하루 종일 돌고 있을 뿐이다. 진짜 공격은 다른 곳에서 준비되고 있다. 그런데 이 계략의 창안자가 롬멜인지는 불확실하다. 그리고 설사 그가 주인공이라고 해도 이것은 작은 속임수일 뿐이다. 롬멜의 전술은 꾀나 속임수와는 질이 다르다.

반면 롬멜을 좀 안다고 생각하는 사람은 다른 이유로 그의 전술을 전술이라고 명명하기를 주저한다. 그를 존경하는 사람들은 그의 전술이 천재의 작품, 일종의 예술적 경지의 전술이므로 아무도 이해하지 못하고, 따라하려고 해서도 안 된다고 말한다. 비판적인 사람은 그의 전술은 원칙과 정형이 없고 너무 즉흥적이어서 위험하다고 한다. 또 군수와 보급을 무시하고, 전술 교리와 상식을 무시한다고 비판한다. 그의 영화 같은 승리는 운이 좋았거나 상대가 무능했던 탓이라는 것이다. 양쪽의 논지는 다르지만 롬멜을 이해할 수 없거나 이해하려고 해서는 안 된다는 점에서는 일치한다. 도대체 그는 어떤 인물일까?

롬멜에 대한 책은 그가 직접 쓴 저서도 있고, 전기와 해설서도 상당히 많다. 하지만 롬멜의 전술적 개성을 가장 잘 드러낸 책은 롬멜의 첫 번째 저서인 《보병공격》이다. 롬멜은 1929년부터 4년간 드레스덴 보병학교의 전술학 교관으로 근무하면서 제1차 세계대전 참전 경험담을 강의했다. 1937년에는 포츠담 보병학교 교관으로 부임한 뒤 제1차 세계대선 참전 경험담을 저술해서 간행했다.

어답이지만 이 책은 제1차 세계대전의 패배로 우울해하던 독일인에게 선풍적이 인기를 끌어, 50만부가 넘게 판매되는 엄청난 베스트셀러가 되었다. 요즘에야 100만부가 넘는 책도 흔하지만, 이 시기가 극심한 경제공황기로 신문을 찍을 종이도 없다고 하던 시절임을 감안하면, 이 판매부수는 대단한 것이다. 히틀러도 이 책을 읽고 감동받아 롬멜을 중용했다는 소문이 있다.

이 책은 오늘날까지도 소규모 보병전술의 교과서로 추앙받으며, 초급 장교의 필독서로 간주되고 있다. 그리고 여기에는 롬멜이 어떻게 롬멜이 될 수 있었는가에 대한 비밀도 함께 숨어 있다.

가능성이 1퍼센트라면 적이 예측하지 못한다

제1차 세계대전이 종반으로 치닫던 1917년 10월, 26세의 독일군 장교 에르빈 롬멜 중위는 이탈리아 북부 톨마인 지방, 알프스 산맥의 거친 산악지대에서 고지 공격을 지휘하고 있었다. 전투 3일째 롬멜은 흐트러진 독일군 부대를 수습해 7개 중대를 1개 대대로 재편성했다.

7개 중대라고는 하지만 병력은 턱없이 부족했다. 그들의 앞에 놓인 크라곤자 산은 해발 1,000미터가 넘는 3개의 봉우리로 이루어져 있었다. 산중턱 800미터 지점에 정상부와 평행으로 다시 중봉과 능선이 형성되어 있는데 이 중봉의 8부 능선, 즉 600미터 지점에는 능선과 평행으로 기다랗게 요새화된 축성진지가 있었다.

이 진지를 엄호하기 위해 다시 정상부의 봉우리와 능선에도 진지가 구축되어 있는데, 이곳이 감제고지 적의 활동을 살피기에 적합하도록 주변이 두루 내려다보이는 고지였다. 크라곤자 산 뒤로 연결된 더 높은 2개의 산도 비슷하게 요새화되어 있었다. 3개의 산 전체에 걸쳐 이탈리아군 5개 연대가 진을 치고 있었다. 이탈리아군은 중무장했고 전투 경험도 있었다. 그중 한 연대는 여러 번 부대 표창을 받은, 이탈리아군 전체에서도 유명한 연대였다.

1, 2일차 공격에서 롬멜은 이미 놀라운 성공을 거뒀다. 공격을 개시한 독일군 부대 간 연락이 원활하지 않아 롬멜 대대는 전투를 시작하자마자 적진에서 고립되었다. 하지만 그는 후퇴하지 않고 단독으로 전진해 목표물을 공략했다. 이틀간의 전투로 독일군 병사들은 녹초가 되었지만, 롬멜은 쉬지 않고 병사들을 격려하며 앞으로 밀어붙였다.

　전투 3일째 롬멜 대대는 크라곤자 산 중턱 600미터 지점의 요새 라인이 시작되는 부분, 제니체크 마을에 집결했다. 이탈리아군 1개 연대가 전방 진지 안에 있었다. 이탈리아군은 독일군의 접근을 알았지만, 별다른 조치를 취하지 않고 진지를 고수할 뿐이었다.

　이 상황에서 롬멜은 제정신을 가진 지휘관이라면 도저히 생각할 수 없는 결정을 내린다. 이곳에 온 부대는 겨우 4개 중대였는데 2개 중대를 마을에 두고, 2개 중대를 800미터 지점의 중봉 능선, 즉 정상부와 600미터 지점의 이탈리아군 진지 사이로 부하들을 밀어넣은 것이다. 동이트자 능선에 있는 독일군 병사들의 모습이 드러났다. 이탈리아군 장교들은 눈을 의심했을 것이다. 일생에 한 번 찾아올까 말까 한 기회가 왔다고 생각했을 수도 있다. 적이 스스로 죽음의 공간으로 뛰어들었기 때문이다. 특히 위쪽 감제고지에 있던 병사들은 환호성을 질렀다. 바로 사격이 시작되었다.

　이 혼란 중에 롬멜은 약간의 돌격부대를 편성해 아래쪽 능선 진지를 향해 위에서 아래로 공격하라고 지시했다. 겨우 몇 개 분대로 편성된 돌격부대는 이탈리아군 진지로 뛰어 내려가며 항복하라고 소리쳤다. 놀랍게도 아래쪽 3개 중대가 바로 항복했다. 독일군이 위에서 아래로 쳐들어오자 그들은 독일군이 정상부를 점령했다고 착각했다. 두 진지의 사이에 끼어서 등 뒤로 총격을 받으면서 아래로 힘차게 공격해 들어올 부대가 있다고 누가 생각이나 했겠는가?

처음 3개 중대가 항복하자 중턱 진지 전체로 항복의 물결이 도미노처럼 이어졌다. 순식간에 1개 연대 1,000명이 항복했다. 이렇게 아래쪽 부대를 소탕한 뒤 롬멜 부대는 전력을 다해 고지를 공격했다. 여기에는 별다른 전술이 있을 수가 없다. 중대별로 목표를 정하고 고지를 향해 뛰어 올랐다. 마침내 고지를 점령했지만 독일군의 희생도 컸다. 중대장 2명이 중상을 입었고, 온전하게 움직일 수 있는 병력은 겨우 반 개 중대 규모였다.

적군의 절반도 안 되는 병력으로 요새화된 고지를 점령했지만, 롬멜은 이 병력으로 적군의 반격을 막아낼 수 없다고 판단했다. 그렇다면 가능한 방법은 계속 공격을 가해 남은 2개의 산, 므르츨리 봉과 마타주르 산을 탈취해 전투를 완전히 끝내는 일뿐이었다.

병력에 비해 전투 지역이 너무 넓어 롬멜 부대는 여기저기로 나뉘었다. 어떤 부대는 빨리 전진하고, 어떤 부대는 저지당했다. 보통 지휘관은 부대가 흩어지는 것을 가장 두려워한다. 각개 격파당하거나 포위될 우려가 크기 때문이다. 하지만 롬멜은 개의치 않고 최대한 속도를 높여 목표를 향해 돌격했다. 가장 유능한 휘겔 중사가 지휘하는 2중대가 므르츨리 봉 앞에 있는 1,192고지를 점령했다. 살아남은 병력은 겨우 1개 소대 규모였다. 그들은 바로 정상부에 기관총을 설치하고 적군을 공격해 아래에서 고전하고 있는 아군 부대를 구출했다. 이번에도 롬멜의 판단이 옳았다. 신속하게 고지를 점령하지 않고 중간에 부대를 집결시켰더라면, 이탈리아군에 포위돼 더 큰 희생을 치르거나 패배했을 것이다.

치밀한 데이터 분석만이
상식을 파괴한 전술을 성공으로 이끈다

　고지에서 롬멜은 남은 부대를 모두 집결시켰다. 모아보니 7개 중대 중 3개 중대가 남은 상황이었다. 므르츨리 봉은 1개 연대가 지키고 있었는데, 롬멜은 대담하게 그들에게 다가가 항복을 권유했다. 이탈리아군은 롬멜의 병력 규모를 알지 못했고, 새벽부터 정오가 되기 전까지 크라곤자 산과 1,192고지가 함락되자 크게 동요했다. 더욱이 롬멜 부대는 이탈리아군이 예상했던 독일군의 공격 방향과는 정반대, 즉 측면과 후면으로 들어왔는데, 이런 전술이 공포감을 불러일으켰다. 제2차 세계대전에서 전차군단을 지휘할 때도 롬멜은 이 방식을 애용했다. 측면이나 후방에서 적이 나타나면 어쩔 줄 모르고 궤멸되거나 항복하는 적군이 많았다.
　이후의 전투도 비슷한 방식으로 진행되었다. 롬멜은 고지를 차례차례 점령해 다음 날 아침 최종 목표인 1,641미터의 마타주르 산까지 완전히 점령했다. 총 28시간 동안 롬멜 부대는 쉬지 않고 전투를 벌여 6개가 넘는 고지를 빼앗았고 5개 연대, 9,000명을 포로로 잡았다. 롬멜은 이 전투로 독일 최고 무공훈장인 푸어 르 메리테 훈장을 받았다.
　롬멜과 싸웠던 지휘관들은 상식을 넘어서는, '미친 짓'에 가까운 그의 전술에 골머리를 썩었다. 사실 그의 행동은 롬멜 열광자를 만들어내는 데 크게 기여했지만, 냉정한 전술가들은 여전히 비판적이다. 제니체크 마을에서 적의 감제고지와 아래쪽 진지 사이로 중대를 밀어넣은 작전은 정말 소름끼치는 명령이 아닐 수 없다. 결과적으로 성공하기는 했지만, 위쪽에서 기관총 세례를 받으며 겨우 몇 개 분대를 돌격시켜 아래쪽 수

▶ **에르빈 롬멜** | 제1차 세계대전은 물론 제2차 세계대전에서도 활약한 롬멜은 남다른 분석력과 판단력으로 상대의 허를 찌르는 공격을 감행해 승리를 거듭했다.

비 연대를 제압하겠다는 발상을 어떻게 평가해야 할까?

많은 사람들이 롬멜의 전술을 이해하지 못하는 이유는 그의 전술을 '도박' 내지는 '상식을 뛰어넘는' '허를 찌르는' 작전으로 해석하기 때문이다. 사실 롬멜이야말로 철저하게 상식과 합리성에 기초한 사람이다. 크라곤자 산의 전투를 다시 검토해보자. 당시의 일반적 전술대로 축성진지에 자리 잡고 있는 수비대를 향해 아래에서 위로 돌격하는 것은 합리적이었을까? 롬멜이 말한 대로 그것이야말로 "완전히 미친 짓"이다. 1,192고지 전투에서도 롬멜이 측면과 포위를 걱정해 진격을 멈추고 부대를 정비했다면, 그것은 정제되고 체계적인 공격이 아니라 죽음을 자초하는 행동이었을 것이다. 겨우 4, 5개 중대가 연대 병력을 향해 정석대로 전진해야 했을 테니 말이다.

1942년 롬멜이 아내에게 보낸 편지에 이런 내용이 있다. '아마 그들은 나를 미친놈 취급할 거요. 하지만 난 절대 미치지 않았소. 그들보다 더 넓게 바라보고 있을 뿐이지.'

전쟁이나 경영에서 최고의 상식은 승리와 함께 최저의 비용으로 최고 효율을 달성하는 것이다. 롬멜은 이 원칙에 철저했다. 그가 다른 사람과 달라 보이는 이유는, 대부분 사람들이 상식과 합리성이라는 미명 아래 그저 기존 전통과 교리를 외우고 맹목적으로 사용하고 있을 때, 끊임없이 현실을 분석하고 연구했다는 점이다.

포격에 대한 희생을 줄이려면 참호를 파야 한다는 것은 누구나 안다. 하지만 현재 이곳에 몇 발의 포탄이 떨어지면 몇 퍼센트가 희생될지 정확하게 말할 수 있는 장교가 몇 명이나 될까? 롬멜은 이런 부분에서 탁월했다. 그는 단 한 번의 경험도 소홀히 넘기는 법이 없었다. 적의 진지를 향해 돌격할 때도 거리, 지형, 방어 상태, 적군의 훈련 상황에 따라 어느 정도 희생이 나는지를 관측하고 연구했다. 그래서 막상 자신의 중대를 돌격시켜야 할 때면 기관총 엄호만으로 충분한지, 포병의 지원 사격이 있어야 하는지를 정확하게 판단했다.

무슨 짓을 해도 절대 불가능하다는 판단을 내리면 그때부터 편법과 계략을 모색했다. 많은 사람들이 이 부분에만 주목했기 때문에 그를 '사막의 여우'니 '상식을 벗어나는' 책략가라고만 간주하게 된 것이다.

옛것을 배우되 거기에 응용력을 더해라

이처럼 자기계발과 경험 축적에 애쓴 결과, 무모한 돌격과 살육이 만연하던 제1차 세계대전에서 롬멜은 공격에 실패한 적이 없었다(사실은 딱 한 번 있었는데, 그날 너무 흥분해 불같이 화를 냈다고 한다).

그는 '신속해야 한다' '적의 후방을 찔러라' 같은 명제에 따라 행동하는 사람도 아니었다. 그의 모든 전술은 철저한 계산과 정확한 판단의 결과였다. 보통사람이 보병의 하루 적정 행군 거리가 몇 킬로미터라는 규범을 외우고 있을 때, 롬멜은 병사들이 이 정도 거리를 행군하면 어느 정도 지치고, 어느 정도로 싸울 수 있다는 데이터를 정확히 뽑아내 전략과 전술을 세웠다. 그 결과 병사들도 모르는 잠재 능력까지도 산출해냈다. 이 정도로 숙련된 병사, 상황, 사기, 지형을 고려하면 교범의 2배 속도로 행군할 수 있다는 식이다. 이를 토대로 작전을 전개하면 적군은 전혀 예상하지 못한 공격을 당하고, 롬멜의 부하들은 기적을 경험한다.

크라곤자 산의 전투에서 우리가 눈여겨봐야 할 사실이 한 가지 더 있다. 롬멜의 무모한 작전을 부하들이 충실히 수행했다는 점이다. 아무리 잘 훈련되고 복종적인 집단이라고 해도 이런 말도 안 되는 작전 지시를 따르기는 어렵다. 설사 명령에 따른다고 해도 확신이 부족하다면 그들은 주저할 것이고, 작전은 치명적인 타격을 입을 것이다. 하지만 롬멜의 부하들은 그의 말도 안 되는 작전과 명령을 충실하게 수행했다. 평소에 롬멜의 신과 같은 판단력을 경험한 탓이다.

롬멜과 같은 역량을 가지려면 자신의 일에 열정을 가지고, 업무를 끊임없이 분석하면서 실패를 두려워하지 말고 새로운 시도를 해야 한다. 그리고 이런 인재를 개발하려면 먼저 조직이 공정하고 개방적인 태도를 가져야 한다. 능력자보다 고분고분한 사람을 좋아하는 조직문화, 기존의 관례와 규칙을 금과옥조처럼 붙들고 거기에 이의를 제기하는 사람은 용납하지 않는 조직에서는 이런 인재를 기대할 수 없다.

이것은 나의 추정이 아니라 롬멜 자신이 한 이야기다. 그의 전술이 원칙과 상식을 무시한다거나 운이 좋았다고 비판하는 사람에 대해 롬멜은 경직된 조직문화, 관행과 습관에 권위를 부여하는 사람, 새로운 것에 두려움과 알레르기가 있는 사람, 시대의 변화를 감지하지 못하고 과거의 교리에 얽매여 있는 사람, 자신을 한계 이상으로 놀아붙이고 도전과 새로운 것을 성취하는 데 즐거움을 느끼지 못하는 사람은 비참한 실패를 맛볼 것이라고 말했다.

∷ Strategy 2 ∷

변화를 이룰 때까지 계속 도전하라

7. 스팍테리아 전투
기득권을 버려야
진정한 변혁을 이룰 수 있다

기원전 425년 어느 날 이른 아침, 그리스 펠로폰네소스 지방의 스팍테리아(현재의 나바리노 만 입구 스파기아 섬이라고 보는 견해가 유력하다)라는 작은 무인도에서 펠로폰네소스 전쟁 사상 가장 충격적인 사건이 막 시작되려 하고 있었다. 스팍테리아 섬은 만의 입구에 방파제처럼 가로 놓인 작은 무인도였다. 모양도 꼭 방파제처럼 가늘고 길쭉하게 생긴 이 섬은 긴 곳의 길이가 2~4킬로미터, 폭은 1킬로미터도 되지 않았다.

이날 섬의 양 끝으로 아테네가 주도하는 델로스 동맹군이 상륙했다. 지휘관은 데모스테네스, 병력은 중장보병 800명, 궁수와 경보병 800명이었다. 섬의 중앙에는 한 번도 패배한 적이 없다는 그 유명한 스파르타군이 포진하고 있었다. 420명의 병력 가운데 180명은 스파르타 순수 혈통의 중장보병대로, 최고 명문가 출신들이었다. 머릿수로는 아테네군의 중장보병이 2배, 전체 병력은 4배의 우위였다. 하지만 아테네군의 마음은 결코 밝지 않았다. 스파르타군은 최고 정예로 구성되었고, 자부심과 명예로 가득 찬 집단이었다. 예전 페르시아의 100만 대군도 테르모필라이에서 퇴역 군인으로 구성된 300명의 스파르타군을 꺾기 위해 2만 명 이상을 희생했던 전력이 있다. 스팍테리아의 부대는 그들보다 더 팔팔하고 신분도 고귀했으며, 인원도 100명이나 많았다.

기원전 431~404년에 벌어진 펠로폰네소스 전쟁은 길고 지루한 만큼이나 난감한 전쟁이었다. 이 전쟁은 페르시아 전쟁이 끝난 후 아테네와 스파르타가 그리스의 패권을 두고 벌인 것이다. 아테네를 맹주로 하는 델로스 동맹은 아테네가 위치한 아티카와 주변의 섬과 소아시아의 식민지로 구성되었다. 펠로폰네소스 동맹은 펠로폰네스 반도의 스파르타와 코린토스가 주축이 되었다. 펠로폰네소스 동맹에는 속하지 않았지만 테베가 주축이 된 북부 테살리아는 거의 스파르타 편에 섰다.

적진에서 적이 원하는 방식으로 싸우다

스파르타는 최강의 보병대를 보유한 반면, 아테네는 그리스 전부와 싸워도 이길 수 있을 만큼 강력한 해군을 보유했다. 그렇다고 아테네 육군이 형편없고 스파르타에 해군이 없었던 것은 아니다. 아테네 육군은 스파르타 외에는 누구도 겁내지 않았다. 스파르타 함대도 꽤 강력했고, 해상전은 아테네 다음이라고 자부하는 코린토스의 지원을 받고 있었다. 하지만 육지에서 아테네는 스파르타와 싸우려 하지 않았고, 스파르타

함대는 아테네 함대가 없는 곳으로만 다녔다.

정면대결을 피하는 대신, 그들은 서로 우회하며 자신의 동맹국과 식민지를 넓혀가려 했다. 일반적인 전쟁이 장기판이라면 펠로폰네소스 전쟁은 바둑에 가까웠다. 아테네와 스파르타는 서로 똑같은 패턴을 반복하며 바둑판에 빈자리만 찾았다. 전쟁사가 리델 하트의 이론을 빌리자면 간접 접근 방식의 완벽한 전형이었다. 그러다 보니 이 전쟁은 서로를 괴롭히는 싸움처럼 되어버려서 고통만 늘어갈 뿐, 도통 승부가 나질 않았다.

그런 시대에 어울리지 않게 창의적이고 재기발랄한 장군이었던 데모스테네스는 이 지루한 방식을 참을 수 없었다. 두 개의 세력이 직접 충돌한 상황에서 블루오션만 찾아다녀서는 승부를 낼 수 없고, 비용만 소모된다. 그는 전황을 타개할 획기적인 계획을 제시했다. 스파르타의 후방에 나바리노 만이라는 요충이 있다. 이 만에 방파제가 있을 자리에 꼭 방파제처럼 생긴 필로스라는 무인도가 있는데, 이곳에 소부대를 상륙시켜 주둔지를 구축하는 것이었다. 이 작전이 성공하면 스파르타의 땅을 아테네 육군이 점령한다는 초유의 사태가 발생한다. 섬이 좁아 아테네군이 방벽을 세우면 스파르타군도 돌파가 쉽지 않고, 여차하면 언제든지 해군의 지원을 받을 수 있다.

데모스테네스와 함께 원정에 나섰던 장군으로는 비극 작가로 유명한 소포클레스, 《펠로폰네스 전쟁사》의 저자 투키디데스가 페리클레스 다음으로 칭찬을 아끼지 않았던 니키아스도 있었다. 하지만 두 사람도 이 계획을 비웃었다. 황무지를 점령해서 어디에 쓰겠는가? 어떤 이는 데모스테네스에게 친절하게 깨우쳐주었다. "그리스에 그런 섬은 수백 개가 있다네."

하지만 데모스테네스의 생각은 달랐다. 아테네 지상군이 스파르타의 땅을 점령했다는 사건의 상징성과 파장은 놀랄 만큼 클 것이다. 스파르타의 열세가 확고해지면 수백 년간 스파르타의 지배를 받고 있는 헤일로타이들이 봉기하거나 아테네로 대거 투항할 수도 있다. 헤일로타이는 스파르타에게 정복당한 이 지역의 원주민들이다. 그들은 농노로 생활하고 있는데, 인구가 스파르타인의 10배에 달했다.

스파르타인이 가장 두려워하는 사태가 헤일로타이의 반란으로, 이는 스파르타의 완벽한 아킬레스건인데도 아테네는 그동안 이 약점을 제대로 공략하지 못했다. 데모스테네스의 다소 황당하기까지 한 무인도 점령계획은 이 약점을 찌르는 것이었다. 아테네 장군들은 반신반의했지만, 막상 아테네군이 필로스에 상륙하자 스파르타는 사태의 중요성을 직감했다. 놀란 스파르타는 바로 지상군을 투입했다.

레드오션에서도 승리할 수 있다

스파르타는 필로스와 쌍둥이 섬이라고 할 수 있는 스팍테리아에 중장보병대를 투입했다. 420명은 적은 병력 같지만, 스파르타 전체 중장보병대의 10분의 1이었다. 두 섬은 긴 막대기를 반으로 자른 것처럼 붙어있는데, 위쪽이 필로스, 아래가 스팍테리아였다. 두 섬을 나누는 수로는 200미터 정도밖에 되지 않았다.

스파르타 군의 스팍테리아 진주進駐는 아테네군의 필로스 진입보다 더 비장한 작전이었다. 만은 아테네 함대의 통제하에 있었다. 스파르타군은 자기 땅에서 고립되었는데, 이는 오직 스파르타의 땅이 아테네 군에게 점령당하지 않았다는 명분을 위한 것이었다.

양 군은 대치와 복잡한 협상 끝에 전투를 피할 수 없는 상황이 되었다. 아테네군은 함대의 도움을 받아 기습적으로 스팍테리아에 상륙했고, 스파르타군의 전초 30명을 재빨리 처치했다. 하지만 스파르타 본대는 아직 멀쩡했다. 그들은 자신들의 장기를 살려 밀집대형을 갖추고 전의를 다졌다.

호플라이트라고 불리는 중장보병대의 진가는 공격보다는 수비에서 발휘된다. 방벽이나 나무, 바위 사이에 하나로 뭉치면 공격자들이 이 거대한 청동 덩어리를 파괴하기란 거의 불가능했다. 그런데 전투에 자신 있던 스파르타군은 이런 측면 지형도 포기하고, 섬 가운데 평평하고 넓은 곳에서 아테네군을 기다렸다.

데모스테네스에게는 이 전설의 청동보병대를 격파할 비책이 있었다. 방법은 알고 보면 간단했다. 40킬로그램에 이르는 무거운 청동갑옷 대신에 투창과 돌맹이로 무장한 경보병대를 투입하는 것이었다. 아무리 중무장한 보병이라도 화살과 투창, 돌맹이 공격을 무한정 막아낼 수는 없다. 아테네군은 중장보병을 스파르타군 정면에 두고, 경보병을 양옆과 뒤에 배치했다. 경보병은 스파르타군 주위를 돌며, 돌과 창을 던지고 화살을 날렸다.

스파르타군은 미칠 지경이었지만, 가볍게 움직이는 경보병을 잡을 수가 없었다. 스파르타군이 할 수 있는 일은 그냥 버티는 것뿐이었다. 계속되는 공격에 투구와 방패가 깨지고, 몸은 지칠 대로 지쳤다. 그제야 그들은 무작정 버티고 서서 표적이 되어 있는 것이 얼마나 어리석은 짓인지 깨닫고, 몸을 밀착해서 비탈 위에 있는 무너진 요새로 대피했다.

이곳은 방벽이 있어서 방어가 쉬웠고, 지형이 험해 측면과 뒤도 안전했다. 아테네군은 정면공격밖에 할 수가 없었는데, 이런 지형에서는 스파르타군이 우세했다. 처음부터 스파르타군이 이곳에 포진했더라면 전투의 양상은 달라졌을 것이다.

하지만 초전의 패배로 스파르타군은 희생이 컸던 반면 아테네군은 자신감을 얻었다. 자신감은 적극적 태도와 창의성을 생산한다. 아테네군은 경보병대를 스파르타군 뒤쪽의 산으로 보내 공격지점을 찾게 했다. 경보병대는 절벽을 건너 원시림 속에서 한참을 고생한 끝에 스파르타군의 뒤로 돌아가는 데 성공했다. 한편 뒤에서 화살이 날아들자 스파르타군은 크게 낙담했다. 식량도 부족하고 체력도 고갈된 그들은 항복하고 말았다.

전투가 끝났을 때 420명의 중장보병 중 생존자는 292명, 그 중에 스파르타 최고 가문 출신이 120명이었다. 아테네군 사상자는 소수에 불과했다. 페르시아 100만 대군에게도 항복하지 않았던 스파르타군의 불패 신화가 이날 끝났다. 그것도 중장보병대가 아닌 하층신분의 경보병대에게 패배했다는 것이 더 큰 충격이었다.

그들만의 전투, 특권층의 룰에 도전하다

이 기적 같은 전투를 지휘한 데모스테네스는 어디서 이 비법을 찾아냈을까? 역사가들은 1년 전 사건을 지목한다. 데모스테네스는 2,000명의 군단을 이끌고 아이톨리아 정벌에 나섰다. 아테네와 동맹군은 특별히 선발한 최정예 부대이고, 아이톨리아인은 중장보병도 없는 야만족이었다. 하지만 이 야만족의 투창 공격에 아테네군은 철저히 유린당해 참혹하게 패배했다. 패배로부터 교훈을 얻은 데모스테네스는 이를 스팍테리아에서 그대로 적용해, 스파르타군의 '불패 전설'을 종식시켰다.

그렇다면 그리스 폴리스의 지도자들은 이 사건 전에는 중장보병의 문제점을 몰랐던 것일까? 결코 그렇지 않다. 중장보병으로 페르시아 전쟁에 종군했던 소크라테스 같은 현자가 중장보병이 경보병의 공격에 취약하다는 사실을 알아차리지 못했을 리 없다. 소크라테스의 제자로 페르시아 내전에 종군한 크세노폰의 회고록 《아나바시스 소아시아 원정기》만 봐도 그들은 중장보병의 약점을 너무나 잘 알고 있었으며, 기병과 경보병의 엄호 없이 중장보병 단독으로는 전쟁을 수행할 수 없다는 사실도 알고 있었다.

그리스의 폴리스들이 오랜 세월 동안 중장보병 중심의 스포츠 같은 전투 방식을 고수한 이유는 중장보병의 약점을 몰라서가 아니었다. 중장보병은 값비싼 전투 장비를 자력으로 장만해야 하므로 부유한 중산시민층(이들은 오늘날의 시민과는 전혀 다른 존재로 도시에 거주하는 시주층이있다)만이 활약할 수 있었디. 또한 그리스에서는 중장보병이 되어야 참정권과 투표권을 얻을 수 있었다. 이처럼 중장보병 자체가 신분적 권위와 직결되다 보니 그들은 전쟁에서도 우월한 신분의 특권과 품위를 보존하는 방식으로 싸우기를 원했다. 우선 전투 자체가 그들에 의한, 그들을 위한, 그들만의 전투가 되어야 했다. 그래서 중장보병들끼리 스크럼을 짜고 싸우는 방식이 개발되었다.

전투는 평탄한 곳을 골라서 진행했다. 전투장으로 가는 동안 체력을 비축해야 했으므로 중장보병은 비무장 상태로 마차를 타고 가고, 갑옷과 장비는 하인들이 옮겼다. 고귀한 사람들이 하인과 농노들이 보는 앞에서 추악하게 싸울 수 없기 때문에 전투를 시작하기 전에 머리를 빗고, 이도 잡고, 몸단장을 하는 관행도 생겨났다.

전투도 대단히 신사적으로 진행되었다. 중무장한 스크럼끼리 부딪치므로 상대를 살육하기는 쉽지 않았다. 소수의 희생자가 나고 상대의 진에 균열이 생기면 전투는 바로 끝났다. 상대가 등을 보이며 도주해도 추격해서 살해하는 경우는 거의 없었다. 그렇게까지 할 필요도 없었고, 스크럼을 짜고 전력으로 부딪치므로 추격할 기운도 남지 않았다.

그러니 하급신분인 경보병이나 궁수가 전투에 개입한다는 것은 말도 안 되는 이야기였다. 물론 그들이 구경만 한 것은 아니지만, 전투의 결정적 국면은 중장보병에 의해 결정되어야 했다.

몽고메리 원수는 저서 《전쟁의 역사》에서 그리스에서 중장보병 전술이 발달했다는 사실 자체가 아이러니라고 꼬집었다. 그리스는 산이 많고 평야가 드문 곳이어서 중장보병보다 경보병이 훨씬 적합하고 쓸모가 많다는 것이다.

하지만 그리스인의 전쟁에서는 전투의 효율성보다 시민층의 특권이 먼저였다. 쉽게 말하면 정치논리가 경제논리를 지배하는 것과 같다. 그러니 하층 신분인 경보병을 동원해서 중장보병대를 유린하거나, 도망가는 중장보병을 추격해 때려잡는 것은 그야말로 몰상식하고 흉악한 발상이 아닐 수 없었다. 전쟁은 짧고 일상은 길다. 그리스 시민들은 한 번의 승리와 작은 보상금을 위해 사회의 신분과 특권을 포기할 정도로 어리석진 않았다.

기득권을 없애고 변혁을 이루는 데는 오랜 시간과 노력이 필요하다

데모스테네스의 승리는 그가 새로운 전술을 발견했다기보다는 그리스인들 간에 암묵적으로 지켜오던 금기를 깼다는 점에서 충격적이었다. 명예를 죽음보다 소중히 하던 스파르타인들이 집단 항복을 한 것도 이 전투 자체가 불법이었기 때문일 가능성이 높다. 그들은 이 상황을 이해할 수가 없었고, 규정 밖의 싸움이었기 때문에 명예와 불명예를 판단하기조차 어려웠다.

사실 우리 사회에도 기득권층의 권리를 지키기 위해서 불합리한 줄 알면서도 좀처럼 개선되지 않는 제도가 많이 있다. 이를 깨트리는 데는 어느 한 사람의 노력만으로는 불가능하다. 하지만 데모스테네스 같은 선구자가 나타나 한번 사회에 파장을 불러오면, 사람들은 이를 외면하면서도 그 충격을 쉽게 잊지 못한다. 그리고 시간이 지나면서 서서히 선구사, 리더의 피격적이고 새로운 방식을 따르는 무리들이 점차 일어나 조직과 사회가 변혁을 이루는 것이다.

당시의 그리스인들 역시 데모스테네스가 승리했음에도, 그의 전술을 받아들이지 않았다. 자신들의 세계와 기득권을 포기한다는 것은 있을 수 없는 일이었기 때문이다. 데모스테네스조차도 정치적 이유 때문이었는지는 모르지만, 이 전투 방식을 공식화하려는 노력을 보이지 않았다. 그리스의 전쟁이 중산시민층의 세계를 벗어나기 위해서는 그 후로도 긴 시간과 오랜 노력, 더 많은 피와 충격이 필요했다.

8. 십자군 전쟁
전쟁은 끝나도 경쟁은 결코 끝이 없다

영화로도 만들어진 〈아라비아의 로렌스〉의 본명은 토머스 에드워드 로렌스다. 영국 옥스퍼드대학교 출신의 고고학도였던 그가 중동을 찾은 이유는 시리아 일대에 남아 있는 십자군의 성을 연구하기 위해서였다.

 십자군이 오기 전부터 고대 중동 지방은 축성술과 요새가 지구상에서 가장 발달한 지역이었다. 만리장성을 보유한 중국의 성이 세계 최고인 줄 아는 사람이 많지만, 중국의 성은 의외로 두껍고 넓은 대신 낮고 단조롭다. 이 세상 최고의 요새들은 고대로부터 중앙아시아와 중동 지방에서 축조되었다.

 이 가운데서도 가장 극적인 이야기를 간직한 곳이 오늘날 이스라엘군의 성지처럼 된 '마사다' 요새다. 이스라엘군의 신병들은 훈련 마지막 날 마사다에 올라 "마사다는 다시는 함락되지 않는다"는 구호를 외치는 행

▶ **마사다 전경** | 사방이 절벽인 마사다는 신이 창조한 듯한 요새다. 그런 마사다도 로마의 공병술 앞에서는 허무하게 무너졌다. 우측에 하얗게 보이는 줄이 로마군이 닦은 공성로다.

사를 가진다. 해발 434미터의 마사다는 사면이 거의 수직 절벽이고, 정상부는 평평한 분지다. 접근로는 계단길 수준의 가파른 샛길 하나뿐이다. 정말로 신이 요새를 세우기 위해 일부러 만들어 놓은 듯한 지형이다. 하지만 진정으로 놀라운 사실은 이런 요새도 함락이 되었다는 것이다.

기술에 무너진 난공불락의 요새

기원후 70년 이스라엘의 독립을 요구하는 열심당 당원과 그들의 가족

약 1,000명이 마사다로 올라갔다. 비가 적은 곳이지만, 마사다는 거대한 지하 수조까지 갖추고 있어서 식량과 물은 2년을 버틸 만큼 풍부했다. 그들은 마사다를 공격하는 것 자체가 불가능하다고 믿었다.

하지만 공병술의 대가였던 로마군은 70도 경사의 비탈에 공성로를 건설했다. 인부는 근처의 유대인을 징발해서 썼다. 성안의 열심당원들은 동족을 공격할 수 없어 하루하루 가까워지는 공성로를 지켜볼 수밖에 없었다.

도로가 준공되어도 일단 공격을 개시하면 로마군은 큰 희생을 각오해야 했다. 그런데 로마군은 공격에도 병사 대신 기계를 내세웠다. 공성로가 완공되자 로마군의 자랑인 공성탑이 위용을 드러냈다. 거대한 망대 모양으로 생긴 공성탑은 상부에 강철과 청동으로 된 파성추를 장착했다. 이 파성추로 부딪쳐 성벽과 성문을 파괴한다. 망대는 여러 개의 층으로 나뉘어 층마다 궁수와 노포를 배치했다. 층마다 계단이 있고, 맨 위층에는 간이 다리가 있어 성벽에 걸친다. 보병들은 공성탑 안쪽의 계단을 이용해서 맨 위층까지 올라온 뒤 다리를 발판으로 성안으로 뛰어든다. 망대는 겉에 가죽을 대서 화공에도 불타지 않았다. 공성탑의 장갑이 병사들을 보호하고, 탑에 배치한 궁수와 포는 성벽의 수비병을 일소했다.

유대군도 공성탑을 알고 있었다. 공성탑 자체는 수백 년도 전 고대 이집트 시대부터 사용된 무기였다. 하지만 공성탑은 평지에서나 사용이 가능했다. 이 탑을 70도에 가까운 경사로로 끌어올리는 일은 있을 수 없다고 생각했다. 그런데 로마의 공학도들은 정확한 계산을 통해 필요한 힘을 산출했고, 그 힘을 버틸 만큼 튼튼한 공성탑을 제작했다. 마지막으로 앞에서 끌어올리는 방식이 아니라 밧줄과 도르래를 이용해 뒤에서 잡아당기면서 바퀴를 굴리는 구동시스템을 만들었다. 이는 앞에서 끄는 방식과 달리 화살이 미치지 않는 후방에 밧줄을 잡아당기는 인력을 무한대로 배치할 수 있었다.

공성탑이 살아 있는 공룡처럼 산을 기어오를 때 열심당원들은 아무 대책도 세울 수 없었다. 공성탑에 맞서 성벽에서 백병전을 단행하기에 그들의 병력은 너무 적고 약했다. 결국 1,000명의 열심당원들은 집단자살을 택한다. 유대교의 율법이 자살을 엄격히 금지했으므로 그들은 추첨해서 서로가 서로를 죽이는 방법을 택했다. 살인도 중죄지만 자살은 더 큰 죄였다. 거짓말 같은 이야기여서 많은 사람이 믿지 않았던 이 이야기는 2000년 후 마사다를 발굴하면서 역사적 사실로 증명되었다. 추첨에 사용한 항아리와 이름을 적은 조약돌이 발견되었는데 거기에 적힌 이름이 기록과 일치했다.

다시 본론으로 돌아와서, 열심당원의 병력이 좀 더 충분했더라면 성이 함락을 면했을까? 그렇지 않다. 마사다의 약점은 성의 구조가 지형에 지나치게 의지한다는 것이다. 그래서 로마의 기술력이 지형이라는 장애를 극복하자 허무하게 무너졌다.

공성기술이 발전하면, 축성기술도 한계를 뛰어넘는다

성과 요새는 인공의 건축물이다. 그런데도 많은 사람들이 이 간단한 사실을 잊고 지형부터 본다. 영화에 등장하는 요새는 항상 희한한 위치에 있는데, 컴퓨터그래픽 기술의 발달로 점점 더 지구상에서는 볼 수 없는 지역으로 옮겨가고 있다. 하지만 실제 그런 지형에 요새를 건설하기란 불가능하다. 구조적, 건축학적으로 발달한 성, 진정으로 강력한 요새는 기술력을 마음껏 발휘할 수 있는 평지에 있다.

로렌스가 중동에서 조사하려고 했던 성도 마사다 같은 자연 의존형 성이 아닌 기술의 성이었다. 그 주인공은 마사다 함락으로 부터 약 1,000년 후 이 지역에 세워진 성으로, 그야말로 기술력의 집합이었다. 십자군의 성 가운데 가장 유명하고 완전하게 남아 있는 크라크 데 슈발리에. 이 성은 훗날 유럽에 세워진 매끈한 성들에 비하면 매우 투박하지만 중세의 성이 갖춰야 할 모든 시설과 기능을 잘 보여주는 교과서적인 성이다.

요새 축성의 기본원리는 크게 세 가지다. 첫째, 침략자가 공성작업을 수행하거나 공성구를 댈 수 있는 공간을 주지 않는다. 둘째, 성벽의 굴곡과 돌출한 탑을 통해 어느 지점에서든 침략자를 십자포화나 이중, 삼중의 화망 속에 가둘 수 있어야 한다. 셋째, 탑과 성벽을 여러 겹으로 배치해 적이 어느 지점을 돌파해 들어오더라도 이차, 삼차 방어선의 구축이 가능하도록 한다. 기왕이면 그때마다 마치 함정에 빠진 것처럼 더욱 강력한 공격을 받도록 해야 한다.

크라크 데 슈발리에도 마사다처럼 사면절벽 위 언덕에 있다. 하지만 마사다처럼 높은 절벽은 아니나. 평시에 약간 돌출한 구릉이다. 언덕 정상부는 평평하지만 성벽이 비탈에 바짝 붙어 있어 공간이 거의 없다. 공격군이 공성탑을 대려면 로마군처럼 공성로를 만들어 접근해야 하는데, 마사다와 달리 사방에 배치한 탑과 이중 성벽에서 퍼붓는 화망에 갇히게 된다. 성 주변에 십자포화가 미치지 않는 사각지대가 없다.

성벽은 이중으로 쌓았는데, 내성이 외성보다 높다. 이런 구조는 아주 강력하고 다양한 기능을 한다. 먼저 내성과 외성의 수비병 모두가 성 바깥의 적에게 집중사격을 할 수 있으며, 외성이 함락되더라도 내성에서 외성을 내려다보고 공격할 수 있다. 또 외성과 내성 사이의 공간이 아주 좁아서 외성을 함락하고 성내로 진입하는 공격군을 두 성벽 사이의 공간에 갇히게 만들었다. 그러므로 내성을 공격하려면 적의 눈앞에서 외성의 성벽을 다 허물어 병력을 집중시킬 공간과 진입로를 확보한 뒤에나 공성전을 펼쳐야 한다.

이 성의 위력은 실전에서 검증되었다. 1187년 예루살렘이 사라센에게 점령되고, 모든 십자군의 요새가 함락된 후에도 크라크 데 슈발리에는 꿋꿋하게 버텼다. 1260년에 마멜루크 왕조의 영웅 바이발스 왕이 공격해왔다. 그는 처음으로 외성을 함락시키는 데 성공했지만, 아무리 고민해도 내성을 점령할 방법이 없었다. 결국 바이발스는 성을 지키는 요한 기사단에게 항복을 명하는 문서를 위조해서 보내는 방법으로 성을 굴복시켰다. 수비대가 정말 위조문서에 속았는지, 그저 항복의 명분으로 이용했는지는 역사의 미스터리다. 좌우간 기사단의 유럽 귀환을 보장한다는 조건으로 크라크 데 슈발리에는 항복했다.

바이발스는 약속을 지켰는데, 여기에는 요한 기사단이 쌓아놓은 공덕도 한몫했다고 한다. 요한 기사단은 의무기사단으로, 호전적인 템플 기사단과 달리 구호와 치료 활동에 전념했으며, 아군과 적군을 가리지 않고 치료해서 중동 사람들에게도 평판이 좋았다. 덕분에 요한 기사단은 로도스에 새로운 근거지를 개척했고, 지금도 그 후손이 살고 있다고 한다. 크라크 데 슈발리에도 파괴를 면해서 오늘날까지 완전하게 남아 있는 거의 유일한 십자군의 성이 되었다.

이 사건은 축성기술이 공성기술을 이겼음을 실전에서 확인시켜주었다. 식량이 충분하고 성안에 내통자가 없다면 제대로 만들어진 성을 당시 기술로는 함락할 수 없었다. 이후 유럽에서는 십자군의 축성술을 도입하고 발전시켜, 강력한 요새들을 건설했다.

몽고메리 원수가 자신의 저서에서 최고의 요새라고 극찬한 영국의 카빌라 성은 1260년대에 축조한 성이다. 크라크 데 슈발리에를 세련되게 만들어 호수 가운데에 옮겨놓은 듯한 구조인데, 성과 호수는 성벽처럼 정교하게 축성한 댐으로 보호되고 있으며, 호수 안에 있는 탓에 성벽 밖에는 발을 디딜 땅이 아예 없다. 카빌라 성을 공략하려면 호수를 건너 두 개의 해자를 넘고 서로 간에 정교하게 엄호하고 있는 세 개의 성벽을 돌파해야 했다.

이 성은 현재도 아름답게 보존되고 있다. 감히 누구도 이 성을 공격할 엄두를 내지 못한 덕에 카빌라 성에서는 단 한 번의 전투도 벌어지지 않았다. 그럴 거라면 엄청난 비용을 들여 이런 성을 왜 축조했느냐고 되물을 수도 있지만, 모든 군사시설과 무기는 너무 강력해서 상대가 전쟁을 일으킬 엄두도 내지도 못하게 하는 데 진정한 목적이 있다. 카빌라 성은 자신의 의무를 완벽하게 수행한 것이다.

완벽한 것에 단점이 보이는 순간이 발전의 시작이다

십자군의 성이 이처럼 독자적인 경지를 이룬 이유는 무엇일까. 많은 학자가 십자군 원정을 계기로 중동의 발달한 축성술을 체득했기 때문이라고 말한다. 동서양의 기술이 만난 결과물이 십자군의 성이라는 것이다.

하지만 '필요는 발명의 어머니'라는 에디슨의 말처럼, 십자군의 성을 만든 전정한 원인은 십자군이 처한 환경적 조건이었다. 십자군은 1차 십자군이 예루살렘에 세운 예루살렘 공국을 중심으로 지금의 지중해 해안가를 따라 여러 개의 영주 국가를 세웠다. 하지만 십자군 왕국들은 태생적으로 단결력이 떨어졌고, 자신들의 수십 배가 넘는 아랍 민족에게 둘러싸여 있었다.

십자군은 야전野戰을 극도로 꺼렸다. 첫 번째 이유는 만성적인 병력 부족이었다. 십자군의 대부분은 직업군인이 아니었고, 십자군 왕국에 정착하려고 하는 이민자도 극히 적었다. 신이 주신 성스러운 의무를 수행하려는 사람이든 모험과 일확천금을 노리는 사람이든, 순례를 행하듯 신의 왕국에 와서 얼마 동안 복무하다가 돌아가곤 했다. 사정이 이렇다 보니 몇 개의 왕국을 지키기에도 벅찬 실정이었다.

또 다른 이유는 야전에서 전투 능력이 크게 떨어졌기 때문이다. 전투는 조직력과 단결력이 바탕이 되어야 하는데 십자군은 유럽 각국의 지원병으로 구성된 데다 병력 이동도 심해 체계적인 훈련과 조직관리가 불가능했다. 이것은 야전에서 치명적인 단점으로 작용했다.

게다가 유럽의 기사는 체격도 크고 중장갑을 한 반면, 이슬람군은 체격도 작고 경장갑을 하거나 무장을 하지 않았다. 덕분에 백병전에서는 십자군이 우세했다. 하지만 이것은 맞붙어 싸울 수 있다는 전제하에서 그렇다. 이슬람군은 사람과 말이 모두 가볍고 날렵했다. 백병전은 이슬람군이 공격해올 때만 가능했다. 반대로 십자군은 이슬람군의 속도를 도저히 따라잡을 수 없어 공격 자체가 불가능했다. 사막의 열풍과 태양 아래서 강철을 몸에 두르고 버틸 수 있는 시간 또한 극히 짧았다.

병력을 보호하고 부족한 조직력을 커버하기 위해 그들은 요새전을 택했다. 요새의 벽들은 적은 수의 군대가 다수의 군대를 상대할 수 있도록 해주었다. 야전에서 기사들이 효율적인 전투를 벌일 수 있을 만큼 조직력을 갖추려면 고된 훈련을 끊임없이 반복해야 했다. 하지만 잘 구축된 구조물은 제 위치에 자리 잡는 것만으로 조직력을 발휘하게 해주었다. 한마디로 생존의 필요성, 아랍군과의 생명을 건 경쟁이 기술 역전의 비결이었다. 하지만 인류 역사에서 전쟁은 계속되었기 때문에 공성기술과 축성기술 간의 경쟁도 이것이 끝이 아니었다.

끝은 새로운 시작을 불러온다

청동기 시대 이래로 지속된 창과 방패의 긴 싸움에서 극적인 역전극을 펼친 물건이 대포다. 14~15세기경에 공성용 대포가 실전에 투입되자 십자군의 성도, 역사상 최강의 성벽이라는 비잔틴 제국의 수도 콘스탄티노플의 성벽도 버티지 못했다. 1492년 나폴리 왕국의 군대는 몬네 산 조반니 요새에서 이탈리아를 침공한 프랑스군과 맞섰다. 조반니 요새는 7년의 공성전을 버텨낸 경력이 있었다. 하지만 프랑스군은 30문의 대포로 8시간 만에 성벽을 파괴하고 성안으로 진입했다.

대포가 등장하면서 수천 년을 이어온 공성과 수성의 싸움은 축성술의 패배로 끝나는 듯했다. 실제로 얼마 전까지만 해도 역사책에서는 대포가 전장에 등장하면서 성벽이 무용지물이 되고, 성을 기반으로 하는 영주와 기사 계급이 몰락했다고 가르쳤다. 개인적으로 나는 이 잘못된 학설이 언제 어디서부터 시작되었는지 궁금하다. 이런 해석이야말로 역사와 기술 발전의 역동적 매커니즘을 이해하지 못하는 전형적인 탁상공론이다.

    대포의 등장으로 성이 쇠퇴하기는커녕 축성술에 진정한 혁명이 일어났다. 포탄을 미끄러뜨리고 타격력을 분산하기 위해 성벽에 곡선이 도입되었다. 대포가 더욱 강력해지자 예전에는 담처럼 높이 수직으로 쌓아 올리던 성벽을 사선으로 누이고, 성벽을 낮추는 대신 두껍게 만들었다. 이 구조가 발달하면서 과거 하늘에서 보면 사각과 원형을 혼합하거나 곡선구조로 만들던 성이 불가사리 형태로 변해갔다.

    그런데 이처럼 성벽을 두껍게 하고 성벽의 형태를 바꾸다 보니 돌이나 벽돌 건축으로는 원하는 구조를 만들어낼 수 없었다. 이로 인해 획기적인 건축술이 등장한다. 바로 시멘트와 콘크리트 공법이다. 신공법 덕에 성은 17세기에도 굳건하게 세워졌으며, 더더욱 공략 불가능한 강력한 요새로 변해갔다. 이때 만든 요새 중에는 1, 2차 세계대전까지 맹활약한 것들도 있다. 제2차 세계대전 중 패튼의 전차군단은 메쯔로 진격했다. 메쯔의 수비대는 노약자와 아이들로, 뒤에서 헌병이 권총을 빼들고 후퇴하면 사살한다는 식으로 독려하며 싸웠다. 불행인지 다행인지, 이 도시는 17세기에 가장 뛰어난 축성가였던 보방이 만든 요새로 보호되고 있었다. 패튼의 탱크는 이 요새에 막혔다. 미로와 같은 구조와 지하시설은 침략자를 괴롭혔고, 두터운 성벽은 직경 20센티미터의 포탄도 견뎠다. 패튼 부대는 사상 최악의 희생을 치르면서 간신히 메쯔를 점령했다. 충격을 받은 패튼은 '도시는 기갑부대의 무덤이다. 공격하지 말고 우회하라는 교훈을 일기장에 적었다.

대포와 콘크리트 건축의 영향은 여기에 멈추지 않는다. 발달한 콘크리트 건축술과 대포 제작은 엄청난 비용을 요했다. 영주와 기사 수준의 재력으로는 성을 쌓을 수도 전쟁을 수행할 수도 없게 되었다. 이것이 봉건제를 무너뜨리고 근대국가를 탄생시키는 중요한 배경이 되었다. 영주를 몰락시킨 것은 대포가 아니라 돈과 신기술이 만들어낸 새로운 세상이었다.

경쟁에서 앞서 있는 사람은 승리의 순간을 오래 만끽하기 위해, 경쟁에 지친 사람은 경쟁 없는 세상에서 편히 살고 싶은 마음에, 대포와 같은 경쟁의 종결자를 보고 싶어한다. 하지만 이런 잠재적인 욕망이 승자를 패퇴시키고, 패자는 영원히 패자로 머물게 한다. 경쟁에 끝은 없다. 어떤 인위적인 노력을 하고 제약을 건다고 해도 경쟁을 끝낼 수 없다. 경쟁을 인정하고, 경쟁에 적응하고 승리하기 위해 노력하는 것이 최선의 방책이다.

그러기 위해서는 종결자를 찾지 말고, 좌절하지도 말고, 재빨리 다음 단계를 판단하려는 노력과 자세가 필요하다. 대포가 등장하자 이제 성은 끝났다고 생각했지만, 대포가 제거한 것은 중세의 성일 뿐이다. '마이카' 트렌드가 확산되자 한때 자전거 산업 매출이 급감했지만, 경제가 성장하자 수송수단으로서의 기능은 잃은 대신 건강 반려자가 되어, 수백만 원싸리 고부가가치 상품으로 변신한 것과 같다.

기술이 발전하고 환경이 변하고 목적이 달라지면 새로운 필요가 생겨나며, 이는 새로운 기술을 창출하는 동력이 된다. 조직이든 개인이든 자기계발과 발전을 원한다면 내일의 사회가 요구하는 새로운 필요를 찾아야 한다. 이것이 끊임없는 발전과 변화의 원동력이며, 경쟁과 변화와 자기혁신이라는 용어에 두려움을 느끼지 않는 비결이다.

9. 서안평 점령
남들이 감히
시도하지 못하는 것에 도전하라

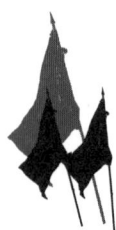

세종, 정조, 고종 등 우리가 알고 있는 왕의 호칭은 왕의 생전에 사용하던 것이 아니라 사후에 봉정한 묘호다. 황제나 왕이 승하하면 묘호를 정해 봉헌하는데, 그의 생전의 업적을 축약해서 정한다. 광개토대왕이라는 호칭도 묘호인데, 정확하게는 묘호를 줄인 말이다. 본명은 '국강상광개토경평안호태왕國岡上廣開土境平安好太王'이다. 이 중 '광개토'는 '광개토경' 즉 영토와 국경을 넓히고 개척했다는 의미다. 이 부분이 그의 호칭이 된 이유는 우리를 포함한 후세 사람들이 그의 영토 확장에 유별난 감명을 받았던 탓이다.

광개토대왕이 군사 지휘에 탁월한 능력자라는 사실은 그의 전기에도 적혀 있다. 그는 진실로 우리 역사에 등장한 명장 가운데 한 사람이며, 특별하다. 을지문덕, 강감찬, 이순신 장군 등 한국사를 장식한 명장들은 거의 모두 침략자를 격퇴한 전쟁, 즉 방어전의 승리자들이다. 반면 광개토대왕은 흔치 않은 정복군주다.

광개토대왕은 만주 벌판을 횡단해 만리장성을 돌파, 베이징을 점령했으며, 광활한 대지를 지나 몽골 초원의 어귀까지 갔다. 그가 개척한 땅의 지도만 보아도 뿌듯한 감동을 느끼기에 충분하다.

그런데 이 '광개토경'에 대한 집착이 한 가지 부작용을 낳았다. 많은 사람들이 광개토대왕이 밟은 땅의 경계와 면적에만 관심을 기울이고 영토의 크기에 도취하다 보니, 그가 가난하고 작은 나라를 만주 벌판을 지배하는 '대고구려'로 변모시킨 비결에는 그다지 관심을 두지 않는다. 그런데 우리가 알아야 할 광개토대왕의 업적, 강대국을 물려받아 영토를 넓힌 것이 아니라 약소국을 강대국으로 변모시켰다는 사실이다. 그리고 그 비결이 우리가 역사에서 취해야 할 진짜 교훈이다.

최선의 방어는 공격이다

고구려가 처음 자리 잡은 땅은 환인분지라는 곳이다. 이곳은 우리가 생각하는 만주의 평원과는 거리가 먼 첩첩산중이었다. 시조 주몽의 아들 유리왕이 다스릴 때 형편이 나아져, 부여나 한나라로부터 멀리 떨어진 압록강변의 국내성 지금의 지린으로 천도했다.

이후 300년간 고구려의 역사는 아슬아슬한 방어전의 연속이었다. 수도가 포위된 적이 여러 번이고, 마침내는 두 번이나 함락되었다. 그럼에도 고구려가 버텨낼 수 있었던 이유는 북쪽과 서쪽에 첩첩이 쌓여 있는 산악 지형 덕분이었다. 부여든 한나라든 선비족이든, 국내성까지 진군하려면 수십 개의 고개를 넘으면서 300킬로미터가 넘는 산길을 뚫고 와야 했다.

예나 지금이나 침략전쟁을 수행하려면 군대와 무기 이전에 돈과 식량이 있어야 한다. 《손자병법》의 저자 손무는 결코 잔인한 지휘관이 아니다. 자신이 장군이자 병학가兵學家이지만 군주에게 군대를 키워 전쟁에서 승리하는 것보다 백성을 사랑하고 배불리 먹이는 것이 더 중요하다고 주장했던 사람이다. 이런 손무도 《손자병법》에서 전쟁이 벌어지면 식량은 약탈로 조달하고, 병사들에게는 약탈을 장려하고 포상해야 한다고 서술했다. 당시의 형편없는 교통 및 운송수단 탓에 쌀 20섬을 본국에서 수송해 공급하려면 200섬이 소모되었다. 그런데 험한 산곡뿐인 고구려 땅은 평야가 좁고 마을도 작아 약탈할 만한 도시나 마을조차도 드물었다.

이런 이유도 더해 악착같이 살아남은 고구려는 힘을 키워갔다. 어느 정도 성장하자 이젠 역으로 만주 벌판으로 영토를 넓히려고 했다. 그런데 막상 밖으로 나가려고 하자 지금껏 고구려의 수호신이 되어준 산악 지형이 장애가 되었다. 고구려가 만주로 진출하는 데 가장 중요한 전략적 요충지가 지금의 의주와 단둥 일대로 추정되는 서안평이다. 이곳에 도착하면 북쪽으로는 랴오양과 선양, 서쪽으로는 뤼순과 나롄으로 가는 평원이 열리고, 남쪽으로는 의주와 평양으로 가는 대로가 열린다.

그런데 국내성에서 단둥까지 가는 길, 압록강을 따라 난 육로는 좁고 험하며, 굴곡이 심한 고갯길이었다. 교통수단이 발달한 현대에도 자동차로 4, 5시간은 족히 걸리는데, 도중에 면 소재지 규모의 읍이 두 개 정도밖에 없을 정도로 중간기지로 삼을 만한 평야도 도시도 없다. 이 문제를 해결하지 않고서는 대규모 정복전쟁이 불가능했다. 앞선 왕들이 여러 번 서안평 점령을 시도했지만 모두가 실패로 끝난 이유도 이 때문이었다.

익숙해진 것을 버리고 새로운 것에 도전하는 용기

서안평 점령에 실패한 광개토대왕의 선조들이 무능한 이들은 아니었다. 그들 가운데는 불굴의 용사와 놀라운 야심가도 있었다. 그럼에도 그들은 서안평을 넘는 데 실패했다. 그래서 광개토왕은 제로베이스에서 전략을 새로 검토했을 것이다. 교만한 리더는 과거를 교훈 삼지 않은 채 "나는 그들과 다르다. 나는 할 수 있다"고 하면서 과거의 전술을 답습한다. 하지만 광개토대왕은 과거 실패를 거울 삼아 새로운 방법을 찾았다.

방법 자체는 간단했다. 항공기가 없던 시절이므로 육로로 갈 수 없다면 남은 길은 수로뿐이다. 고맙게도 국내성 앞으로 압록강이란 넓은 강이 유유히 흐르고 있다. 이 강의 하구가 서안평이다.

병사를 전함과 뗏목에 태워 하류로 내려보내는 식으로 이동하면 시간을 5분의 1로 단축시킬 수 있다. 체력과 힘의 절감은 계산이 불가능할 정도로 크다. 육로로 가면 등짐을 지고 수레를 밀며 한도 끝도 없이 나타나는 고개를 넘어야 하는 반면, 수로는 배가 모든 것을 운반해준다. 보급품도 선박은 수레의 5~10배는 적재할 수 있다.

이런 간단한 생각을 이전에는 왜 못했을까? 이것이 발상의 문제가 아니라 용기와 선택의 문제였기 때문이다. 대규모 병력과 보급품을 배로 수송하려면 거대하고 강력한 수군이 필요하다. 그런데 수전은 특별한 기술과 장비를 필요로 한다. 그뿐인가, 육지에서는 패해도 달아날 구석이 있다. 특히 우리나라처럼 산이 많은 지형은 아무리 대단한 공격을 감행해도 적군을 30퍼센트 이상 살상하기는 어렵다. 하지만 물 위에서는 도망칠 곳이 없다. 패전은 죽음이요, 몰살과 직결된다. 고구려와 왕조의 운명이 한 번에 끝날 수도 있다.

그렇다면 패하지 않을 만큼 강대한 수군을 양성하면 되지 않을까? 그게 말처럼 쉽지 않다. 조조의 위나라가 적벽대전에서 패하고 국력으로는 위나라의 몇 분의 1에 불과한 오나라 정복에 애를 먹은 것도, 천하무적의 몽골군이 남송 공략에 수십 년이 걸린 것도, 양쯔 강을 끼고 살아가는 강남지방의 수군을 이길 수가 없었기 때문이다. 건국 이래 내륙의 산악지대에서 살아온 고구려군을 수군으로 전환하고, 그들에게 국가의 목숨을 맡길 만큼 믿음직한 수준으로 양성한다는 것은 결코 쉬운 일이 아니다.

광개토대왕이 위대한 이유 가운데 하나는 불가능해 보이는 일을 해냈기 때문이다. 그것도 단기간에 말이다. 사료가 적어 구체적인 내용과 방법까지는 알 수 없지만, 즉위 6년 만에 고구려의 수군은 한강으로 들어가 백제의 수도를 함락시킬 정도로 막강하게 성장했다.

'영락광개토대왕의 연호 6년396년 병신丙申년에 왕이 몸소 수군을 이끌고 백잔국百殘國, 백제을 토벌했다. …백잔이 복종하지 않고 감히 나와서 맞서 싸우니 왕이 크게 노해 아리수한강를 건너 선발대를 보내 성에 육박했다. 백잔 군대는 구렁으로 돌아가니(해자를 건너 돌아갔다는 뜻인 듯하다. 이 전투의 현장인 풍납토성에는 삼중으로 된 참호형 해자가 있었다) 쫓아서 성을 포위했다. 이에 백잔 왕아신왕은 곤경에 빠져 남녀 1,000명과 가는 포 1,000필을 바치고 왕에게 항복하며 이제부터 영원히 왕의 노객奴客, 신하이 되겠다고 맹세했다.' 광개토왕 비문

이 기록은 광개토대왕이 수군을 이용해서 백제를 공략했음을 말해준다. 원정군의 규모는 알려지지 않았지만 광개토대왕은 이 원정에서 백제의 수도를 함락시키고, 58개 성, 700개 촌락을 점령했다. 이 정도의 성과를 거두려면 최소한 2만의 병력은 동원했다고 봐야 하는데, 이 거대한 병력을 수군을 이용해 이동시켰다는 것이다. 이는 삼국시대를 통틀어 가장 대규모의 해상 이동 작전이었다(다만 모두가 배를 타고 이동한 것이 아니라 육군과 수군의 상호 엄호를 통해 남하했을 가능성도 있다).

남의 것을 답습만 해서는
그 이상의 성취를 이루지 못한다

《삼국지》는 물론이고 전쟁영화와 소설에는 늘 기발한 전략과 전술이 등장한다. 그러다 보니 전쟁에서는 으레 그렇게 싸운다고 생각하게 된다. 하지만 전쟁은 물론 인생과 비즈니스 등에서도 새로운 전략, 듣도 보도 못한 전술을 채택하기란 쉽지 않다. 전쟁은 조직과 개인의 목숨과 운명을 건 싸움이다. 새로운 전술은 불안감과 불신을 주고, 이 불안감이 팽배하면 이기기 힘들다. 이 세상에서 가장 무서운 불안감이 미지의 세계와 변화에 대한 불안이다.

21세기를 사는 현대인들은 변화에 적응한 듯하지만 사실은 전혀 그렇지 않다. 단지 체념하고 따라가는 데 익숙해졌을 뿐이다. 진취적이고 변화를 즐기는 사람은 여전히 드물고, 대부분의 사람들은 앞서가는 변화에 대해 매우 불안해하고 강력하게 저항한다. 그러니 1600년 전 산골 주민을 물에 집어넣는 일은 얼마나 어려웠을까?

하지만 가능한 일만 하려고 해서는 결코 성장하거나 성공할 수 없다. 모험을 하지 않고서는 탁월한 결과를 낼 수 없듯이 말이다. 삼국 중에서는 가장 강성했던 고구려가, 살아남기 위한 방어전도 아니고 공격을 감행하면서 국가의 운을 걸었기 때문에 만주 벌판까지 뻗어나가 우리나라 최대 영토의 기반을 만들 수 있었던 것이다.

현대의 개인이나 기업도 마찬가지다. 지금 상황에 만족하고 안주해서는 제자리걸음은커녕 뒤처질 수밖에 없다. 많은 경쟁 상대들이 계속해서 새로운 것을 시도하면서 끊임없이 앞으로 나아가고 있기 때문이다.

안타깝게도 기록이 부족해 정확한 정황은 알 수 없지만 광개토대왕은 새로운 도전에 성공해서 서안평을 확보했다. 그의 도전은 더 큰 열매를 가져다주었다. TV 등 여러 매체에서 고구려라고 하면 늘 중무장한 기마무사를 강조하지만, 이 무사들로 산을 넘고 강을 건너는 것은 보통 어려운 일이 아니다. 수군의 지원이 없었더라면, 그토록 빠르게 한성을 점령하고, 한반도로 세력을 확대시키지 못했을 것이다.

10. 진포 해전
아이디어가 세상을 바꾼다

    1980년대 한국에서 자동차 문화가 시작되었을 때, 많은 인문학자들이 도시와 농촌의 위화감이 더 커질 것이라고 우려했다. 땀 흘려 일하는 농부들의 심정을 생각해서 농사철에는 자가용을 몰고 농촌 지역에 들어가지 말라는 캠페인까지 벌였다.

    처음 잠깐은 위화감을 증폭시켰을 수도 있다. 하지만 자동차로 인해 도시인의 활동범위가 넓어지자 관광지가 개척되고, 민가밖에 없던 농어촌 지역에 식당과 특산품 상점, 카페가 줄지어 늘어섰다. 농부들은 농촌을 찾아오는 자가용에 위화감을 느끼기는커녕 고객으로 환대하게 되었다. 도시와 농촌의 위화감을 조성하는 주범이 의료와 문화 혜택인데, 농촌 지역에도 자동차가 보급되면서 병원을 가기도 쉬워졌고, 인적·물적 교류가 활성화되었다.

물론 이렇게 아름다운 모습만 있는 것은 아니다. 농어촌에 형성된 상점가를 지역주민이 아닌 도시민이 점거해버린 경우도 있고, 그밖에 여러 가지 부작용도 있다. 하지만 이런 문제도 도농의 위화감을 걱정하기보다 미리 이런 상황을 예측하고 대응했더라면 최소화할 수 있었을 것이다.

자동차가 아니라, 자동차가 바꿀 세상을 보라

작은 발명 하나가 세상을 바꾼다. 단 모든 발명과 변화는 부작용이 있고, 나쁜 결과로 귀결될 수도 있다. 그것은 도구의 문제가 아니라 예측하고 대응하는 태도와 정책의 문제다.

이런 점에서 우리에게 중요한 교훈을 던져주는 이야기가 최무선의 업적과 그에 대한 평가다. 오랫동안 최무선은 화약 제조법의 발명자로 칭송받았다. 하지만 사실 그는 화약 제조법을 알아낸 것이 아니라 중국 상인으로부터 빼낸 것이었고, 자신이 직접 화약 제조기술을 익히지도 않았다. 화약 제조법을 배운 사람은 그의 노비였다. 최무선은 화약 제조장 근처에도 가지 않았을 가능성조차 있는데, 옛날 화약 제조 공정에는 비소가 사용되어 생명을 깎아먹으며 작업해야 했기 때문이다. 그렇다면 최무선의 진짜 공적은 무엇일까? 최무선이 위인전에 실리고 교과서에 실린 지 수십 년이 되었지만, 화약에 묻혀 그의 진짜 공적은 전혀 조명받지 못했다. 최무선이 화약을 도입함으로써 고려, 그리고 다가올 조선이라는 사회를 변화시켰다는 점 말이다.

최무선의 공적을 본격적으로 이야기하기 전에 우선 화약에 대해 알아보자. 화약은 중국에서 발명되었는데, 발명 과정과 정확한 시기는 알려지지 않았다. 화약의 기원에 대해 여러 가지 이야기가 전해오고는 있지만 확실하지는 않다.

가장 유력한 추정은 서양의 연금술과 비슷한 연단 제조 과정에서 탄생했다는 가설이다. 연금술이 금과 같은 귀금속을 만들려는 노력이었던 반면, 연단은 불로장생약이 목표였다. 연단술사들이 주목한 재료에 황과 초석이 있었다. 왜 황과 초석에 주목했는지는 모르겠지만, 이런 것들을 혼합해서 가열하다가 화약 제조법을 발견한 듯하다. 불로장생약을 추구하다가 무수한 인간의 생명을 빼앗을 조합을 찾아낸 것이 아이러니다.

그런데 서양인들은 화약을 보자마자 대포와 총을 만들어낸 반면, 중국인들은 화약을 군사적으로 사용할 생각을 하지 않았다. 그들은 오랫동안 화약을 유희용 또는 잡귀를 쫓는 불꽃놀이 재료로만 사용했다. 화약을 무기로 개발하기 시작한 것은 10세기경 송나라 때부터였다. 화약을 발명한 시기를 3, 4세기로 보는 견해도 있는데 이 추정이 맞다면, 믿기 어렵게도 600년 이상 이 대단한 무기를 놀이용으로만 사용했다는 말이 된다.

새로운 것의 진정한 가치를 아는 것은
새로운 것의 발명 만큼 중요하다

중국에서 화약무기가 본격적으로 발달하기 시작한 것은 원나라 때였다. 고려에도 이때 소개되었다. 고려군이 화약무기의 위력을 체험한 것은 1273년으로, 고려와 원의 연합군이 삼별초의 마지막 근거지였던 제주도의 항파두리 성을 공격할 때 원나라 군대가 화기를 사용했다. 다음 해, 원나라는 일본 원정을 떠났는데, 이때도 화기를 사용했다. 그중 하나가 도기에 화약과 쇳조각을 넣고 던져서 폭발시키는 진천뢰였다. 오늘날로 치면 수류탄과 클레이모어를 합한 셈인데, 이 무기를 사용하는 장면이 일본에서 그려진 〈몽고습래회사蒙古襲來繪詞〉에도 남아 있다.

화약의 위력을 체험한 고려 정부는 명나라 태조 주원장에게 사신을 보내 화약 제공을 요청했지만 거절당했다. 상심한 고려는 화약에 대한 미련을 접었다. 하지만 최무선은 포기하지 않았다. 그는 고려를 방문하는 중국 상인들을 수소문한 끝에 화약 제조법을 아는 이원이라는 인물을 찾아냈다. 최무선은 그를 극진히 대접하고 설득해 화약 제조법을 알아냈다. 신이 난 최무선이 최고 의정기구인 도평의사사에 찾아가 화약 제조법을 알아냈다고 보고했다. 하지만 아무도 믿어주지 않는 바람에 최무선은 다시 몇 년을 헛되이 보내야 했다. 개인이 화약 원료를 조달하는 것이 불가능해 정부의 도움 없이는 화약을 제조할 수 없었기 때문이다.

중국에서 화약을 제조하는 사람들도 화약의 성분을 정확히 몰랐다. 단지 이 신비한 화약의 원료가 다락이나 대들보에 오랫동안 쌓인 먼지나 아궁이에서 타다 남은 재에 들어 있다는 사실만 알았다. 그래서 전국의 민가에서 이런 재와 먼지를 긁어모아 끓여서 화약의 재료인 염초를 제조했다. 이 염초에 유황과 목탄을 섞어 화약을 만든 것이다. 이런 방식이다 보니 염초를 제조하는 원료의 소비량이 엄청났다. 우스운 이야기지만, 화기가 보편화된 조선시대에는 재와 먼지가 매년 군현에서 바쳐야 하는 가장 중요한 공물의 하나였다.

1377년에야 국가에서 화통도감을 세우고 최무선을 책임자로 임명했다. 화통도감이라는 명칭이 말해주듯이 이 기관의 목적은 화약 제조가 아니라 화기 제조였다. 그리고 그것이 최무선의 진정한 관심사이자 그가 화약 제조법을 알아내려고 했던 이유였다.

최무선은 젊어서부터 무관으로 근무했는데, 중국어를 잘했다. 당시는 고려가 원나라의 부마국이던 시절이라 많은 왕자와 명사, 상인, 유학생들이 중국에 가서 살았다. 최무선은 아마도 일종의 호위무관으로 원나라로 파견되었던 것 같다. 그때 원나라에서 화포를 보고 그 위력에 주목했으며, 왜구를 물리칠 수 있는 무기는 화포뿐이라는 신념을 가지게 되었다. 정확한 숫자는 알 수 없지만 원나라의 수도 연경[베이징]에 거주하던 고려인은 수만 명에 달했을 것이다. 이렇게 많은 사람들이 원나라에 있었는데, 화기의 가치를 알아본 사람은 최무선뿐이었던 것이다.

문신들의 천국 조선은 화약이 만든 세상이다

화약 제조법을 알아내는 데 긴 시간이 걸렸지만, 최무선은 그 중간에도 화기 개발과 화기 전술을 구상하는 노력을 게을리 하지 않았다. 화약 제조 못지않게 어려운 일이 화기 개발과 그것을 이용한 전술 구상이다. 최무선은 화통도감 설립 후 단기간에 18종이나 되는 화기를 만들어 냈다. 최무선이 만든 화기는 이름만 전해져서 정확한 성능은 알려지지 않았지만, 명칭으로 추정해보면 화포와 같은 공격 무기, 신호용 무기, 화공용 무기 등인 듯하다. 이때의 화포는 지금처럼 폭발하는 포탄을 날리는 것이 아니라 화살을 날리는 포였다. 폭발하는 무기는 앞서 말한 진천뢰인데, 나무통이나 단지에 화약을 담아 던져서 폭발시키기도 하기 때문에 화통이라고도 불렀다.

최무선이 만든 무기를 실전에 투입하는 데 3년이 걸렸다. 이 기간이 너무 짧아 기록이 잘못된 것이라는 견해도 있을 정도다. 하지만 이는 최무선이 화약 제조법을 탐문하는 중에도 끊임없이 화기와 전술에 대해 조사, 연구했다는 사실을 간과했기 때문이다.

1380년 나세 장군과 최무선은 진포에 상륙한 왜선 300척을 화기를 이용해 불태운다. 이 함대는 왜구 침공 역사상 최대 규모로, 그들이 수송해온 육상부대 역시 고려의 남단을 정복하고 분할하겠다고 큰소리칠 정도로 다수의 병력으로 구성된 최정예 군단이었다. 하지만 최무선의 화기 덕분에 고려는 겨우 100척의 전함으로 이 함대를 격멸할 수 있었다. 왜구의 주력군은 상륙해 이미 내륙으로 진격했고, 포구에는 선박을 지키기 위한 수비대만이 남아 있었는데, 고려군이 화기를 확보했다는 사실을 전혀 몰랐던 그들은 고려 함대가 다가오자 항구에 정박시킨 배를 묶어 해상 방벽을 구축했다. 자신들의 장기인 백병전으로 승부를 내려는 의도였지만, 《삼국지》의 적벽대전처럼 오히려 치명적인 함정이 되고 말았다.

화약무기를 장착한 고려 수군은 해상에서 왜구를 압도했다. 물론 그 승리는 장수부터 이름 없는 병사까지 왜구에 대항할 전술을 개발하고 노력한 총체적 결과였다. 그 중에서도 화약의 역할은 다른 어떤 것보다 컸다.

진포 해전을 통해 최무선은 화기의 가치를 증명했고, 역사에 이름을 남겼다. 최무선에 의해 시작된 화약과 화기 개발의 파급 효과는 군사 분야에만 머무르지 않았다. 조선 건국 후 화기는 육지 전투에도 응용되기 시작했는데, 그 노력으로 탄생한 대표적 무기가 화차다.

화기의 위력에 매료된 조선의 군략가들은 전문 무사계층과 돌격대를 문관과 선비로 전환하고, 전쟁터에서는 화포에 그 역할을 맡기는 과감한 군제 개혁을 단행했다. 무사들은 전쟁터에서는 유용했지만, 평소에는 사회불안 세력을 형성했기 때문이다. 화기가 없었다면 과연 조선이 전통적인 무사세력을 그렇게 과감하게 해체할 용기를 낼 수 있었을지 의문이다. 이처럼 화약은 조선의 사회와 문화에까지 커다란 변화를 초래했다. 그 시작점이 된 최무선은 미래와 성공이 불확실한 상황에서도 최선의 노력을 다한 진정한 선각자였으며, 그의 성공담은 한 사람의 도전과 노력이 조직은 물론이고 세상까지도 바꿀 수 있다는 귀중한 사례가 되었다.

11. 나폴레옹 전쟁
목마른 사람이 우물을 파야 한다

1942년 버마에 주둔 중이던 일본군 15군은 정글지대를 통과해 인도 북부 마니플 주의 수도 인팔을 점령하려는 시도를 한다. 이것이 유명한 인팔 작전이다. 이 작전의 목적은 인도를 통해 중국으로 지원되는 연합군의 보급선을 차단하는 것이었다. 중국 전선의 승패가 걸린 중요한 작전에서 일본군의 문제는 보급이었다. 험악한 도로와 정글을 뚫고 나가야 하는 병사들에게 식량을 지원할 방법이 없었다. 고심하던 무다구치 중장은 역사책에서 방법을 찾았다. 오래전 이 루트를 정복했던 칭기즈 칸의 군대는 양떼를 끌고 행군하는 방법으로 식량을 조달했다. 무다구치도 이 방법을 본받아 수천 마리의 소와 양을 끌고 갔다.

이 낭만적인 시도는 처참한 실패로 끝났다. 그럴 수밖에 없는 것이 가축을 끌고 다니기란 사람을 데리고 다니는 것보다 더 힘들다. 유사시에 식량으로 쓴다고는 해도 평소에 소와 양은 사람보다 더 많이 먹는다. 풀을 먹이면 될 것 같지만 실제로 야전에서 그 많은 가축을 먹일 목초를 구하기란 쉽지 않다.

일본군이 이처럼 악전고투하는 동안 영국군과 미군의 식사를 해결해준 음식은 통조림이었다. 미군과 영국군도 보급이 어렵기는 마찬가지여서 통조림 의존도가 제2차 세계대전에 참전한 군대 중 가장 높았다고 한다. 주로 보급된 것이 아르헨티나산 소고기 통조림이었는데, 뭐가 잘못됐는지 이 지역에는 계속 소고기 통조림만 보급돼 병사들이 질려버렸다. 맛 또한 형편없었지만 그래도 굶주리거나 식량과 땔감을 찾아 방황하는 것보다야 나았다. 그리고 최종적으로는 연합군의 승리에 한몫했다.

통조림 발명의 공로자, 나폴레옹

통조림 발명의 최대 공로자는 나폴레옹이다. 1790년 나폴레옹은 음식물의 장기 보관이 가능한 방법을 발견하는 사람에게 1만 2,000프랑을 지급하겠다는 현상 공모를 내걸었다. 1만 2,000프랑이면 지금 화폐로 1억 원이 넘는 돈이었다. 10년이 지난 1800년 파리에서 제과점을 운영하던 니콜라 아페르라는 사람이 나폴레옹을 찾아왔다. 아페르가 가지고 온 병 속에는 고기와 야채를 섞어 조리한 음식이 신선한 상태로 들어 있었다. 그 음식은 3주 전에 만들어진 것이었다. 음식물의 신선도를 확인한 나폴레옹은 크게 감동을 받았고, 즉석에서 상금을 지급했다.

아페르의 발명품은 통조림이 아닌 병조림이었다. 고기와 야채, 달걀

등을 섞어 적당히 칼로리와 영양소를 맞춘 음식을 병에 넣고 밀봉한 뒤 끓는 물에 넣어 삶아낸 것이었다. 병마개로는 코르크를 사용했다. 지금 생각하면 간단한 방법 같지만 아직 세균의 존재도 모르고, 음식이 부패하는 원리도 알지 못하던 시절이라 그야말로 수많은 시행착오 끝에 찾아낸 방법이었다. 아페르는 나폴레옹이 현상 공모를 하기 전부터 음식 보관법을 연구했는데, 이 방법을 찾아내는 데 무려 15년이나 걸렸다고 한다.

하지만 병조림은 나폴레옹 군대에서는 실용화되지 못했다. 무겁고 잘 깨졌으며, 음식물의 보존 상태도 생각보다 좋지 않았다. 아페르는 상금으로 받은 돈으로 병조림 공장을 짓고, 계속해서 요리법을 연구해 제품을 생산하려고 했다. 그는 민간에까지 제품이 보급되어 식생활의 혁명을 이루기를 바랐지만, 1814년 파리로 진군한 러시아 군대가 공장을 불태워버렸다. 이렇게 해서 선구적인 업적에도 불구하고 아페르와 병조림은 역사에서 사라졌다. 이 불편한 병조림을 실용적인 통조림으로 개량한 나라는 나폴레옹의 숙적 영국이었다. 누군가가 깨지기 쉬운 병 대신에 얇은 철판으로 만든 통을 사용하는 방법을 고안해냈고 그 아이디어는 즉시 채택되었다. 영국에 최초의 통조림 공장이 세워진 1813년 이후 통조림, 즉 인스턴트식품이 세상에 퍼지기 시작했다.

그런데 이 통조림의 탄생 배경에 대해 우리가 간과하는 사실이 하나 있다. 나폴레옹이 억대의 현상금을 걸고 음식물의 장기 보관 아이디어를 공모한 이유는 병사들에게 유통 기한이 짧은 식료품 조달의 어려움을 해결하기 위해서만이 아니었다. 전쟁의 현장으로 들어가 보면 식량 조달은 생각 이상으로 다양한 문제를 야기했다.

기동력을 살리기 위해 프랑스군이 버린 것들

나폴레옹의 승전 비결 중 하나는 프랑스군의 기동력이었다. 차가 없던 시절, 이 기동력의 비결은 병사들의 강행군이었다. 행군의 부담을 줄이고 속도를 유지하기 위해 프랑스군은 텐트도 휴대하지 않았다. 숙박할 민가가 없는 야지에서는 모닥불을 피우고, 나뭇잎을 덮고 잤다. 야지에서 이슬과 서리를 맞고 자야 하는 병사들의 고통이란 상상할 수 없을 정도였다.

그런데 이 억센 병사들에게 텐트보다 더 중요한 장비가 있었으니 바로 냄비였다. 반즈와 피셔가 공동으로 저술한 《나폴레옹 전쟁》에 한 프랑스 병사의 종군기가 소개되어 있다. 이 기록에 의하면 냄비야말로 생존 필수품이었다.

프랑스군의 보급체계와 조직은 상당히 우수해서 병사들에게 식료품이 정량대로 지급되었다. 하지만 그것은 말 그대로 규정상의 정량이었다. 검은 빵과 고기, 야채, 곡류 등이 지급되었는데, 그냥 먹을 수 있는 것이 하나도 없었다. 예를 들어, 고기 1파운드라고 하면 무게는 정확히 1파운드였지만 질이 형편없어 뼈와 힘줄, 내장까지 포함했다. 이것을 먹으려면, 냄비에 넣고 삶아서 국이나 스튜로 만들어야 했다. 쌀과 야채도 생으로 지급되었기 때문에 냄비에 넣고 삶아야 했다. 유일하게 그대로 먹을 수 있는 식품은 빵이었는데, 이 또한 이론상으로 그랬다. 나폴레옹 군대의 검은 빵은 베고 잘 수도 있을 정도로 딱딱해서 고기와 마찬가지로 스튜에 넣어 불려야 씹을 수 있었다.

결론적으로 말하면 병사들에게 배급되는 식료품은 재료가 무엇이든

지 냄비에 넣고 잡탕 스튜로 만들어야만 먹을 수 있었다. 그래서 병사들의 배낭 위에 흔들거리며 매달려 있는 냄비가 필수적인 생존 장비가 되었다.

잡탕 스튜를 만들려면 냄비와 더불어 땔감이 필요했다. 땔감 재료야 어디든 있을 것 같지만, 실상은 그렇지도 않았다. 삼림지대라면 다행이지만, 우리나라와 달리 유럽의 평원지대는 산이 없는 곳도 많다. 나무가 있다고 해도, 수천, 수만의 군대가 끼니마다 사용할 나뭇가지와 장작을 구하는 것은 어렵고 번거로운 일이었다. 군대가 야영지에 도착하면 단 하루를 머물더라도 일단 참호를 파고, 진지를 구축하고, 숙소를 마련해야 한다. 하루 종일 행군에 지친 병사들이지만 이 작업 때문에 해가 진 뒤에도 쉴 수가 없다. 적이 근접해 있다면 진지 구축은 생사를 좌우하는 과업이 되어, 대규모 공사로 변한다. 이런 절박하고 피곤한 상황 중에도 상당수 병력이 땔감 조달에 투입되어야만 했다. 게다가 이런 부대는 진지 주변으로 흩어져 멀리까지 돌아다녀야 했기 때문에 적의 기습이나 유격부대에게 늘 일차적인 먹잇감이 되었다. 중국의 병서를 보면 이런 부대를 운용하는 규정, 신호체계, 훈련 방식이 상당히 많은 부분을 차지한다. 그만큼 이들의 임무가 중요하면서도 힘들고 위험했다.

승부의 세계에서는 식사도
'맛'이 아니라 승리의 '도구'다

나폴레옹뿐만 아니라 수천 년간 전쟁터의 모든 장수들이 갈망했던 것은 식료품의 장기 보관이 아니라 조리가 필요 없이 바로 먹을 수 있는 즉석음식, 즉 효율성이었다. 그렇게 하면 땔감 조달부대를 운용하는 복잡함과 위험을 덜고, 이들을 진지 구축에 투입할 수 있었다. 병사들의 체력을 절약하고, 진지를 더욱 견고하고 빠르게 구축하며, 시간 낭비를 줄여 행군 속도를 높일 수 있었다.

이외에도 매우 중요한 장점이 있었다. 현지 조달의 불안정성과 약탈을 줄일 수 있다는 점이다. 현지 조달과 약탈은 동의어라고 볼 수도 있지만, 정도에는 꽤 차이가 있다. 약탈이 욕구 충족을 위한 수단으로만 행해지는 것도 아니었다. 당시의 수송수단과 도로 사정으로는 완전한 보급이 불가능했고, 원정거리가 길어질수록 수송비가 천문학적으로 늘어났다.

이 문제를 해결하려면 현지 조달밖에 없었고, 나폴레옹은 속도전을 위해서도 이를 적절히 사용했다. 하지만 약탈로도 안 되는 경우가 있다. 현지 조달에 의존도가 높았던 나폴레옹의 군대는 식량이 풍부한 지역에서는 빠르게 움직이며 잘 싸웠지만, 상대적으로 황폐하고 식량의 조달이 어려운 지역으로 들어가면 갑자기 곤경에 빠지는 경우가 있었다. 식량마차는 느리게 쫓아오는데, 현지 조달도 제대로 할 수 없었기 때문이다. 더욱이 현지 조달도 힘든 지역으로 들어갔을 때, 적군이나 게릴라 부대가 수송대를 집중적으로 노리거나 차단하면 전군이 궤멸될 위험도 있었다.

약탈행위도 어느 정도는 통제해야 했다. 당시 군대는 홍수나 태풍보다도 무섭게 마을을 초토화시킨다는 말이 있었다. 병사들이 귀중품이 아니라 단 며칠의 식사와 그것을 조리할 땔감만을 조달해도 마을 하나가 흔적도 없이 사라지기 일쑤였다. 식료품은 모두 징발하고, 건축물과 가구는 연료로 사용했다. 당시 전쟁에서 현지 조달은 어쩔 수 없는 방법이었고, 병사들의 전투 의지를 북돋는 수단도 되었다. 하지만 과도한 약탈과 난폭행위는 점령국에 대한 적개심과 항전 의지를 불태웠고, 군기를 무너트려 병사들의 질을 크게 저하시켰다.

통조림은 바로 이러한 약탈의 부작용을 최소화해주면서 상하지 않은 음식을 가장 효율적으로 공급하는 위대한 발명품이 된 것이다.

혁신적 아이디어일수록
적응의 시간과 계기가 필요하다

그런데 이 획기적인 통조림도 문화의 장벽 앞에서는 무용지물이 되었다. 맛도 맛이지만 통조림에 대한 혐오감이 문제였다. 죽음과 삶이 교차하는 전쟁터에서 맛이 중요하냐고 반문할 수 있다. 오줌을 받아 먹고, 시체를 뜯으며 싸웠다는 군대도 있는데 말이다. 하지만 반대로 생각해봐야 한다. 전쟁터에서 맛있는 음식, 소소한 간식이 병사들의 사기에 미치는 영향은 생각보다 크다. 극한의 상황일수록 인간은 기초적 욕구에 대한 집착이 더 커진다. 그리고 기초적 욕망의 해결이 인간성을 회복시키고 사기를 진작하며 전투의 목적과 사명을 재정비할 계기를 마련해준다. 차가운 고지에서 인간다움을 느낄 수 있는 소재는 식사뿐이다.

새벽 미명에 일어나 공격선으로 이동하는 병사들이 가장 많이 찾는 것이 한 잔의 커피다. 어느 전투에서 커피를 준다는 말에 아무도 하지 않으려 했던 수색 정찰에 전원이 자원했다는 기록도 있다. 장진호 전투에서 한 미군 주임상사는 격렬한 전투 중에 땅콩버터 병을 옆에 끼고 참호를 돌아다니면서 젓가락으로 버터를 찍어 병사들의 입에 넣어주었다. 그는 제2차 세계대전을 경험한 역전의 용사였다. 중공군이 인해전술을 펼쳐, 한 명의 병사가 아쉬운 시기에 베테랑이 싸우지는 않고 뭘 하는 걸까? 하지만 당시 생존자들은 땅콩버터의 맛과 그 상사에 대한 고마움을 평생 잊지 못했다.

전투는 작은 차이—하지만 결코 뽑아내기 쉽지 않은 극한의 차이—가 승부를 가른다. 전투란 생명을 건 싸움으로, 서로 전력을 다하기 때문이다. 그래서 사기, 인간다움과 생명의 가치를 회고할 수 있는 작은 순간들이 더욱 소중하다.

다시 통조림으로 돌아가보자. 통조림의 문제는 깡통에 든 음식이 인간다운 식사와는 거리가 멀다는 점이었다. 사실 아페르의 소망과 다르게 인간이 깡통음식을 따뜻한 밥과 김이 나는 수프, 먹음직스런 반찬들이 놓인 밥상을 대용할 수 있다고 인정해주는 데는 오랜 시간이 걸렸다. 산업화가 되고 맞벌이 부부가 보편화되면서 비로소 사람들은 인스턴트와 패스트푸드를 인정하기 시작했다.

덕분에 제2차 세계대전에 영국군과 미군은 그나마 통조림에 적응했다. 하지만 일본군은 통조림을 극도로 혐오해서 장교들이 술안주로나 사용할 정도였다. 인팔 작전에서 일본군이 징기즈 칸 흉내를 내다 굶어 쓰러졌던 것도 일본이 통조림을 만들 줄 몰라서가 아니라, 병사들의 거부감 때문이었다.

세상을 편리하게 바꿔줄 혁신적인 아이디어일수록 시장을 금방 제패할 것 같지만, 역사를 돌아보면 사람들이 그것을 거부했다는 믿기 어려운 사실을 종종 접한다. 지퍼와 면도기 역시 처음에는 사람들에게 외면

당했다. 그 편리한 제품들이 겨우 살아남을 수 있었던 것은 전쟁 덕분이었다. 전쟁터에서 사람들은 비로소 그 편리함을 수긍했다. 하지만 통조림은 전쟁터에서조차 상당수의 군대에게 거부당했고, 어쩌면 지금도 거부당하고 있다.

문화와 관습의 힘은 이렇게 끈질기다. 따라서 오랜 관습을 뒤바꾸는 제품을 고안할 때는 이런 부분을 잘 고찰해야 한다. 한편 통조림에 적응한 서양의 군대와 일본군의 운명에서 나타나듯, 집단의 경쟁력을 높이기 위해서는 문화적 관습과 습관도 과감히 극복하는 노력이 반드시 필요하다는 사실도 가슴 깊이 새겨야 한다.

12. 남북 전쟁
눈에 보이지 않는 것을
바꾸기는 쉽지 않다

남북 전쟁이 막바지로 치닫고 있던 1864년 6월, 북군은 남부의 수도 리치먼드에서 30킬로미터 떨어진 지점까지 진출했다. 이곳에 리치먼드를 방어하는 마지막 요새진지가 있었다. 콜드하버라고 불리는 진지는 지그재그로 축성되어 이곳에서 공격하면 십자포화를 피할 곳이 없었다. 게다가 진지는 언덕에 있고, 그 아래는 완벽한 개활지였다.

콜드하버를 정면공격한다는 명령이 떨어지자 북군 병사들은 경악했다. 사신을 넘기며 살아온 고참 병사들도 피해갈 수 없는 죽음의 신이 도래했다고 생각했다. 공격 전날 병사들은 너 나 할 것 없이 옹기종기 모여 앉아 군복에 자신의 이름과 주소를 새긴 헝겊을 꿰매기 시작했다. 군번패가 없던 시대라 전사했을 때 신원을 확인할 수 있도록 하기 위해서였다. 한 병사는 헝겊에 이렇게 적었다. '1864년 6월 3일 콜드하버에서

나는 죽었다.' 그리고 그는 전사했다.

　6월 3일 새벽 4시 30분, 3개 군단 6만 명이 진격을 개시했다. 공격 시작 8분 만에 7,000명이 죽거나 부상했다. 전투가 끝났을 때는 2만 5,000명이 전장에 누워 있었다. 남북 전쟁 당시 미국의 인구는 약 3,500만 명이었다. 제2차 세계대전 때는 1억 3,000만 명으로 약 3.7배가 증가했다. 콜드하버의 사상자 수를 제2차 세계대전의 인구비율로 환산하면 9만 2,500명이 된다. 제2차 세계대전 최대의 참극이라는 벌지 전투의 미군 사상자 수가 포로까지 포함해서 8만 9,987명이었다. 그런데 벌지 전투는 1944년 12월 16일부터 다음 해 1월 25일까지 한 달 이상 되는 긴 전선에서 벌어진 전투였고, 동원된 병력만 해도 10개 사단 20만 명 이상이었다. 반면에 콜드하버는 단일 전투지, 단 한 번의 전투에서 벌지 전투보다 더 많은 사상자가 발생한 것이다.

남북 전쟁은 희대의 도살극

　더 끔찍한 진실은 콜드하버 전투가 새삼스러운 것도 아니라는 것이다. 6년의 남북 전쟁 기간에 콜드하버에 준하는 도살극이 곳곳에서 벌어졌다. 돌담 전투라고 불린 프레더릭스버그 전투에서 남군은 시야가 확 트인 비탈 위, 동물들의 출입을 막기 위해 세운 돌담 뒤에 포진해 있었다. 우리나라 시골에서도 흔히 볼 수 있는 정도의 돌담에 불과한 이곳을 향해 북군 6개 사단 16개 여단이 차례로 전진하다가 6,000~8,000명이 희생되었다. 히틀러의 가스실도 이렇게 신속하게 생명을 빼앗지는 못했다.

▶ **프레데릭스버그 전투** | 남북 전쟁 중 가장 비극적이고 무모한 전투의 하나다. 총이 발명되고 개량되면서 전쟁에서 산개해서 뛰는 전술이 더 효과적으로 변했음에도, 남북 전쟁은 오랫동안 공식이 되었던 밀집 대형을 버리지 못해서 인명 피해가 더 컸다.

남북 전쟁의 전사자 수는 남북군을 통틀어 약 60만~70만 명이다. 다시 제2차 세계대전과 비교하면 미군 희생자는 29만 명이었다. 이를 인구 비율로 환산하면 남북 전쟁의 전사자는 10배인 260만 명 수준이 된다.

두 전쟁의 무기 수준을 감안하면 이 수치는 더욱 경악스럽다. 남북 전쟁 때 사용된 라이플은 종이로 밀봉한 화약을 찢어 총구에 털어넣은 뒤, 총알을 집어넣는 전장식 소총이었다. 총알이 총구에 쏙 끼기 때문에 총알을 장전하려면 꼬질대로 여러 번 쑤셔서 넣었다. 이런 매커니즘이라 발사 속도는 1분에 2발 정도였다. 전쟁 후반에 연발식 카빈 소총과 기관총이 등장하지만 실전의 활약은 미미했다. 가장 강력한 무기는 대포였다. 하지만 제2차 세계대전의 대포에 비하면 성능이 절반에도 미치지 못했다. 무기는 제2차 세계대전 때 비약적으로 발전했다. 제2차 세계대전 최고 명품으로 꼽히는 독일군의 주력 기관총 MG-42는 1분에 1,200발을 정확한 속도로 쏘아 보냈다. 남북 전쟁 당시의 보병 600명에 해당하는 화력이다.

그렇다면 남북 전쟁에서는 열등한 무기로 어떻게 10배의 살상률을 기록할 수 있었을까?

시대의 흐름을 읽지 못하는 맹목적 믿음이 패인

남북 전쟁을 가장 사실적으로 재현한 영화 〈게티스버그〉를 보면 전진하던 피켓 사단의 병사들이 평범한 목장 울타리에서 지연되는 장면이 나온다. 남군이 몰리자 기회를 잡은 북군은 이 울타리를 목표물로 사정없이 포탄을 퍼붓는다. 그런데 울타리를 넘은 남군 병사들은 바로 북군 포대로 돌격하지 않고, 멈춰 서서 뒤에서 넘어 오는 병사들을 기다렸다가 마치 학교 운동장에서처럼 좌우로 정렬하며 열과 오를 맞춘다. 포격 속에서 이런 일이 어떻게 가능할까?

남북 전쟁은 인간의 용기와 어리석음의 극한이 어디까지인지를 보여준 전쟁이었다. 10분이면 1개 연대, 여단이 전멸하는 지옥 속으로 병사들이 빳빳이 서서 들어갔으니 말이다. 이 믿기지 않는 전투 방식은 반세기 전에 명성을 날렸던 나폴레옹 전쟁 시기의 방식이다. 남북 전쟁 직전 미국과 유럽의 사관학교와 군대에서는 한결같이 나폴레옹을 신봉했다. 당시 군인들이 나폴레옹을 얼마나 존경했는지 사관학교 때 별명이 '리틀 나폴레옹'이었던 장군들도 여러 명이었다.

나폴레옹식 전쟁의 방식은 이렇다. 대포로 집중 사격을 하는 가운데 보병이 열을 지어 행진한다. 양 군이 50미터 이내의 거리로 근접하면 소총으로 사격전을 벌이고, 서로 2, 3열의 일제 사격을 교환한 뒤에 돌격해서 총검과 백병전으로 승부를 낸다. 여기서 핵심이 대형 유지였다. 당시의 소총은 위력이 떨어져 유효 사거리가 25미터에 불과했다. 그 거리 밖의 목표물을 명중시키면 기적이라고 했다. 총과 대포의 살상력이 떨어졌기 때문에 최종 승부는 백병전으로 결정되었다. 백병전은 집단전투이므로 대형 유지가 필수였다.

나폴레옹이 사망한 해가 1821년이다. 이후 50년 사이에 총과 대포의 기술은 비약적으로 발전했다. 소총이 전장식이라는 점은 변화 없었지만, 특수강의 개발로 총열과 포신의 강도가 몰라보게 강해졌다. 그 덕에 총기 제작자들은 오랜 소원이던 강선을 적용할 수 있게 되었다.

강선은 총열과 포신에 새긴 나선형의 홈으로, 총알과 포탄을 회전시켜서 발사했다. 회전하는 총탄은 사거리와 살상력이 크게 증가한다. 하지만 강선의 진짜 강점은 그것이 아니다. 회전하지 않는 총알은 총열을 지날 때 뒤에서 미는 화약의 폭발력에 통통 튀듯이 진동하면서 밀려 온다. 그러다 보니 총구를 벗어나는 순간 엉뚱한 방향으로 날아가게 된다. 총알이 총구를 벗어난 다음에도 회전이 없어서 궤도를 유시하시 못하고 니클볼처럼 공기저항에 따라 이리저리 흔들리므로 명중률이 형편없다. 그래서 25미터 앞에서 병사들이 마주보고 서서 총격전을 벌이는 행위가 가능했다. 눈앞에서 조준하고 쏴도 총알이 어디로 날아갈지 모르기 때문이다. 하지만 강선이 도입되자 총의 사거리가 5배 이상 늘었다. 살상력도 늘었고, 탄도만 정확히 계산해 조준하면 목표한 곳으로 날아가는 수준으로 발전했다.

나폴레옹 전쟁 당시 돌진 중에 총과 대포에 의한 살상률은 10~20퍼센트 정도였다. 살상률이 5배 이상 늘었다고 하면 최대 100퍼센트까지 가능해진다. 행진해 들어오는 적 부대를 일제사격 한 번으로 궤멸시킬 수도 있는 것이다. 실제로 남북 전쟁 당시에 이런 일이 여러 번 발생했다. 1개 연대 2,500명이 단 5분 만에 전멸하기도 했다. 상황이 이런데도 사람들은 무기의 발달이 반세기 전까지 무적이었던 나폴레옹 전술을 죽음의 전술로 바꿔놓았다는 사실을 깨닫지 못했다. 그것이 이 엄청난 도살극의 첫 번째 원인이었다.

개혁, 모두가 필요성을 느낄 때면 이미 늦다

하지만 이 설명에는 의문이 따른다. 전쟁이 터지기 전에는 무기와 전술의 불일치를 깨닫지 못했다고 하더라도, 전쟁이 무려 6년이나 지속되는 동안 장군들은 왜 이런 죽음의 대형을 고집했을까? 병사를 산개시키고, 낮은 포복과 높은 포복으로 각개 약진하는 전투 방식을 왜 생각하지 못했을까?

생각하지 못한 것이 아니라 할 수가 없었다. 전쟁과 경영에서 개혁을 강조하는 이유는 개혁이 깨달음만으로 할 수 있는 것이 아니기 때문이다.

우선 새로운 전술을 고안했다고 하더라도 그것을 전장에서 써먹으려면 최소한 1년은 꼬박 전술을 실험하고 훈련시켜야 한다. 하지만 당장 전쟁 중에 그런 여유가 있을 리 없다. 그런데 이보다 더 중요한 이유가 있다. 남북 전쟁이 끝난 뒤에 벌어진 보불 전쟁에서는 병사들을 산개시키는 전술이 시험된 적이 있다. 그런데 밀집 상태에서는 죽음의 함정으로도 꿋꿋하게 걸어가던 병사들이 대형을 해체하자 밭두렁에 머리를 박고 꼼짝하지 않았다. 소대장이 다가가 위협하고 칼로 찌르고, 심지어 즉결처분을 해도 그들은 명령을 따르지 않았다. 머리를 들고 나가면 즉결처분을 당하는 것보다 전사할 확률이 훨씬 높았기 때문이다.

밀집대형에서 산개대형으로의 전환은 깨달음이나 훈련만으로도 안 되었던 것이다. 군대의 구조, 전쟁의 목적, 사회의 운영 방식 전체가 바뀌어야 했다. 이전처럼 귀족 출신 장교가 명령하고, 하층민은 병사가 되어 복종하는 구조로는 장교가 보이지 않는 곳에서도 병사들 스스로가 열심히 싸우게 할 수 없었다. 그들을 싸우게 하려면 전우애가 필요했고, 장교와 병사의 관계도 신분제사회의 연장이 아니라 삶과 죽음을 공유하는 막역한 사이가 되어야 했다. 그 외에도 많은 것이 필요했다.

남북 전쟁 이전으로 다시 돌아가서 어떤 선각자가 소총에 강선이 들어갔으니 전술을 바꾸고, 군대를 바꾸고, 사회의 신분제도와 비민주적 관행과 국민의 권리까지 바꾸어야 한다고 말했다면, 누가 여기에 동의했을까?

눈에 보이는 문제를 개선하는 것은 비교적 쉽지만, 눈에 보이지 않는 문제는 동의를 끌어내기도 어렵다. 아직 시작하지도 않은 사태를 대비해서 익숙한 시스템을 바꾸고, 개혁의 고통과 피로를 감내하라고 하면 불만이 솟구친다. 그래서 개혁은 어렵고, 개혁을 이룬 집단의 열매는 크다. 남북 전쟁의 사망자 수가 그 증거다. 현대사회처럼 기술의 발달과 사회의 변화가 빠른 사회에서는 변혁의 주기와 범위가 더욱 커졌다. 여기에 대응하는 방법으로 변화에 대한 빠른 인식도 중요하지만, 핵심은 조직의 구성원을 개혁의 필요를 이해하고 개혁의 고통과 피로를 즐길 줄 아는 인재로 바꾸어야 하는 것이다.

∷ Strategy 3 ∷
실패를 거울 삼아라

13. 절령 전투
현장을 모르는 분석은 독이다

미국 작가 어윈 쇼의 《젊은 사자들》과 노먼 메일러의 《나자와 사자》는 제2차 세계대전을 소재로 한 대표적인 전쟁소설이다. 하지만 두 소설의 내용과 분위기는 사뭇 대조적이다. 《젊은 사자들》은 유럽 전선을 무대로 국적과 사회적 배경이 다른 세 사람의 병사—충직하고 이성적인 독일 장교, 부유한 영화제작자 출신의 미군 병사, 가난하고 학대받는 유태인 출신 미군 병사—를 소재로 했다. 한편 《나자와 사자》의 전선 배경은 대평양 전쟁으로, 전쟁터에서 벌어지는 인간의 양면성과 전쟁이 낳는 아이러니를 소재로 했다.

두 소설은 모두 할리우드에서 영화로 만들어졌다. 여기서 둘의 공통점이 생겨났다. 원작 소설의 비극적 결말이 영화에서 '해피엔딩'으로 바뀐 것이다. 소설에서 전사한 주인공이 영화에서는 멀쩡하게 살아서 고향과 애인 곁으로 돌아온다. 그 이유는 간단하다. 영화의 주인공이 죽으면 관객이 40퍼센트가 줄어들기 때문이다.

여기서 수익성만 추구하는 할리우드 자본의 상업주의를 고발하려는 것은 아니다. 할리우드 영화보다 훨씬 고상하고 심오해 보이는 역사책과 상황분석 보고서도 다르지 않다는 점이 진짜 문제다. 물론 역사책은 할리우드처럼 뻔뻔하고 손쉽게 결론을 뒤집지는 않는다.

전쟁사를 검토해보면 패전과 실수에 대한 수많은 분석보고서가 있다. 그 글들을 가만히 보면 두 가지 특징을 찾을 수 있다. 하나는 '백성들이 혹독한 고초를 겪었다'든가 '처참한 패배였다'는 식으로 총괄적인 언급만 하고 정작 패전의 원인은 거론하지 않고 슬쩍 넘어가는 것이다. 또 하나의 방법은 희생양을 찾아 모든 것을 그의 실수로 떠넘기는 것이다. 차마 해피엔딩으로 바꾸지는 못하지만, 패전의 진실을 왜곡하거나 무시하기는 마찬가지다.

분석의 두 가지 함정, 해피엔딩과 희생양 작전

역사가 진실에 눈을 질끈 감거나 희생양을 세워 모든 죄를 뒤집어씌우는 이유에 대해 '지도자의 책임 회피' '정치적 음모' 등을 거론하는 사람들이 많다. 실제로 당시에는 그런 목적에서 희생양을 만들었을 수도 있다. 하지만 희생양은 훨씬 후에 만들어지기도 한다. 이러한 마녀사냥에는 더욱 근원적인 이유가 있다.

사람들은 누구나 나쁜 기억보다 좋은 기억과 성공사례를 선호하고 이를 간직하고 싶어한다. 하지만 피해갈 수 없으며, 망각할 수 없는 사건도 있는 법이다. 이때 인간은 세 가지 방법으로 불쾌함에 대처한다. 첫 번째 방법은 외면이다. 가슴속 가장 깊은 곳에 처박아놓고 거들떠보지 않는 것이다. 두 번째 방법은 한두 사람의 실수나 사소한 잘못, 혹은 우연 때문에 그렇게 되었다고 치부하고 넘어가는 것이다. 그렇게 하면 적어도 패배에 대한 두려움은 사라진다는 장점은 있다. '지난 번 패배는 실수였다'는 말은 다시 그런 상황이 발생했을 때 충분히 대처할 능력이 있다는 의미도 되기 때문이다. 세 번째 방법은 반성하고 분석하는 척하면서 기계적이고 뻔한 결론을 가져다 붙이고 빠져나가는 방법이다. 이것도 일종의 희생양 작전이지만, 그럴 듯한 교훈에 책임을 넘긴다는 점에서 교활하고 더욱 위험하다. 우리 역사에서 그런 사례를 하나 찾아보자.

1361년 11월 16일, 지금의 황해도 황주군과 개성 사이에 있는 절령_{자비령}으로 수만의 고려군과 민간인이 집결했다. 이곳에서 개경까지는 하루 이틀 길로, 이 방어선은 개경 방어의 마지노선이었다. 그만큼 중요한 지역이었지만 고려군의 병력이 턱없이 부족했기 때문에 이 일대 8개 군의 주민 전부를 징발했다. 가족의 목숨을 담보로 이곳을 지켜야 할 만큼 상황이 절박했던 것이다.

고려군이 상대해야 하는 적은 중국에서 흘러들어온 홍건적이었다. 그동안 홍건석을 상내로 잘 싸우던 고려군이었지만, 거듭되는 외침으로 지칠 대로 지쳐 있었다. 군대와 물자가 턱없이 부족했고 왜구의 침공이 발생해서 관료들의 월급도 제대로 주지 못하는 상황이었다. 결국 홍건적의 2차 침공에서 고려군은 허무하게 무너졌다. 11월 9일 청천강변에 있는 안주성이 함락되었다. 보통 때 같으면 서경_{평양}과 대동강을 거점으로 2차 방어선을 쳤을 것이다. 그런데 고려군은 서경조차 포기하고 바로 절령까지 후퇴했으며, 민간인까지 끌어모았다.

그렇게 대비했음에도 고려군은 경계에 실패했다. 16일 새벽 5,000명의 홍건적 철갑기병대가 소리 없이 접근해 목책으로 만든 성벽을 돌파한 것이다. 큰 혼란에 빠진 고려군은 변변한 대처를 하지 못했고, 학살이 벌어졌다. 부녀자와 아이들까지 모여 있었으니 혼란과 희생은 상상 이상이었을 것이다. 사망자 수는 기록에 나오지 않지만 조선시대까지도 이야기가 전해질 정도로 엄청난 참극이었다.

이후 이 지역에는 시체가 들판을 덮었으며, 비 오는 날이면 귀신들이 돌아다닌다는 전설이 생겼다. 귀신의 원한으로 전염병이 많이 발생했다고 해서 조정에서 귀신을 위로하고 전염병을 예방하는 제단을 세워 제사 지냈다. 절령은 개성과 평양을 연결하는 주도로이기 때문에 많은 문인과 학자가 지나면서 이 이야기를 들었다. 그리고 비감한 심정으로 시를 남기곤 했다. 그 시 가운데 한 편에 이런 구절이 있다

> 적이 먼 거리를 달려와 성 밑에 이르니
> 요사스러운 기운이 천지를 뒤덮었다
> 지휘관이 접전할 기회를 그르쳐
> 아군이 낭패하고 오랑캐가 함성을 지르네

이 시에서 작가는 나름대로 당시의 패배를 분석했는데, 요지는 이렇다. 홍건적은 장거리를 이동해왔으니 지쳤을 것이다. 그러므로 고려군이 신속하게 홍건적을 공격했으면 승리할 수 있었다. 하지만 무능한 지휘

관이 바로 공격하지 않아 전투의 타이밍을 놓쳤고, 이것이 큰 비극을 낳았다.

그 벌판에 정말 원혼이 있다면 이런 무모한 해석과 비판 때문에 더욱 눈감을 수 없었을 것이다. 당시 홍건적은 11월 9일에 현재의 평남 안주성을 함락하고, 15일께 황주에 도착했다. 6일 동안 서울에서 천안 정도의 거리를 이동했으니 싸우지 못할 정도로 무리하게 이동한 것도 아니었다. 게다가 그들은 새벽 기습을 감행할 수 있는 원기 왕성한 5,000명의 철기병도 있었다.

절령 방어전을 지휘한 안우·이방실·김현배는 누구보다도 실전 경험이 풍부한 장군들이었다. 그들은 1355년 고려군을 이끌고 지금의 중국 저장성에까지 진군해 홍건적과 싸웠으며, 그 후로도 6년간 쉬지 않고 전투를 벌였다. 홍건적의 전투력을 파악하는 능력에서는 누구보다 탁월하고 정확했다. 이런 장군들에 대해 군대를 지휘한 적도 없고 전쟁터에는 가보지도 못한 문관들이 너무도 쉽게 상황을 예단하고 정죄定罪했다.

절령의 패배는, 기록이 분명하지 않지만 결코 장수가 비겁하거나 무능해서가 아니라, 고려군의 전력 고갈이 주원인이었다. 옛날 전쟁에서는 전사자보다 병사자가 훨씬 많이 나왔다. 보급과 장비가 열악하고 항생제가 없어 추위와 피로로 인한 감기와 폐렴에 속수무책이었다. 그런데 당시 고려군은 전쟁 초기부터 보급이 형편없었으며, 병력 보충이나 교대도 되지 않았다. 병사들은 굶주리고 한겨울에 도롱이짚으로 만든 비옷를 입고 버티는 형편이었다. 노련한 장군과 베테랑 병사들이 처절하게 싸웠지만 이런 상황에서는 속수무책이었다.

듣기 좋은 해석, 탁상에서의 큰소리

명장도 실수는 한다. 안우, 이방실 등이 무언가 큰 판단 착오를 했을 수도 있다. 하지만 앞의 시처럼 공격을 했으면 쉽게 이길 수 있는 기회를 겁먹고 주저하다가 놓친 것은 결코 아니다. 조선시대의 사례를 보면 앞의 시를 쓴 작가뿐 아니라 많은 문관이 이런 경향을 보인다. 그나마 앞의 시는 300년 전의 사건이라 사정을 잘 몰라서 그랬으려니 이해하고 넘어갈 수도 있다. 하지만 임진왜란이나 병자호란을 소재로 한 기록들을 보면 현실에서 벌어지고 있는 전황에 대해서도 아마추어적인 전략과 비판이 난무한다. '매복해서 기습공격을 했으면 쉽게 이겼을 텐데 무리하게 공격하다가 패배했다.' '오늘 우리가 패배했으니 적이 방심하고 놀고 있을 것이다. 그러니 오늘 밤에 야습하자.' '적이 정면에서 공격했으면 우리가 이겼을 텐데 비겁하게 뒤에서 공격하는 바람에 졌다.'

가장 흔한 비판이 매복공격, 선제공격이다. 하지만 영화나 드라마에서 보는 매복공격은 소규모 수색대나 패잔병 부대에게나 통하는 방법이다. 규모를 갖추고 정상적으로 이동하는 부대를 매복으로 격파하는 것은 현실에서 거의 불가능하다. 더욱이 당시 일본군이나 청군은 매복 작전에 당할 만큼 어수룩한 군대가 아니었다.

'야습론'은 더 황당한 이야기인데, 야간공격을 하려면 최소한 1년 이상의 철저한 훈련이 필요하다. 훈련이 안 된 군대로 야습을 하려면 횃불을 들고 조명을 밝히면서 진격하는 수밖에 없다. 이렇게 하면 기습의 효과는커녕, 조준사격의 표적이 되어 주간공격 때보다 사망 확률이 훨씬 높아질 뿐이다.

실패를 직시하고 정확히 분석하라

　이처럼 용감하고도 무모한 태도는 사실과 현상을 정확히 분석하려 들지 않고, 사실에 적합해 보이는 교훈이나 명제를 찾아서 멋대로 붙이는 습관 탓에 발생한다. 교훈과 명제는 진실로 인도하는 표지판일 뿐, 사실 자체는 아니다. 앞의 시를 예로 들어보자. 장거리 이동이 병사들을 피로하게 하고 전투력을 약화시키는 것은 사실이다. 그렇다고 장거리를 이동한 군대를 바로 공격하면 격파할 수 있다는 공식이 성립하지는 않는다. 그러므로 '장거리 이동을 한 적군을 과감하게 공격하면 승리할 수 있다'는 명제나 외워서는 제대로 된 리더가 될 수 없다. 이런 명제는 진리도 교훈도, 아무것도 아니다. 훌륭한 리더가 되려면 적군의 이동거리, 기후, 훈련 상태, 보급 등을 종합적으로 파악해서 그들이 현재 어느 정도로 지쳤고 전투력은 얼마나 감소했지 판단하는 훈련을 거듭해야 한다.

　하지만 우리 사회에서는 아직도 명제와 명제의 사용법을 이해하지 못하거나, 아픈 기억을 직시하고 분석하려는 노력과 훈련이 부족하다. 오히려 이와는 정반대로 뻔한 교훈을 외우고 남발하는 것이 지식의 목적이자 전부인 줄 아는 사람이 여전히 많다. 사용법을 모르는 명제는 교훈이 아니라 무서운 독이다.

14. 콘스탄티노플의 함락
배고픈 자가 전쟁에서 이긴다

콘스탄티노플^{현재 터키의 이스탄불}을 수도로 했던 비잔틴 제국은 610년에서 1453년까지 1000년 가까이 생존한 진정한 천년왕국이었다. 비잔틴 제국의 위치를 감안하면 이 수명은 더욱 놀랍다. 왕국이 자리한 곳은 동서 문명의 교차점이었다. 수많은 부와 상품이 교류되고, 수많은 민족이 이동하고 부딪혔던 곳이다. 게르만족의 대이동, 훈족의 침입, 사라센과 오스만 제국의 흥망, 세계사를 바꾼 격변의 흐름에서 비잔틴은 한시도 비껴나 있던 적이 없었다. 그들은 모든 민족이 탐내고, 모든 민족이 지나가는 길목에 있었다.

게다가 콘스탄티노플은 중세 유럽과 중동을 통틀어 1000년간 가장 화려하고 부유한 도시였다. 소피아 성당만 해도 천장 내부는 온통 금과 보석으로 치장되어 있었다. 제국이 경제난에 처하면 천장의 금과 보석을 일부 벗겨 해결하고 나중에 다시 채웠다. 제국의 막강한 재력에 힘입어 수도의 시민은 모두 무상급식을 받았다. 제국 최고의 부자들이 다 이 도시에 살고 있었는데도 말이다. 도시 안에는 그들의 저택과 금고도 있었다. 그러니 수많은 약탈자들이 호시탐탐 이 도시를 노리는 것도 당연했다.

이 비잔틴을 1000년 동안 사수한 일등공신이 '테오도시우스의 성벽'이라고 불린 콘스탄티노플의 성벽이다. 성벽을 완성한 황제의 이름을 딴 이 성벽은 여러 번 개보수를 거쳤지만 기본 구조는 크게 바뀌지 않았다. 성벽의 길이는 22.5킬로미터에 달하며, 성벽의 앞에는 항상 물이 차 있는 폭 18미터의 커다란 해자가 있다. 성벽은 대단히 두꺼웠고 기단은 계단형의 2층 구조로 되어 있다. 해자에서 성벽 기단, 즉 첫 번째 계단으로 올라서는 부분에 총안을 뚫은 방벽을 세웠다. 이것이 첫 번째 벽이다. 이 벽 뒤 두 번째 계단으로 층이 지는 부분에 외벽이 있다. 이 성벽은 뒤쪽 계단의 벽과 닿아 있다. 성벽의 높이는 7.5미터, 두께는 2미터다. 흉벽에서 외벽까지 평평한 공간을 페리볼로스라고 불렀는데, 이 통로의 넓이는 12~15미터다. 외벽에는 45~91미터 간격으로 사각형의 탑(우리 용어로 돈대)을 세웠는데 전부 96개였다.

그 뒤의 계단에 같은 형태로 내벽과 통로, 탑이 있다. 내벽은 외벽보다 훨씬 높아 높이가 12미터, 두께가 5미터였다. 내벽의 통로는 파라테이키온이라고 불렀는데, 폭은 페리볼로스와 같았다. 내벽의 탑은 정확히 외벽의 탑과 탑 사이에 같은 수로 세웠다. 이 탑의 높이는 18미터에 달했다. 외벽과 외벽의 탑은 3층 구조로 되어 있어서 병력을 3층으로 배치해 적에게 효과적인 공격을 퍼부을 수 있었다.

부와 권력에는 도전이 따른다

　세계에는 많은 성이 있다. 독특하고 아기자기한 장치를 갖춘 성도 많다. 테오도시우스의 성벽도 그런 구조물이 없는 건 아니지만 20킬로미터가 넘는 길이에 거의 일직선으로 서 있는 이 성벽은 그런 복잡한 장치보다는 성벽 자체의 규모와 견고함으로 당당하게 승부한다. 압도적인 힘이 있으면 잔기술이 필요 없다는 역사적인 증거와 같다.

　1000년의 세월 동안 이 성벽은 무수한 공격을 받았지만, 안에서 누가 내통해서 열어주거나 하는 특별한 사연이 없는 한 그 어떤 사나운 군대도 돌파하지 못했다. 호전적이고 자신만만한 부족이 콘스탄티노플에 쌓여 있는 부를 노리고 왔다가 성벽을 보고는 질려서 공격을 포기하고 돌아간 경우가 더 많았다.

　이렇게 요새화된 성을 굴복시키려면 성벽을 직접 공격하지 않고, 포위해서 장기전으로 가는 방법뿐이다. 성을 포위하고 굶주릴 때까지 기다리는 것이다. 포위당해서 방어하는 측에게는 식량 결핍보다 물 부족이 치명적이다. 물이 부족해지면 전염병이 돈다. 콘스탄티노플에는 평균적으로 40만 명의 시민이 살았고 전성기에는 70만 명에 달했다. 이 위대한 도시는 지하에 수조를 만들어 이 엄청난 인구가 3년을 버틸 물이 언제나 찰랑이고 있었다.

　이 거대한 도시를 3년이나 포위한다는 것은 거의 불가능할 뿐만 아니라, 지형상 포위할 수도 없었다. 콘스탄티노플은 삼각형의 반도였기 때문에 성벽을 포위해도 해군만 건재하면 바다를 통해 얼마든지 보급을 유지할 수 있었다. 비잔틴 제국도 이 사실을 알고 바다를 지키기 위한 방법

▶ **콘스탄티노플의 성벽** | 삼중의 성벽과 이중의 탑, 그리고 그 앞의 해자는 비잔틴 천년왕국을 가능하게 해주었다.

을 찾아냈다. 이것이 유명한 '그리스의 불'이다.

그리스의 불은 화염방사기처럼 가연성 액체를 발사하고 불을 붙이는 장치다. 이 화합물은 물을 부어도 꺼지지 않고, 바다 위에서도 탔다. 비잔틴 함대는 물속으로 관을 연결하고 액체를 방사해서 불바다를 만드는 전술도 곧잘 사용했다. 제국은 이 제조법을 철저히 함구해 제국이 멸망할 때까지 비밀을 보존하는 데 성공했다. 오늘날 학자들의 연구에 의하면 나프타와 피치, 나무의 진, 식물성 기름, 수지 등을 섞은 것이었다고 한다.

그리스의 불에 대해서는 이 비밀무기야말로 비잔틴의 바다를 사수한 일등공신이었다고 보는 견해와 함께, 적을 놀라게 할 뿐 큰 상처를 입히지는 못했다고 보는 견해도 있다. 하지만 무기의 효용을 꼭 살상력으로만 판별할 수는 없다. 비잔틴 함대는 함선 수에서 밀리거나 바이킹, 노르만족, 아랍의 해적들에 비해 근접 전투 능력이 떨어지는 경우가 많았다. 이때 화염은 근접 전투를 어렵게 하는 데 제격이었다. 바다를 채운 불바다는 함대의 밀집과 집중공격을 방해해서 적의 포위망을 분쇄하고 항구 공략을 어렵게 하는 데 매우 유효했다. 공격보다는 도시 수로의 방어가 목적이었던 비잔틴 해군에게는 아주 적합한 무기였던 것이다.

이와 같이 거대한 돌벽과 불로 보호되는 콘스탄티노플을 고립시키려면, 최소한 10만 명 이상의 거대한 지상군에다 화염지옥을 두려워하지 않고 삼각형의 양쪽 항구를 제압할 수 있는 압도적인 함대가 필요했다. 그런데 10만 명 이상의 정예 지상군과 해협 두 개를 동시에 제압할 수 있는 강력한 해군 함대를 동시에 보유한 국가는 거의 없었다. 혹 있다고 해도 그 엄청난 병력을 3년 동안이나 한곳에 묶어둘 재력과 군사력을 지닌 나라는 서구에는 존재하지 않았다.

천년왕국과 흡혈귀

하지만 세상의 모든 것에는 끝이 있다. 그 견고하고 부유하던 비잔틴 제국도 서서히 노쇠해갔다. 15세기에 들어서는 광대한 영토를 거의 상실하고 콘스탄티노플과 그리스, 마케도니아 일대에 약간의 도시만 남았다. 그래도 콘스탄티노플이 건재하고, 그 입지가 매우 좋았기 때문에 제국이 각성하면 다시 일어날 수도 있었다. 하지만 주변에서 이를 그냥 둘 리가 없다. 사라센 제국을 격파하고 중동의 패권을 쥔 오스만 제국은 비잔틴을 반드시 제거해야 했다.

1453년 4월 오스만투르크의 메메드 2세는 눈엣가시 같던 비잔틴 제국을 어떻게든 끝장내기로 결심했다. 그는 아예 콘스탄티노플을 점령하고 이곳을 자신의 수도, 제국의 중심으로 만들려는 구상까지 했다. 그렇게 되면 오스만 제국은 과거 비잔틴 제국보다도 더 크고 부유한 동서양에 걸친 초유의 대제국이 될 것이었다.

메메드 2세는 겨우 22세였지만 비범하고 걸출한 군주였다. 그는 역사에 남은 정복자의 공통점을 골고루 갖추었다. 과감한 결단력, 추진력, 상상력, 그리고 냉혹함이었다. 그는 술탄이 되자마자 걷지도 못하는 이복동생을 물에 빠트려 죽였다. 그 밖에도 사람을 얼마나 많이 죽였는지 별명이 흡혈귀였다. 재미난 사실은 메메드가 진짜 흡혈귀와 동시대를 살았다는 사실이다. 뱀파이어의 모델이 된 트란실바니아의 드라큘라 백작 블라드가 그 주인공이다. 블라드가 비록 메메드 2세에게 저항했지만, 메머드 2세는 그에게 우호적이었다. 한번은 메메드 2세의 사신이 터번을 벗기를 거절하자 블라드가 터번에 못질을 해서 죽였다. 이 소식을 들은 메메드 2세는 분노하기는커녕 아주 멋진 방법이라고 칭찬하고 자신도 써먹어 보았다고 한다.

그런 메메드 2세에게도 콘스탄티노플 함락은 쉽지 않았다. 성벽은 여전히 난공불락이었고 '황금뿔'이라고 불리는 콘스탄티노플의 동쪽 지협은 강력한 쇠사슬로 방비돼 선박의 돌입이 불가능했다. 그리스의 불도 여전히 위협적이었고 그것을 막을 소화 대책도 없었다.

:: Strategy 3 :: 실패를 거울 삼아라 **151**

다만 다른 도전자들과 달리 메메드 2세는 한 가지 비장의 병기를 소지했다. 그것은 대포였다. 14세기에 등장한 대포는 초기에는 위력이 약했지만, 헝가리인 우르반이라는 인물에 의해 크고 강력한 공성용 대포로 개량되었다. 아이러니하게도 우르반이 처음 고용된 곳은 콘스탄티노플이었다. 하지만 가난해진 제국은 그에게 상응한 보수를 줄 수 없었다. 메메드 2세가 이 정보를 포착하고 그를 매수했다. 우르반이 거의 굶어죽게 된 것을 메메드 2세의 사신이 빼내갔다는 설도 있는데 그 정도는 아닌 듯하다. 여하튼 우르반은 길이 8.2미터에 600킬로그램의 포탄을 날리는 대포를 제조했다. 황소 60마리가 끄는 이 대포의 포탄은 1.6킬로미터를 날아갔다.

한때는 이 괴물 대포가 콘스탄티노플 함락의 주역이라고 알려졌다. 하지만 사실은 다르다. 괴물 대포는 성벽을 부쉈지만 하루에 7번밖에 발사할 수 없었다. 대포도 한 대밖에 없어서 성벽 사이로 오스만군이 침공할 진입로를 내기엔 역부족이었다. 대포로 성벽을 허물어트려도 수비대가 파괴된 성벽을 기를 쓰고 메워 다음 날 아침이면 다시 멀쩡해졌다.

화가 난 메메드 2세는 전쟁사에 길이 남은 기발한 작전을 쓴다. 황금뿔의 쇠사슬 차단선을 돌파하기 위해 전함을 들어서 언덕을 넘긴 후에 차단선 안쪽 바다에 내려놓은 것이다. 전함을 바퀴 달린 통나무 발판 위로 옮긴 후 이 발판에 밧줄을 걸고 수천 마리의 소로 잡아당겼다. 컨베이어 벨트를 타고 이동하듯이 전함들은 발판을 타고 미끄러지면서 차단선 안쪽 바다로 풍덩풍덩 떨어졌다. 하지만 이 전함들도 비잔틴의 숨통을 끊지는 못했다. 황금뿔에 들어가기는 했지만 비잔틴 함대의 결사적인 저항으로 항구에 상륙하지 못했던 것이다.

메메드 2세는 다시 지하로 터널을 파서 성안으로 들어가려고 시도했다. 하지만 이 고전적인 방법 역시 대비되어 있었다. 요소요소에 일종의 청음장치를 설치했는데, 적이 땅굴을 파면 그 진동이 곳곳에 묻어둔 북을 울려서 터널의 위치를 탐지하는 장치였다. 수비대는 맞땅굴을 파서 오스만 병사를 죽이기도 하고, 굴을 무너트리고, 유황가스를 굴로 살포하고, 물을 집어넣어 익사시키는 등 갖가지 방법으로 이 시도를 좌절시켰다.

보통 군주라면 이 정도에서 멈췄겠지만 메메드 2세는 포기하지 않았다. 모든 방법이 좌절되자 그는 결단을 내렸다. 성벽으로 직접 돌격하는 정공법이었다. 희생이 크겠지만 잔혹한 군주는 눈앞에 놓인 부와 영광, 자신이 점찍은 미래의 수도를 포기할 마음이 없었다. 공격 예정일은 5월 28일이었다.

위기상황에서는 약해진 마음, 혹은 너그러움이 사태를 뒤집는다

27일 밤, 비잔틴의 황제 콘스탄티누스 11세는 성벽을 따라 걸으며 오스만군의 진지를 내려다보았다. 다음 날 대공세는 이미 감지되었고, 내일 싸움에서 이기든 지든 그것이 이 전쟁의 마지막 전투임은 분명했다. 젊은 황제는 용감한 기사였으며, 다른 것은 몰라도 장군으로서 능력과 리더십을 보유한 인물이었다. 적의 진지와 규모를 보고 황제는 한숨을 쉬며 측근에게 진심을 털어놓았다. "우리를 구할 수 있는 것은 신의 도움밖에 없다." 황제의 한탄에는 이유가 있었다. 22.5킬로미터에 달하는 거대한 성벽을 지킬 수비대가 7,000명밖에 없었다. 그나마 대부분이 오스만투르크의 침공에서 기독교 제국을 구하자고 유럽에서 온 의용병들이었다. 개개인의 전투력은 높았지만, 병력의 수가 절대 열세였다.

28일 아침, 메메드 2세는 정예 3개 군단을 동원해 희생을 불사하는 파상공세를 폈다. 콘스탄티노플의 수비대는 1파, 2파의 공세는 막아냈다. 하지만 예비병력이 전혀 없어서 무려 4시간 동안 1분도 쉬지 못하고 싸워야 했다. 심지어 내벽에 배치할 병력도 없어서 전 수비대를 외벽에 배치하고, 내벽으로 통하는 문을 봉쇄했다. 옥쇄의 각오로 임한 것이다.

마침내 마지막 공격이 개시되었다. 메메드 2세는 정예 중의 정예인 예니체리 군단을 풀었다. 수비대는 이 공세도 막아내 기적이 코앞이었다. 날이 저물고 있던 것이다. 오늘 여기서 공격이 중단되면 천하의 메메드 2세도 이런 희생을 딛고 내일 다시 공격을 재개하기는 어려웠다. 절망이 희망으로 바뀌는 순간, 어처구니없는 일이 발생했다.

아무리 병력이 적어도 성벽 뒤에 웅크리고만 있어서는 막아내기 힘들다. 대부분 직업군인이었던 수비대의 용사들은 틈만 나면 쪽문을 열고 나가 공격군을 습격해서 전열을 흐트러뜨리고 시간을 벌었다. 이 공격을 하고 돌아오던 한 부대가 실수로 문을 잠그는 것을 잊었다. 격전의 피로가 낳은 실수였다. 오스만의 병사가 이 사실을 발견했고, 일단의 병사들이 이 문으로 들어와 성벽에 깃발을 세웠다. 이 구역을 돌파했으니, 이쪽으로 집중공격을 하라는 신호였다. 하지만 오스만군이 쇄도하기 전에 수비병이 열린 문을 발견하고, 바로 문을 잠갔다. 성 안으로 들어온 오스만군은 고립되었고, 공격을 피해 성벽을 따라 도주하기 시작했다.

이 해프닝이 발발하기 직전에 오스만군이 발사한 포탄이 제노바 출신으로 의용병을 지휘하던 주스티아노를 맞췄다. 그는 수성 전문가로 지금까지 수비대의 용전을 이끈 최고 공로자였다. 하지만 부상당한 순간 마음이 약해졌는지 주스티아노는 옆에 있던 황제에게 내벽으로 통하는 문을 열고 자기를 항구에 있는 제노바 함선으로 후송해달라고 요구했다. 황제는 결정적 순간이니 자리를 지켜달라고 요청했으나 그는 요지부동이었다. 그는 며칠 후 부상이 도져서 사망하는데, 이 한순간의 나약함이 주스티아노를 영웅에서 역적으로 만들었다.

황제도 마음이 약해졌다. 마음속으로 패망을 피할 수 없다고 생각하고 있던 것인지도 모른다. 비감한 심정으로 황제는 그의 청을 허락했다. 아무튼 그는 외국인이었고, 지금까지 버틴 것도 그의 공이었다. 하지만 이것이 큰 실수였다. 그가 문을 열고 빠져나가는 모습을 보자 제노바 병사들이 동요하기 시작한 것이다. 하필 이때 성벽에 오스만군의 깃발이 올랐고, 수비대에 쫓긴 오스만 병사들이 이곳으로 도망쳐왔다.

지휘관이 갑자기 탈출하더니 성벽에 깃발이 오르고, 오스만군이 몰려온다. 전후 사정을 모르는 제노바 병사들에게 이 광경이 의미하는 바는 분명했다. 성벽이 뚫린 것이다. 그들은 주스티아노가 열고 나간 문으로 미친 듯이 도망치기 시작했다.

공황이 발생하자 누구도 제어할 수 없게 되었다. 수비대가 성벽에서 사라지자 오스만군은 기회를 놓치지 않고 해자를 건너 성안으로 돌입했다. 콘스탄티누스 11세는 최후가 왔음을 알고, 옆에 있던 두 명의 기사와 함께 쏟아져 들어오는 오스만군을 향해 돌격했다. 난전을 벌이다 전사한 그는 시체조차 찾지 못했다.

이것이 콘스탄티노플의 최후였다. 한때 신이 있다면 이 도시에 머무르고 싶을 것이라고 불리던 아름답고 성스러운 도시는 지옥으로 변했다. 도시 전체에서 미친 듯한 약탈과 방화, 살인, 강간이 자행되었다. 시민들은 최후의 기적을 바라며 성 소피아 성당으로 몰려들었다. 하지만 도시의 고귀한 사람 전부가 그곳에 있음을 알아차린 오스만군도 성당으로 몰려왔다. 그곳에서 똑같이 피의 제전이 벌어졌다.

풍족함이 부른 망각이
굶주린 경쟁자에게 틈을 내준다

실수로 열어놓은 쪽문, 주스티아노의 부상, 이 연속된 우연이 콘스탄티노플 함락의 원인이었을까? 그렇지 않다. 진정한 원인은 다른 곳에 있었다. 비잔틴 제국은 세계에서 가장 부유한 왕국이었다. 특히 콘스탄티노플에는 부가 넘쳤다. 부유하고 편안했던 그들은 비잔틴 제국의 초기부터 힘든 전쟁은 용병을 고용해 맡겼다. 역사를 보면 부국이 빈국에게 망하고, 거대 기업이 상대가 되지 않을 것 같은 작은 기업에게 역전 당하는 경우가 허다하다. 정상적으로는 불가능하지만 부와 편안함의 유혹에 빠지면 전쟁이나 경쟁과 같이 험하고 피곤한 작업에서 절대 승리할 수 없다는 것이 역사가 알려준 진리다.

한번 나태해진 정신은 제국의 영토가 다 잘려나가고 거의 콘스탄티노플 한 도시만 남게 된 상황에서도 변할 줄 몰랐다. 우리는 흔히 인간이 절망적 상황, 위기 상황에 처하면 대오각성해 초인적인 힘과 의지가 나온다고 믿는다. 하지만 진짜 초인적 힘과 변화는 곤경에서 나오는 것이 아니라 준비되고 훈련된 사람에게서만 나온다.

1453년 최후의 해에 콘스탄티노플은 인구가 많이 줄기는 했지만 그래도 10만 명에 달하는 시민이 있었다. 이 정도 인구면 병사가 최소 2만 명은 나오는 게 정상이다. 하지만 포위전에 가담한 병사는 3,000명뿐이었다. 여기에 각국에서 용병과 자원병 4,000명을 받아 총 7,000명을 채웠다. 이 7,000명의 용사가 한 달 반을 버텼다. 그러니 체력이 고갈될 수밖에 없었다. 싸울 힘이 남아 있었고 교대할 병력이 있었어도, 그래서 외벽보다 더 강한 내벽에 수비대만 배치할 수 있었어도 그날 콘스탄티노플을 사수할 수 있었다.

하지만 포위전이 지속된 한 달 반 동안 시민들은 사역이나 조금 도왔을 뿐, 성당에서 울부짖고만 있었다. 그 와중에도 교파 간의 분쟁으로 성 소피아 성당에서는 교파별로 돌아가면서 예배를 드렸다. 교파가 화합해 연합 예배를 드린 것은 최후의 공세가 감행되기 전날인 27일 딱 하루였다.

모든 조직과 기업, 개인도 마찬가지다. 편안함과 풍족함을 포기하고 고통을 벗어 즐길 줄 아는 자세가 결여되면, 결국 돌이킬 수 없는 운명에 처하게 된다. 그것이 세상에서 가장 행복하고 부유하고 화려했던 도시의 최후가 남긴 교훈이며, 21세기에도 여전히 헝그리 정신이 필요한 이유다.

15. 이탕개의 난
일벌백계와 본보기는
조직을 망친다

 15세기 내내 조선은 압록강과 두만강 지역 4군 6진을 확보하기 위해 국가적 노력을 경주했다. 4번이나 국경을 넘어 여진족을 공격하고, 100년 이상 여진족의 기습공격과 싸우며 국경을 지켰다. 여진족은 게릴라전을 전개해 국경을 넘어 마을을 약탈하거나 주민을 납치하곤 했다.
 여진족의 기습전술에 대응하기 위해 조선은 압록강과 두만강 지역에 방어 네트워크를 편성했는데, 그 중심이 4군6진이다. 각 진은 관할구역 안에 여러 개의 작은 진 소진·小鎭과 보루를 설치해 중간기지 겸 초소로 삼았다. 보루의 임무는 주변 마을을 보호하고 주요 교통로를 감시·통제하는 것이었다. 농사를 지으러 나갈 때는 군인이 함께 나가 호위했고 농부들도 활과 무기를 지참하고 농사를 지었다. 마을이 습격당하면 즉시 주변의 보루와 거진에서 출동했다.

한 뼘의 땅도 쉽게 얻어지지 않는다

소진과 보루에는 많게는 150여 명, 적게는 60여 명의 병력이 배치되었다. 두만강 유역에 설치된 6진 중 하나인 경원진_{거진}에 소속된 훈융진_{소진}의 경우, 약 1.7킬로미터 둘레의 진 안에 150명의 병사가 주둔했다. 무기는 일반 화살 2만 3,603발, 편전_{대롱에 넣어 장전한 후 발사하는 짧은 화살} 2만 6,941발 등 총 5만 544발의 화살을 비치했다. 화살과 함께 활도 282개를 구비했다. 이 활은 병사들의 활이 아니라 적이 대규모로 습격했을 때 주변 마을 사람들이 보루에 들어와 함께 싸울 수 있도록 마련한 예비 활이었다. 조선시대에 무기는 원래 병사들 스스로 준비하도록 되어 있었으므로, 150명의 병사들은 모두 활을 자비해야 했다.

얼핏 들으면 상당한 실탄을 비축한 것처럼 보이지만, 그렇지도 않다. 유사시 소진에서 동원할 수 있는 활은 훈융진의 사례를 기준으로 했을 때 총 432개(150+282)다. 따라서 활 1개당 쓸 수 있는 화살은 117발이다. 마을 사람들을 제외하고 150명의 상주 병력만 싸운다고 하면 1인당 약 336발을 쏠 수 있다. 이는 1분에 5발을 쏜다고 할 때 1시간이면 떨어지는 양이다. 신중하게 화살을 사용해 1인당 하루 100발을 사용한다고 해도 상주 병력이면 3일, 마을 사람들이 함께 싸우면 하루 만에 없어지는 분량이다. 그러므로 적의 기습을 받았을 때 보루가 버틸 수 있는 시간은 하루에 불과하므로, 구원군도 그 안에 도착하지 않으면 안 된다. 하지만 이것이 쉽지 않았다.

여진족은 대개 저녁에 기습을 감행해 야밤에 전투를 했다. 거진에서 산하 소진의 습격 소식을 보고받더라도 산길이 험하고 계곡이 많아서 밤에는 구원군을 보내기가 쉽지 않았다. 여진족은 이 점을 노리고 계곡에 복병을 둔 후 밤사이에 마을을 털거나 보루에 총공격을 가했다. 그러니 일단 공격을 당하면 최소한 하룻밤의 악몽을 각오해야 했다.

진과 보루를 주요 교통로와 복병이 예상되는 모든 곳에 촘촘히 설치한다면 이런 문제를 해결할 수 있다. 하지만 보루를 많이 설치하면 병력과 비용을 충당할 수 없다. 그렇다고 보루가 적으면 경계망이 허술해지고 고립되어 기습에 취약해진다. 해결책은 절묘한 위치에 보루를 설치해 효율을 높이는 것뿐이었다.

조선 정부는 이 딜레마로 골머리를 앓으면서 끊임없이 보루의 위치를 재검토하고 조정했다. 오랫동안 조선이 국방을 소홀히 했다고 알려져 있지만, 이는 큰 오해다. 조선은 국방, 특히 여진족 문제는 아주 예민했다. 《조선왕조실록》에 보이는 여진 관계 기록의 상당수가 보루의 위치 조정, 경계 태세에 관한 논의였다.

하지만 아무리 네트워크를 정밀하게 구성해도 선 수비, 후 대응이라는 방식으로는 기습에 취약하고, 이를 사전에 방지할 방법이 없다. 그래서 여진족의 습격이 심해지거나 조선이 큰 피해를 입으면 국경을 건너 여진 부락을 소탕하는 초강수로 대응했다. 이 소탕전의 최고 성공 사례는 1467년의 건주 여진 정벌이었다. 대체로 지금의 강계 건너편, 고구려의 국내성이 있던 집안 부근에 이만주가 영도하는 건주 여진의 중심 부락이 있었다. 조선군이 이곳을 습격해서 마을을 부수고, 이만주와 그의 아들들을 살해했다. 이후로도 몇 번 큰 사건을 일으킨 후에 여진족의 기세는 상당히 수그러들었다.

선입견과 감정에 치우친 판단

16세기 후반, 여진족의 분위기가 다시 뒤숭숭해지기 시작했다. 1583년 봄 경원의 조선인 통역관이 여진 부락에 억류되었다. 이유는 알 수 없었지만, 크고 작은 사건은 늘 있었으므로 경원 부사 김수와 판관 양사의가 병력을 대동하고 통역관이 사로잡혀 있다는 우을지 부락으로 갔다. 김수가 도착했을 때 그곳에서는 여진족 추장들의 회의가 벌어지고 있었다. 회의 주제는 반란이었다. 조선 통역관이 억류된 이유도 우연히 이들의 모임을 탐지했거나, 추장들이 조선 측에 요구사항을 전달했는데 그것이 받아들여지지 않자 억류한 듯했다.

추장들이 우을지 부락에 모여 있고, 분위기가 심상치 않다는 첩보가 있었지만 김수 일행은 이를 무시하고 평소의 병력으로 출동했다. 자세한 규모는 알 수 없지만, 어쨌든 여진족을 충분히 제압할 수 있다고 생각한 모양이다. 하지만 현장에 도착한 김수 일행은 그곳에 모여 있던 여진족에게 포위당한다. 병사들은 거의 살해당하고, 무기와 군량도 빼앗긴 채 김수와 양사의만 간신히 탈출해서 돌아올 수 있었다. 내금위 출신의 백윤형이라는 무사가 있는 힘을 다해 포위를 뚫고 들어와 이들을 구해낸 덕택이었다.

우을지 부락의 승리 소식이 전해지자 이탕개를 중심으로 부근의 여진족이 일제히 봉기해 경원성을 습격했다. 집결한 여진족이 1만 명을 넘었다. 경원성은 여진족의 기세에 눌린 데다 엊그제의 패배로 병력도 줄어든 상태였다. 여진족을 막기 위해 경원의 부사, 판관, 만호 등 간부들이 총출동해서 성문을 하나씩 맡아 수비하기로 했다. 그런데 서문 방어를 책임진 만호 이봉수가 1만 명에 달하는 여진족을 보더니 겁을 먹고 달아나버렸다. 여진족은 이 사실을 탐지하고 서문을 뚫고 들어왔다.

성이 뚫리자 판관 양사의는 저항을 포기하고 향교로 도망쳐 아궁이에 숨었다. 하지만 김수는 이틀 전의 실수를 만회하려는 듯 병력을 데리고 관아로 달려가 최후의 방어선을 폈다. 그는 죽을힘을 다해 싸워 여진족 40여 명을 살해하고 관아와 창고, 무엇보다 무기고를 지켜냈다. 경원을 공격해온 여진족은 만주에서 온 무장집단이 아니라 경원 관내에 살며 조선의 통치를 받던 이들로, 무기나 훈련이 충분하지 못했다. 그들이 무기고까지 약탈했더라면 여진족의 전투력이 크게 신장되어, 조선군이 경원을 포기하는 결과를 가져왔을 수도 있다. 그랬다면 4군6진 개척 이래 거진이 정복당하는 초유의 사태가 발발했을 것이다.

관아는 지켜냈지만 다른 곳과 주민은 무방비 상태로 노출되었다. 수많은 주민이 죽거나 포로로 끌려갔으며, 민간의 곡식과 가축은 모조리 약탈당했다. 판관 양사의의 어린 첩도 납치되었다. 그녀는 끌려가면서 계속 양사의를 불렀지만 그는 아궁이 안에서 꼼짝하지 않았다. 다음 날 여진족이 다시 몰려와 경원성을 포위했다. 다행히도 직전에 온성부사 신립의 구원부대가 성으로 들어왔다. 신립은 겁에 질려 도망하려는 경원성의 병사들을 성벽에 세우고, 자신이 데려온 정예병과 함께 성을 사수했다. 하지만 신립도 급하게 오느라 정예 병사와 군관만 끌고 달려왔기 때문에 병력이 많지는 않았다. 여진족은 성을 세 겹으로 포위하며 압박했고 조선군은 화살로 대응했다. 조선군의 병력이 충분하지 않음을 본 여진족의 지휘관이 백마를 타고 성 밑까지 육박해서 공격을 지휘했다. 그가 여진족의 최고 장수였던 모양인데, 지나치게 호기를 부린 게 실수였다. 성 위에 있던 신립이 화살 한 발로 그를 거꾸러뜨렸다. 백마를 탄 장수가 쓰러지자 여진족은 포위를 풀고 도망쳤다.

간신히 적을 물리쳤지만 보고를 받은 조정은 노발대발했다. 선조는 크게 흥분해서 당장 김수와 양사의를 처형하라고 명령하고, 바로 선전관_{왕의 명령을 전하는 특별한 무관}을 집행관으로 임명해 파견했다. 의정부의 재상과 당시 병조판서였던 율곡 이이가 김수는 관아를 사수한 공이 있으니 처형은 면하게 해달라고 건의했다. 하지만 선조는 단호하고 완강했다. 법대로라면 장수를 압송해와서 재판을 하고 처형해야 했지만, 그마저도 용납하지 않았다. 전시의 군율을 적용해서 병사들 앞에서 김수와 양사의를 즉결처분 형식으로 사형시켜버렸다.

일벌백계는 조직을 경직되게 만들고
억울한 피해자를 생산한다

선조의 이 같은 처분에 대해 과도하다거나 김수와 양사의의 형량은 형평성이 맞지 않는다는 등의 반대 여론이 적지 않았다. 하지만 선조는 일벌백계라고 생각했던 것 같다. 선조 입장에서는 그럴만한 이유도 있었다. 경원성 사건은 경원성으로 끝나지 않고 두만강 일대 전 여진족이 봉기한 이탕개의 난으로 번졌기 때문이다. 그러니 강력하고 즉각적인 처벌로 4군6진 전체의 군기를 다잡아야 한다고 판단했을 것이다. 선조의 이 같은 판단은 또한 자신의 자제, 친인척, 학우나 제자를 지방관으로 파견하고 있는 권력가들에 대한 경고이기도 했다.

:: Strategy 3 :: 실패를 거울 삼아라 **163**

이 무렵 조선의 지방관제도는 상당히 부패해 있었다. 4군6진 지역만 해도, 여진족의 침략에 맞서 싸우면서 동시에 관내 여진족을 통치하기 위해서는 군사적 재능과 행정력을 골고루 구비한 수준급 인재를 파견하는 게 마땅했다. 15세기까지만 해도 이 같은 원칙이 어느 정도 지켜져서, 관찰사는 반드시 재상급에서 파견했고, 하급 수령 인선에도 신중을 기했다. 하지만 16세기가 되면서 재상들은 절대 평안도나 함경도 지방으로 나가지 않았고, 전국의 지방관 인사가 인맥과 뇌물이 얽혀 진행되었다. 파벌화도 심해져서《조선왕조실록》에는 김수보다 양사의의 처형이 더 불공평했다는 상식 이하의 비판도 실렸다. 김수의 직책은 부사 종3품이고 양사의는 판관 종5품인데, 직책이 높은 사람의 책임이 더 크다는 논리였다. 높은 사람의 책임이 더 큰 것은 사실이지만, 그렇다고 해서 양사의처럼 전장에서 도망친 죄가 더 가볍다는 논지는 잘못된 것이다.

이처럼 관리 인선부터 평가에 이르기까지 파벌과 억지주장이 횡행하고 있었으니, 선조는 조직의 인사관리 능력과 구성원의 능력을 믿을 수 없었다. 그래서 그는 일벌백계를 통해 조직의 질서를 잡으려 했던 것 같다.

철저히 분석하고 적절하게 도입한 상벌만이
조직을 굴러가게 만든다

만약 선조가 애초부터 파벌을 척결하고 합리적인 시스템을 구축할 수 있었더라면, 조직의 질서를 잡겠다는 목적으로 일벌백계와 같은 '편법'을 쓸 필요가 없었을 것이다. 흔히 일벌백계를 주장하는 사람들은, 개인적으로는 억울한 면이 있겠지만 전체를 배려해야 한다고 말한다. 전체의 이익을 위해서는 개인의 사정을 일일이 배려할 수 없다는 논리다. 하지만 일벌백계의 본질은 전체와 개인의 대립이 아니다. 조직이 정당하고 공정하게 운영되며 구성원들로부터 신뢰를 얻고 있다면 일벌백계가 필요 없다. 합리적인 규정에 의거한 처벌만으로도 충분하기 때문이다. 하지만 선조는 합리적 시스템 구축에 실패했고, 그 결과 억울한 죽음을 불러일으켰다.

때때로 일벌백계의 논리는 상급자의 책임을 회피하고, 모면하기 위한 방식으로도 곧잘 사용된다. 결과적으로 그 피해는 당사자뿐 아니라 구성원 모두에게 간다. 때로는 역으로 작용해 리더에게 무한책임을 요구하는 부작용도 따른다. 리더는 무한책임을 진다는 자세로 업무에 임해야 하지만, 합리성을 상실한 처벌은 전체 조직의 운영에 대단한 악영향과 더 심한 부조리를 남길 뿐이다.

기업에서 흔히 일어나는 조직개편 또한 그러하다. 매출이나 그 밖에 문제가 있을 때마다 리더는, 조직이 해이해졌기 때문이라고 생각하고 예산을 삭감하거나 기강을 확립한다는 명목으로 출퇴근을 체크하는 등 싸늘한 분위기를 만든다. 하지만 정작 모든 일이 왜 시작되었는지 모르는 채 한창 진행 중인 업무의 사업비를 삭감당하거나 야근을 강요당하는 직원은 불안과 불평만을 갖게 되는 악순환이 벌어진다. 근본적인 원인을 찾아내 제대로 평가하고 처벌이나 포상을 하는 것만이 조직을 제대로 굴러가게 할 수 있다. 하지만 우리 사회는 아직도 이 폐단에서 벗어나지 못하고 있다. 합리적 평가, 합리적 처벌이 조직 운영의 정도이자 최선의 방법이다.

16. 광성보 전투
경직된 관료주의가
패배를 가져온다

고려는 몽골의 침공을 60년간 막아냈다. 그 중심이 강화도였다. 그 덕에 강화도는 몽골을 막아낸 유일한 요새가 되었고, 난공불락이라는 명성을 얻었다. 하지만 난공불락이라고 믿었던 강화도가 병자호란에서는 하루도 버티지 못하고 함락되었다. 병자호란의 경험을 반성한 조선은 강화도의 재무장 작업에 착수했다. 강화에 대한 미련을 버리지 못한 이유는 강화도의 지형적, 입지적 위치가 워낙 중요했기 때문이다.

17세기 이후에 조선의 주적이 북방의 기마민족에서 바다에 등장하는 일본과 서구의 전함으로 바뀐다. 일본이나 서양의 군함이 한강을 따라 한양으로 들어올 우려가 있었는데, 한강을 따라 적의 전함이 서울로 들어오려면 반드시 강화도와 김포 사이의 좁은 수로를 통과해야 했다. 이 수로는 폭이 한강 정도로 좁은데다 물살이 빨라서 바람이나 물때가 맞지 않으면 배들이 거슬러 올라갈 수 없었다.

이 지리적 특성을 이용해 조선은 강화도의 해안과 강화를 마주보는 김포 지역의 해안에 대대적으로 성벽을 쌓고 포대를 건설했다. 조선 숙종 때 정부는 강화도 해안선 전체를 빙 둘러 50개가 넘는 돈대를 설치했다. 돈대는 50~200명의 인원을 배치할 수 있는 작은 포대로, 해안가의 언덕, 포구 근처 등 곳곳의 요충에 빠짐없이 만들어졌다. 병자호란 때 청나라의 대포에 호되게 당했는데, 서양에는 더 센 대포가 있다는 정보도 들어왔기 때문에 이에 대비하려는 목적이었다. 당시 조선은 콘크리트 공법을 몰랐지만, 화강암을 최대한 크게 잘라내 축조한 이 돈대들은 근대식 대포로도 파괴하기 어려울 정도로 단단하다.

외침의 위협이 높아진 대원군 시절에는 방어시설을 더 보강했다. 강화도만이 아니라 해협 건너 김포 쪽 해안선에도 방어시설을 빠짐없이 설치했다. 양쪽으로 상륙이 가능한 지점에 모두 해안 포대를 설치해서 그야말로 고슴도치처럼 빈틈없는 화망을 구축한 것이다. 그 결과 수로로 진입하는 적의 배들은 수로의 시작점에서 한강 입구까지 거의 14킬로미터 구간을 십자포화를 맞으며 통과해야 했다.

하늘을 덮은 포탄, 한 발도 명중하지 못하다

1871년 나가사키에 주둔 중이던 미국의 아시아 함대가 조선을 침공하는 신미양요가 일어났다. 1866년에 대동강에서 침몰한 제네럴셔먼 호의 책임을 묻겠다는 명분이었지만, 진짜 목적은 조선의 개항이었다. 존

로저스 제독이 지휘하는 아시아 함대는 거창한 이름과 달리 그 규모가 보잘것없었다. 군함 5척에 구명정 대용으로 쓰는 작은 증기선 몇 척, 대포 85문, 병사 1,230명이 전부였다. 미군 함대는 4월 초 남양만에 도착했고, 조선 정부와 교섭하고 수로도 측량하면서 천천히 서해안을 따라 북상했다. 마침내 그들은 강화도 수로까지 진출했다. 미군은 강화와 김포 사이의 이 좁은 바다를 염하鹽河라고 불렀다. 물은 짠데 폭이 좁아서 강인지 바다인지 불분명했던 모양이다.

미군의 출현이 보고되자 대원군은 즉시 어재연 휘하 600명의 병사를 급파했다. 이들은 대부분 포수 출신으로, 소속 군영들이 다른 것으로 봐서는 여러 부대에서 뽑은 정예병이었던 듯하다.

4월 14일 로저스 제독은 2척의 전함과 4척의 작은 증기선을 수로로 진입시켰다. 이 2척은 아시아 함대의 전함 중에서 작은 배들이었다. 작은 배를 진입시킨 이유는 목적이 탐색전이었으며, 수심이 얕아 보이고 암초가 많다는 점을 우려했던 것 같다. 이 수로에서 가장 위험한 지점이 광성보가 있는 손돌목 지점이다. 수로가 S자로 크게 휘는 이곳은 물살이 빠르고, 조선시대 내내 수백 척의 배를 침몰시킨 유명한 암초가 있었다.

미군이 조준선에 들어오자 광성보의 포수가 발포했다. 이를 신호로 양쪽 해안포대에 배치한 수백 문의 포가 일제히 불을 뿜었다. 미군의 목격담에 의하면 양쪽에서 발사된 포탄이 하늘을 새까맣게 덮었다. 장교와 수병 중에는 남북 전쟁에 참전한 병사들이 제법 있었는데, 이구동성으로 남북 전쟁 때도 그렇게 엄청난 포격은 경험한 적이 없다고 말했다. 잠시 후 그들은 또 한 번 놀라운 경험을 한다. 그 엄청난 수의 포탄 가운데 명중은 고사하고, 배 근처에 떨어지거나 심지어 물보라라도 배에 튀기는 포탄이 하나도 없었다.

　미군은 잠깐의 공포를 접고 이 신기한 불꽃놀이를 즐기기 시작했다. 배가 초지진과 덕포진을 지나 광성보에 근접했을 때, 한 수병이 해안선의 툭 튀어나온 곳을 가리켰다. 지금의 용두돈대가 있는 그곳에서 조선군 병사들이 전함을 향해 발포 준비를 하고 있었다. 수성용으로 개발한 기다란 화승총으로, 총신이 너무 길어서 Y자형 받침대를 거치해야 발사할 수 있기 때문에 일반적인 야전에서는 쓰이지 않았다.

　미군 병사들이 갑판에 우르르 몰려들어 자신들을 조준하고 있는 적군의 총을 신기하다는 듯 구경했다. 어떤 이는 망원경까지 꺼내 들었다. 특히 미군 병사들의 눈길을 끈 물체는 프라이팬처럼 생긴 접시였다. 그 안에는 숯불이 담겨 있었다. 조선의 사수가 신중하게 화승총을 조준하는 동안, 부사수는 부지깽이로 프라이팬에서 숯을 집어 도화선에 불을 붙였다.

　잠시 후 총성이 울리자 수병 2명이 어깨를 붙잡고 주저앉았다. 조선 사수가 멋지게 목표에 명중시켰던 것이다. 명중 가능성을 높이기 위해 산탄을 사용한 모양인데, 덕분에 부상은 아주 가벼웠다. 이 2명이 포격전에서 다친 유일한 사상자였다.

　미군은 해병대를 투입해서 진지 점령을 시도했다. 4월 23일 450명의 해병대와 200명의 수병이 초지진, 덕포진, 광성보를 차례로 함락시켰다. 그 중에서도 가장 격렬한 전투는 미군과 어재연의 수비대가 격돌한 광성보 전투였다. 광성보는 용두돈대 뒤쪽 언덕 정상부에 설치한 작은 원형의 요새다. 이곳에서 보면 손돌목 일대의 수로를 완전하게 감시할 수 있다. 어재연은 광성보에 사령부를 두고, 병사들을 용두돈대에서 철수시켜

▶ **강화도의 요새** | 강화도와 김포 사이의 수로는 좁고 물살이 빨라 배들이 전진하기 쉽지 않았다. 한양으로 들어가는 중요한 길목인 이곳을 방어하기 위해 조선은 마주 보는 강화도와 김포 지역에 성벽을 쌓고 포대를 건설했다.

광성보로 모았다. 미군의 강력한 함포에 노출되는 해안 돈대보다는 산 정상에 위치한 광성보에서 싸우는 것이 유리하다고 생각한 듯하다. 용두돈대에서 광성보로 오르는 비탈도 50~60도 정도로 제법 가팔랐다.

정답이었던 전술도
세월이 흐르면 낡아서 오답이 된다

미군이 상륙하자 광성보의 포수들은 맹렬하게 저항했다. 하지만 이들이 사용하는 총은 서양에서는 이미 300년 전에 사용하던 화승총이었다. 미군 사병들이 용두돈대에서 조준하고 있는 총을 신기하게 지켜보았던 것도 박물관에서 보던 총이었기 때문이다. 화승총은 부싯돌로 심지에 불을 붙이고, 이 불로 화약접시에 담긴 화약을 지져서 폭발시키는 방식이라, 장약을 재고 탄환을 넣는 절차가 복잡했다. 발사 속도는 1분에 두세 발이 전부였고, 발사할 때마다 총신에 화약찌꺼기가 심하게 껴서 여러 발을 쏘면 명중률과 위력이 뚝 떨어졌다.

용두돈대를 지나 광성보로 올라가는 비탈의 시작점에서 성벽까지는 겨우 150미터였고 화승총의 유효 사거리는 25미터 정도였다. 사거리가 긴 수성용 총을 사용했던 것 같지만, 미군이 비탈을 올라 성벽에 오기까지 발사 기회가 한두 번밖에 없었다. 미군의 소총은 남북 전쟁 때 개발한 단발식 소총과 연발 소총이었다. 현대의 소총보다는 발사 속도가 느리지만 사거리가 길고 정확도 또한 높았으며, 치명적이었다.

조선군 소총의 열악한 화력을 파악한 미군은 과감하게 돌격했다. 조선 병사들은 위축되지 않고 돌격을 저지하기 위해 총을 들었다. 하지만 성벽에 뚫어놓은 총안은 형식적으로 만든 것이라 시야가 좁아 이곳을 통해 사격할 수가 없었다. 결국 병사들은 성벽 위로 머리를 내밀고 사격을 해야 했다. 그런데 현대전의 개념으로 봤을 때 하늘을 배경으로 실루엣을 노출시키는 행위는 금기 중의 금기다. 게다가 화승총은 가늠자기 없어 소준하는 시간도 오래 걸린다. 이 실루엣은 저격병에게 좋은 표적이 되었다. 한마디로 광성보는 설계와 위치 선정에 치명적인 오류가 있었다. 적군과 아군 모두 사거리가 짧고 부정확한 화승총을 들고 싸울 때는 문제가 크지 않다. 하지만 현대전에서는 이야기가 다르다.

설상가상으로 미군의 포탄이 원형진지 안으로 떨어졌다. 조선군은 포격을 피할 방법이 없었다. 이 포격의 희생자도 상당했던 것 같다. 전투 후에 찍은 사진을 보면 어재연 장군의 지휘소도 포격에 파괴되었다. 더 이상 사격을 할 수 없게 된 조선군은 기왓장까지 집어던지며 저항했지만 결과는 변하지 않았다.

미군은 비탈에서 펼친 돌격전에서 1명이 전사하고 1명이 부상했다. 성에 근접했을 때, 맥기 대위가 단신으로 뛰쳐나가 성안으로 뛰어들었다. 맥기 대위는 해군사관학교 출신의 젊은이로, 학창 시절에 미남으로 유명했다고 한다. 맥기가 벽을 넘어서는 순간 조선군의 총알이 그를 쓰러트렸고 거의 동시에 창이 날아와 그를 찔렀다. 공명심과 조선군을 얕본 마음에 혼자 뛰어든 것이 실수였다. 조선군의 저항이 약했던 것은 형편없이 열세인 무기 탓이지, 조선군이 나약해서가 아니었던 것이다. 두 번째로 뛰어든 병사의 목격담에 의하면, 자신이 안으로 들어섰을 때 맥기 대위는 창을 든 한 무리의 조선군 병사 속으로 끌려 들어가고 있었다고 한다.

하지만 미군 후속병력이 침투하면서 백병전은 학살로 변했다. 조선군의 평균 키는 160센티미터 정도였다. 여기에 솜옷이 방탄이 된다고 해서 8월의 무더위에 병사들은 두터운 솜옷을 입고 있었다. 미군이 뛰어들었을 때는 거의 탈진 상태가 아니었을까 싶다. 조선의 장교들은 환도를 휘두르며 병사들을 격려했고, 사병들은 뒤뚱거리면서 창을 들고 달려들었다. 하지만 미군의 긴 팔과 총검은 여러 면에서 우월했다. 이 백병전에서 미군은 2명이 전사하고, 몇 명이 부상했다. 조선군의 희생자 수는 미군과 조선 측의 기록이 너무 달라 정확히 파악하기 어렵다. 50명이라는 설에서 300명이라는 설까지 있는데, 20여 명의 부상자를 포함해서 50~100명 사이가 아닌가 싶다. 아무튼 거의 전멸이었고, 살아남은 병사도 포로가 될 수 없다고 바다로 투신했다. 포로가 된 사람은 14명인데 거의 부상을 입고 생포되었다.

적을 공략하려면 자신도 위험을 감수해야 한다

전투가 끝난 후 미군은 그 이상했던 포격에 호기심이 당겼다. 도대체 왜 그렇게 정확도가 떨어졌던 것일까? 미군들은 당시 조선군이 보유하고 있던 포를 직접 보고 나서야 비로소 고개를 끄덕였다. 그들의 조사에 의하면 조선군 포는 19세기 미국에선 찾아보기 힘든 구식 블랑기포 16~17세기 개발였다. 이 포들은 포신을 상하좌우로 움직이는 장치가 없어서 조준선의 변경이 불가능했다. 포탄도 폭발하는 포탄이 아니라 철탄을 날려 타격하는 방식이었다. 당연히 정확도가 떨어질 수밖에 없었다.

그래도 의문이 완전히 풀린 것은 아니었다. 블랑기포는 포신이 고정되어 있지만, 크기가 작아 포수들이 들어서 움직이거나 밑에 삼각대를 밀어넣는 방법으로 조준선을 변경할 수 있다. 원시적이고 감으로 쏘는 사격이지만 숙련된 포수라면 의외로 정확한 사격을 할 수 있다. 정확도가 떨어진다고는 해도 포탄을 배 근처에도 날리지 못할 만큼 무용지물은 아니라는 말이다.

이 궁금증은 1980년 덕포진이 4대의 청동대포와 함께 거의 완전한 모습으로 발견되면서 풀렸다. 해안가에 구축한 포진지가 얼마나 견고했던지, 돌로 쌓은 전면 방어벽의 두께가 1미터를 넘었다. 근처에 있는 군이 현재 사용하는 해안진지보다도 튼튼했다. 지붕도 갖춘 유개진지에 포구는 겨우 포탄 한 발이 통과할 정도로 좁았다. 여기로 포를 발사하려면 포탄이 약 1미터의 좁은 통로를 통과해야 한다. 조준이 조금만 잘못되어도 포탄이 포구 벽에 부딪힐 판이었다. 그래서 나무들을 이용해서 포를 고정시키고, 반동으로 조준선이 뒤틀리는 것을 방지하기 위해 포 뒤에는 큰 돌까지 박아뒀다. 이것이 문제였다. 포가 완벽하게 고정된 바람에 조준을 변경할 수 없었다. 적함에 파괴될 염려는 없지만 적함을 맞출 수도 없는 기묘한 포대가 되고 만 것이다.

강화 수로를 따라 설치된 수백 문의 포대가 모두 이런 식이었다. 그래도 워낙 포가 많으니 수백 문의 대포가 일제히 화망을 구성하면 적함을 맞출 수 있지 않을까? 여기에 또 오산이 있었다. 서양의 배는 돛단배가 아닌 증기선이었다. 그들은 돛단배보다 훨씬 빠르게 움직였고, 돛단배로는 항진 자체가 불가능한 조류에도 거슬러 올라갔다. 게다가 포탄은 직사가 아닌 곡선 궤도로 날아간다. 그러니 도면에 그린 직선상의 십자포화는 피할 곳이 없지만, 실제로는 피할 공간이 너무나 많다.

새로운 것을 받아들이는 유연한 사고가 필요하다

광성보의 조선군은 더할 나위 없이 용감하게 싸웠다. 미군도 감탄을 금치 못할 정도였다. 강화도 수비에 들인 국가의 노력도 결코 적지 않았다. 많은 사람들이 알고 있는 바와 달리, 조선은 군비를 결코 소홀히 하지 않았다. 하지만 결과는 처참했다.

덕포진의 포대에는 또 하나의 문제점이 숨어 있었다. 그것은 조선의 관료주의와 경직된 행정체계였다. 무기와 전술이 형편없는 열세이기는 했지만, 세계 전쟁사를 살펴보면 창과 활로 총과 대포를 이긴 전투도 없지 않다. 강화도의 요새화 작업이 좀 더 유연하고 현실적 사고로 구축되었다면 미군도 상당한 희생을 감수해야 했을 것이다.

조선의 군이 서양의 철선을 상대하는 무기를 만들려는 노력을 하지 않은 게 아니다. 물속에서 발사하는 대포를 구상하고 개발을 시도하기도 하고, 잠수부를 훈련시켜 적선의 배 밑에 구멍을 뚫는 생각도 해보았다. 하지만 시대에 훨씬 뒤떨어진 기술 수준에서 이런 아이디어는 무용지물이었다. 대포는 맞춰도 튕겨나올 뿐이고, 잠수부는 철선에 구멍을 낼 장비도, 그렇게 오래 물속에 머무를 방법도 없었다.

이런 상황인데도 조선은 산업을 진흥시키거나 선진기술을 배우려고 하지 않았다. 세계가 어떻게 바뀌든 오직 우리의 관점과 기준으로 전쟁에 대비하려는 태도가 문제였다. 이런 일은 오늘날에도 끊임없이 벌어지고 있다. 과도한 관리, 효율성과 현실성을 무시하고 형식과 외형만 강조하는 행정 방식, 겉보기에 그럴듯함이 가장 중요한 보고서와 기안서, 부정을 방지하고 책임지기 싫다는 이유로 현장의 개별성과 융통성을 인정하지 않는 경직된 조직구조…. 이런 것들이 개인의 엄청난 노력과는 상관없이 얼마나 허망한 결과를 낳는지를 깨달아야 한다.

17. 과달카날 전투
자신의 부족함을
겸허히 인정하라

동물의 세계에서 먹이사슬의 맨 위에 있는 동물은 사자와 호랑이다. 그런데 중세의 왕과 영주, 기사들은 자신들의 문장이나 방패에 새겨넣는 동물로 호랑이보다 사자를 압도적으로 선호했다. 호랑이는 시도 때도 없이 상대를 가리지 않고 덤벼드는 습성 탓에 꺼려졌다. 한마디로 호랑이는 지나치게 사납고 표독스럽기 때문에 '용맹한 장수'의 이미지로는 제격이지만 지도자의 상징으로는 심각한 결함이 있었던 것이다. 자고로 지도자는 힘과 능력도 있어야 하지만, 무엇보다 중요한 것이 여유와 관용이다. 이 점에서 숲에 숨어 있다가 소리 없이 확 튀어나오는 호랑이나 표범보다는 푸른 초원에 배를 깔고 누워서 여유롭게 세상을 관망하는 사자가 압권이다.

그 여유와 풍모에 매료되고 보니 왕과 사자의 공통점이 더욱 눈에 띄었다. 수사자는 사냥이나 힘든 일은 아랫것들에게 맡긴다. 진짜 왕다운 맹수다. 무리의 암컷은 모두 자기 것이라는 점도 마음에 들었을 것이다. 쓸데없는 싸움도 하지 않는다. 유일한 전투, 즉 무리의 주도권을 놓고 수사자 간의 결투를 행할 때도 생사를 건 혈투를 벌이지 않는다. 서로 마주 보고 한두 번의 펀치 교환으로 승자를 결정한다.

본성이 아니라 배경에서 답을 찾아라

그런데 야간 관측장비 발달로 학자들이 사자의 밤 생활을 연구할 수 있게 되자 수사자의 이미지가 허상임이 드러났다. 수사자가 사냥을 하지 않는다는 것도, 배고플 때가 아니면 웬만한 동물을 못 본 척하는 관용적 성품을 지녔다는 것도 사실이 아니었다. 밤이 되면 수사자도 열심히 뛰어다니며 사냥하기 바빴다.

수사자들의 결투도 고속촬영으로 분석해보니 서로 필살기를 교환한다는 사실이 밝혀졌다. 무술고수의 손발이 보이지 않아 사자후나 장풍으로 쓰러트렸다는 오해가 발생하는 것처럼, 사자가 공격하고 빠지는 속도가 너무 빨라서 점잖게 서로 한 대씩 치고받는 것처럼 보였던 것뿐이었다.

진실에 대면하고 보니 문득 솟아나는 의문이 있다. 대부분의 포식자가 야행성이라는 것은 사냥꾼이라면 다 아는 평범한 진리다. 그런데 왜 사람들은 그 오랜 세월 동안 낮에 보여주는 모습이 사자의 진면목이라고 믿었을까?

중요한 원인 중 하나가 '본성에 대한 믿음'이다. 우리는 인간 개개인이나 각 동물들에게는 자신만의 고유한 본성이 있다고 믿는 경향이 있다. 그러다 보니 인간이나 동물의 행태를 관찰할 때도, 그가 왜 그런 행동을 하는지 행동의 배후와 원인을 찾기보다는 본성의 결과라고 낙인찍고 싶어한다.

초식동물에게 가장 위험한 순간이 잠잘 때와 물을 마실 때다. 기린, 물소, 영양 등은 누워서 자지 않으며, 샘에 머리를 박고 물을 마시지도 않는다. 아이들에게 이렇게 말하고 동물원에 가보면 이 동물들이 한가롭게 누워서 자고 있고, 물통에 머리를 처박고 벌컥벌컥 마셔댄다. 야생에서 그들이 눕지 않는 이유는 본능의 소산이 아니라 육식동물의 위협 때문이다. 마찬가지로 초원에 엎드린 사자가 꾸벅꾸벅 조는 것은 사자가 특별히 여유를 즐기는 본성을 지니고 있어서가 아니다. 밤에 사냥하느라 잠을 자지 못했기 때문이며, 또한 감히 잠자는 사자를 건드릴 동물이 주변에 없기 때문이다.

그렇다고 동물에게 고유한 본성이 없다는 것은 아니다. 하지만 본성이 사회와 조직에 미치는 영향은 우리가 생각하는 것보다 적다. 전쟁터나 경영 현장에서 의미 있는 행동은 거의 본성이 아니라 다른 원인이 있다. 따라서 행동의 원인을 본성 탓으로 돌리다 보면 현상의 진짜 원인을 놓치게 된다. 한마디로 사유와 분석이 마비되는 것이다. 동물의 세계만이 아니라 인류 역사에서도 이런 실수가 반복되었다. 그 결과는 상상 이상으로 치명적이었다.

공격하려는 자와 방어하려는 자는
마음가짐이 다르다

제2차 세계대전은 전쟁사에서 제해권과 제공권의 중요성을 각인시켜준 전쟁이었다. 그렇지만 이때까지도 최종 승부는 지상전에서 결정되었다. 태평양 전쟁에서 미군과 일본군이 최초로 마주친 지상전은 과달카날 전투다. 실제로는 필리핀 전투에서 마주친 것이 최초였지만, 필리핀의 미군은 주력부대라고 하기는 곤란하다. 양측이 제대로 자웅을 겨룬 전투는 과달카날이 최초일 것이다.

과달카날은 호주 동북쪽에 위치한 솔로몬 군도의 주섬이다. 섬의 면적은 6,500제곱킬로미터로 제주도의 3.5배나 되지만 태평양에서는 작은 섬에 속한다. 인구 또한 극히 적고 섬은 거의 정글로 뒤덮인 오지였다. 1942년 일본군이 이 섬에 상륙하더니 비행장을 건설하기 시작했다. 일본군이 이 섬을 장악하면 호주가 일본군의 공습권에 들어가고, 미국에서 호주로 가는 해상수송로가 봉쇄된다. 당시 호주는 전쟁 준비가 전혀 되지 않은 국가로, 모든 전쟁 물자를 미국에 의존하고 있었다. 따라서 해상 수송로가 끊기면 호주는 전쟁 불능이 될 상황이었다. 호주마저 일본의 수중에 떨어지면 미국은 태평양에 발을 붙일 전진기지를 상실하게 되어, 결과적으로 태평양을 일본에 완전히 넘겨야 했다. 하와이에서 함대와 해병대가 출동해서 태평양의 섬에 상륙을 시도한다는 것은 불가능한 일이었다.

사태가 급박해지자 미군은 반격을 결심하고, 1942년 8월 1만 1,000명의 해병 1사단을 과달카날에 상륙시켰다. 이 작전은 미군으로서는 대단한 모험이었다.

섬에서 싸우려면 제해권과 제공권을 장악해야 한다. 하지만 바다와 하늘의 강자는 일본군이었다. 과달카날에 상륙군을 수송할 때도 미군은 일본군에게 들킬까봐 전전긍긍했다. 행여 일본군에게 들키면 사단이 통째로 수장될 판이었다. 다행히 섬에 무사히 도착하기는 했다. 그런데 겁에 질린 미군 함대가 병사만 상륙시키고, 보급품을 절반도 내리지 않은 상태에서 일본군이 온다는 소문을 듣고 내빼버렸다. 탄약 역시 절반도 양륙하지 못했다. 졸지에 미 해병대는 섬에 버림받은 꼴이 되었다. 다행히 미군을 먹여 살린 것은 일본군이 축적해둔 쌀이었다. 미군은 일본군 주둔지에서 해병 1사단 전부가 열흘은 먹을 수 있는 쌀과 식료품을 찾아냈다. 미군의 반격을 전혀 예상하지 못했던 일본군은 선발대로 300명 정도의 공병만 파견한 상태에서 나중에 올 본대를 위해 군수품을 미리 쌓아놓았던 것이다.

하지만 그 뒤로도 미군의 보급은 불안했다. 과달카날 전투는 아마 20세기를 통틀어 미군이 탄약 결핍을 걱정하고, 통조림을 나눠 먹으며 싸운 거의 유일한 전투였을 것이다. 전투가 끝난 후에 보니 해병 1사단 병사 3분의 1이 체력 고갈로 전투 부적합 상태였다. 힘이 없어서 함정으로 이어진 밧줄 사다리를 오르지 못하는 병사도 있을 정도였다.

한편 일본군은 최초의 지상전에서 승리할 수 있는 확실한 카드를 쥐고 있었다. 보급로가 불안한 미군이 소모전을 감당할 수 없었기 때문이다. 실제로 미군 지휘부는 소모전을 예상하며 불안에 떨었다. 이 밖에도 여러 조건이 일본군에게 유리했다. 미 해병대는 전투 경험이 전혀 없는 반면에 일본 육군은 1930년대부터 중국에서 남태평양까지 지구의 한

단면을 종단하며 싸워왔다. 미군은 섬의 지형도 제대로 파악하지 못했는데, 정글로 도주한 일본군은 미군 진지에 대한 완벽한 정보를 사령부로 보내주었다. 하지만 일본군의 이 자신감이 전투를 이상한 방향으로 끌고 갔다.

미군의 규모에 대해 정확히 파악했을 것이 틀림없는데도, 일본군 사령부는 과달카날 탈환부대로 겨우 1개 연대, 3,400명만을 차출했다. 괌에 주둔 중이던 7사단 28보병연대였다. 연대의 지휘관인 이치키 기요나오 대령은 중국에서부터 싸워온 역전의 맹장으로 관동군 최고의 대령이라는 칭송을 받는 인물이었다.

병력 면에서 열세였지만, 일본군은 자신감이 넘쳤다. 이치키 대령은 본대의 도착조차 기다리지 않고 선발대 900명만으로 공격을 감행했다. 미군 따위는 일본군의 함성만 들어도 무너질 것이라고 생각한 것이다.

8월 21일 새벽 2시 40분, 이치키는 돌격을 감행했다. 공격로는 일 강하구(당시 미군은 이곳이 더 동쪽에 있는 테나르 강인 줄 알았다. 그래서 공식 기록에는 테나르 강 전투로 기록되어 있다), 강과 바다가 만나는 곳으로 악어가 많아 엘리게이터 크릭이라고 불렀다.

일본군은 선제 사격과 박격포로 자신들의 공격 사실을 알리고, 정글에서 뛰쳐나와 강 하구를 건너 돌격해 들어왔다. 일본군 특유의 무시무시한 함성과 돌격이었으며, 일부는 총 대신 번쩍이는 일본도를 들고 있었다. 하지만 그들을 맞이한 것은 철조망과 맹렬한 기관총 세례였다. 미군에게는 이 상황이 마치 움직이는 목표물을 쏘아 맞추는 사격연습장 같았다.

첫 번째 돌격이 실패하자 이치키 대령은 바닷가로 나와 해변 모래사장으로 돌격했다. 미군 입장에서는 지난 번 보다 더 쉬웠다. 모래톱이 시체로 뒤덮여도 일본군은 후퇴하지 않았다. 쓰러진 병사는 죽을 때까지 방아쇠를 당겼다. 날이 밝자 미군은 눈앞에 펼쳐진 광경에 경악했다. 해변에 일본군 시체가 빽빽하게 드러누워 있었다. 그곳에서 찾은 시신만 800구였고, 생존자들도 대부분 부상으로 정글에서 죽었다. 이치키 대령은 연대기를 태우고 자결했다. 이로써 7사단 28보병연대는 영구히 소멸되었다. 미군 전사자는 43명이었다.

계획은 명료하게, 현장에서는 융통성 있게

한 달 후 약 4,000명으로 증원된 일본군이 다시 공격을 감행했다. 이 공격은 훨씬 위협적이었다. 아직도 병력 수는 미군이 많았지만, 일본군이 한 지점을 집중공략해오면 불리한 상황이었다. 미군은 방어선이 넓어 전체 전선을 지키기에도 병력이 모자랐고, 예비대도 부족했기 때문이다. 하지만 미군은 일본군의 공격목표를 정확히 예측했다. 과달카날 전투의 시발점이 된 핸더슨 비행장이었다. '피로 물든 언덕'이라는 별명이 붙게 되는 비행장 앞 작은 고지에 미군은 가장 믿을 만한 부대를 투입했다. 해병대 중에서도 최정예인 '레이더스'였다.

에드슨 중령이 지휘하는 800명의 레이더스 부대는 그들 최초의 신화를 이 언덕에서 썼다. 일본군은 매섭게 공격해 방어선을 뚫는 데 성공하기도 했다. 하지만 야간전투가 주는 특유의 혼란 때문에 부대 간의 협조가 원활하지 않았다. 전투는 이틀간 지속되었다. 레이더스에서도 겁에 질려 퇴각하고 달아나는 병사가 없지 않았다. 하지만 전투가 지속되면서 현명한 장교와 고참병들은 일본군의 이상한 특징을 발견했다.

일본군은 준비성이 투철하고 정밀한 집단이다. 그 탓에 일본군의 부대별 배치와 포진, 작전 명령이 너무 교묘하고 복잡했다. 누가 더 복잡하게 만드는지 경쟁하듯 복잡하게 만들어야 직성이 풀리는 것은 일본군의 공통된 특성이었다. 이렇듯 작전이 복잡하다 보니 현장에서는 늘 뭔가가 어긋나고 부대 간 협조가 제대로 되지 않았다.

반면 그들은 협력공격이 잘 안 되는 약점을 상쇄하려는 듯이 무모할 정도로 정면돌격을 선호했다. '준비는 철저하게 전투는 맹렬하게.' 옳은 말 같지만 사실은 그 반대가 되어야 한다. 계획은 명료하고, 현장에서는 융통성을 최대한 발휘해야 싸움에 이긴다. 하지만 일본군은 언제나 그 반대로 했다. 무모한 돌격은 융통성 부족의 극치였다.

노련한 미군 병사들은 일본군의 돌격이 점점 산만해지고, 돌격은 하는데 그 다음에는 어디로 갈지, 무엇을 해야 할지 모르는 경우가 증가한다는 사실을 발견했다. 말 그대로 돌격이 처음이자 끝이고 전부였다. 처음에는 어둠속에서 일본군이 여기저기 제멋대로 튀어나오는 데 놀랐다. 어떤 일본군은 혼자서 사령부까지 와서 지휘관에게 달려들었다. 하지만 정신을 차리고 보면 그들의 신비하고 초인적인 전술은 일본군이 생명과 힘을 낭비한 결과였다. 침착하게 대응하면 이들은 손쉬운 사냥감이었다. 피로 물든 언덕의 전투는 다시 일본군의 참패로 끝났다. 전사자는 일본군 700명, 미군 59명이었다.

10월 일본군은 드디어 2만 명으로 증원되었고, 야포 같은 중화기까지 장비했다. 하지만 중화기를 이동시키기 위해 일본군은 직접 야포를 끌고

비가 쏟아지는 정글을 헤치고 길을 내면서 걸어야 했다. 병사들은 완전 군장에 포탄 1발씩을 추가로 짊어졌다. 그리고 무게를 줄이기 위해 식량을 반으로 줄였다. 이런 상태로 하루에 10킬로미터씩 5일 동안 정글을 횡단했다. 별것 아닌 거리 같지만 발도 딛기 힘든 정글 10킬로미터는 상상을 초월한 고통을 안겨준다. 게다가 비까지 쏟아져 진흙탕이었다. 일본군은 정신력을 보여준 극한의 행군을 해냈다. 하지만 그 과정에서 지칠 대로 지쳤다.

피로 물든 언덕에서 미군은 일본군과 육박전을 벌이면서 고지를 사수했다. 존 바실런이라는 기관총 분대 하사관은 기관총 진지가 돌파당하자 앞만 보고 돌격하는 일본군을 뒤따라가면서 권총과 단검 한 자루로 수십 명의 일본군을 죽였다. 바실런은 나중에 이오지마에서 전사했는데, 그의 이름을 딴 함정이 건조될 정도로 미 해병 최고의 영웅이 되었다. 그런 바실런의 성공에는 앞만 보고 달리는 일본군의 이상한 돌격도 한몫했다. 전투가 끝났을 때 언덕 비탈에는 9,000명의 일본 병사들이 누워 있었다.

단단한 정신력은 꼭 필요하지만
모든 것을 해결해주지는 않는다

태평양 전쟁에서 일본군은 곧잘 총 든 미군을 향해 일본도를 휘두르며 덤벼들었다. 너무 놀라서 총을 든 채, 칼에 베인 경우도 없지 않다고 한다. 사무라이 정신에 대한 일본군의 집착은 맹신에 가까웠다. 전투기

조종사들이 일본도를 차고 비행하는 것도 허용했다. 일본도의 용도는 차치하고, 팔을 움직이기도 힘들 정도로 좁은 조종석에서 일본도를 어떻게 거치했는지 모르겠다.

사무라이 정신에 대한 집착에는 꽤 깊은 사연이 있다. 한중일은 모두 문화강국이라는 자부심을 오랫동안 지녀왔다. 그러다가 근대 서양문명이 밀려오자 엄청난 충격을 받았다. 열세를 인정하고 서구 문명을 배우기로 했지만, 상처는 상처였다. 이를 치료하기 위해 '물질문명과 육체적인 부분은 서양이 앞서지만, 정신은 동양이 앞선다'는 이상한 논리가 탄생했다. 이런 생각은 오늘날까지 우리 사회에서도 쉽게 접할 수 있는데, 중국과 일본도 똑같다. 그런데 일본은 침략전쟁을 시작하면서 이런 태도가 사무라이 정신으로 특화되었다. 서구 제국에 비해 떨어지는 산업력을 사무라이 투혼으로 극복하고자 시작한 사무라이 숭배는, 과거 억눌렸던 자존심에 대한 반작용까지 더해져서 '사무라이 정신은 무적'이라는 공식으로 발전했다. 그러더니 승리한 모든 전투의 원인을 사무라이 정신으로 돌렸다.

이런 태도가 결국 전술의 장점과 승리 원인에 대한 객관적 분석을 포기한 채, 한번 승리하면 그 전술을 맹목적으로 되풀이하도록 만든 것이다. 일본군의 만세돌격만 해도 청일 전쟁, 러일 전쟁, 중일 전쟁에서 모두 기다란 효과를 보았다. 하지만 거기에는 중국군과 러시아군의 훈련 부족, 심각하게 결여된 전투의지, 대륙의 평원이라는 특수한 자연환경이 결합한 원인이 있었다.

하지만 과달카날은 환경이 달랐다. 정글 10킬로미터는 중국의 평원 100킬로미터보다 먼 거리였다. 미 해병대는 전투 경험이 그다지 없었지만 훈련과 전투의지는 확고했다. 태평양의 고도는 도망칠 곳도 없어 물러서면 죽음이었다. 그리고 태평양 전쟁 어디서나 그랬지만 돌격지점이 너무 좁고 뻔했다. 그런데 일본군은 이런 객관적 조건을 모두 무시했다. 일본군이 좀 더 침착하고 합리적으로 공격했더라면 미 해병대를 물리칠 수 있었을 것이다. 과달카날 전투가 끝난 뒤 한 미군 장교는 다음과 같은 보고서를 작성했다.

'일본군에게 무기는 단지 액세서리에 지나지 않는다. 이런 점의 배경에는 일본문명의 정신이 미국문명보다 뛰어나다는 생각이 깔려 있다. 이것이 야마토 정신의 근본이며 미국에 대한 경멸감의 원인이기도 하다. 이런 일본인의 의식도 이 전쟁을 통해 변하겠지만, 잘못을 깨달을 때까지는 상당한 희생이 불가피할 것으로 예상된다.'

이 보고서는 대단히 정확한 예언이었지만 한 가지가 틀렸다. 엄청난 희생에도 민족성을 중시하는 일본의 태도는 현재까지도 변하지 않았다는 것이다. 이런 점은 우리 사회도 마찬가지인데, 21세기 들어 한국의 경제와 국력이 성장하면서 자신감도 성장한 탓인지, 한국적인 것과 한국의 정신에 대한 신뢰가 눈에 띄게 늘었다. 하지만 눈을 조금만 남쪽으로 돌리면 이런 태도가 얼마나 무서운 결과를 초래하는지를 알려주는 증거가 있다. 태평양 전체가 사무라이 정신의 거대한 무덤이다.

::Strategy 4::
멀리 가려면 함께 가라

18. 크레시 전투
투철한 프로가
고상한 아마추어를 이긴다

100년 전쟁이 진행 중이던 1346년 여름, 영국 왕 에드워드 3세가 소규모 부대를 이끌고 프랑스 노르망디의 라 오그에 상륙했다. 에드워드 3세의 병력에 대해서는 여러 가지 설이 많은데, 9,000~2만 명으로 짐작된다.

이 부대는 원래 프랑스 왕의 공격을 받고 있는 영국령 가스코뉴^{프랑스 남서부의 옛 지명}를 돕기 위해 편성한 증원 부대였다. 영국의 플랜태저넷 왕가는 프랑스에서 이주한 가문이어서 프랑스에도 자신의 영지가 있었다. 가스코뉴도 그 중 하나였다.

에드워드 3세는 항해 도중 역풍을 만나 원래 목적지가 아닌 노르망디로 밀려와버린 것이다. 그는 상륙한 김에 군대를 진군시켜 7월 20일 캉^{프랑스 북서부 칼바도스 주의 주도}을 함락하고 약탈했다.

통일 신라 이후 한국에서는 왕이 직접 전투를 지휘한다는 건 상상할 수 없는 행동이었다. 혹 전투에 얽혀들었다고 해도 전술적 목표가 사라졌다면 당장 철수해야 했다. 한 나라의 국왕이 적의 영토 안에서 한가하게 약탈 전쟁이나 벌이는 것은 상상할 수 없는 일이었다.

하지만 에드워드 3세에게는 그냥 돌아갈 수 없는 사정이 있었다. 이를 이해하기 위해서는 우선 당시 군대의 특성을 살펴보아야 한다. 봉건제 사회에서 왕권을 강화하기 위해 왕에게는 상비군이 필요했다. 이에 따라 왕의 군대는 영주와 기사로 구성된 이전의 편제에서 점차 벗어나 소수의 귀족 장교와 기사를 제외하고는 대부분이 보수를 받고 참전하는 직업군인으로 편성되었다. 탁월한 기사를 발견하면 월급을 주고 고용해서 용병 대장으로 변모시켰다.

국왕은 군대를 직접 관리해야 했다. 또한 고용병 제도로 전환하자 군대를 만들고 유지하려면 돈이 필요했다. 이 비용은 현대인의 상상을 초월한다. 에드워드 3세가 자신의 영지에서 얻는 수입이 1년에 3만~4만 파운드였다. 그런데 과거 전투에서 2만 3,000명의 병력으로 두 달 동안 공성전을 했을 때 들어간 비용이 6만 파운드였다. 에드워드는 이번에 다시 가스코뉴 증원 부대를 편성하기 위해 꽤 많은 투자를 했다. 비록 엉뚱한 곳에 상륙했더라도 밑천은 뽑고 돌아가야 했다.

그런데 약탈물을 챙겨들고 해안으로 돌아오니 배들이 모두 달아나고 없었다. 에드워드 3세가 살 길은 빨리 프랑스 땅을 횡단해서 지금의 프랑스와 벨기에 사이에 있는 플랑드르 지역으로 들어가는 방법뿐이었다. 플랑드르의 수공업자들은 영국에 우호적이었기 때문이다.

한편 영국의 왕이 캉을 약탈하고, 프랑스에 고립되어 헤매고 있다는 소문을 들은 프랑스 왕 필립 6세는 바로 가스코뉴 공격을 중단하고 에드워드 3세를 잡기 위해 달려왔다. 덕분에 에드워드 3세는 가스코뉴의 포위를 푸는 본래의 목적은 달성했다. 하지만 그 대가로 자기 목숨을 내놓아야 할 판이었다.

필립 6세는 전국 각지의 영주에게 소집령을 내렸다. 프랑스도 영국식 고용병 제도를 도입하긴 했지만, 아직은 영주와 기사의 충성에 의존하는 중세적 징병제도가 중심이었다. 일부 고용병 부대는 외국인 용병이었다. 고용병과 용병의 차이가 애매하기는 하지만, 국왕에 대한 충성도와 도덕성, 전투 의지에 약간의 차이가 있다고 봐야 할 것이다.

버림받은 왕과 용병부대

쫓고 쫓기는 추격전이 벌어졌다. 프랑스군은 전 병력이 모일 때까지 에드워드 3세의 퇴로를 차단하고 현 위치에 묶어두고자 했다. 센 강의 강변에 있는 모든 배를 북쪽으로 옮긴 후 강의 다리를 끊고, 도하지점에 수비대를 배치했다. 갈 길 바쁜 영국군은 센 강의 도하지점을 찾기 위해 강을 따라 계속 동진할 수밖에 없었다. 마침내 파리에 거의 다 와서야 프랑스가 미처 끊지 않은 다리를 찾아냈다. 수비대가 지키고 있었지만, 영국군은 수비대를 격파하며 돌파했다.

솜 강에서 영국군은 다시 한 번 완벽하게 함정에 갇혔다. 앞에는 강, 뒤에는 프랑스군이 있었다. 강 건너 언덕에도 프랑스군 3,500명이 포진하고 있었다. 그 중 500명 정도가 중무장한 기사와 중갑보병이었다.

1346년 8월 23일, 에드워드 3세는 강을 건널 방법을 가르쳐주는 사람에게 후한 상을 주겠다고 현상금을 걸었다. 지역 주민 한 명이 썰물에 걸어서 건널 수 있는 얕은 여울을 가르쳐주었다. 강물은 겨우 허리까지 찼다. 영국군의 후위부대가 추격해오는 프랑스군을 막고 있는 동안, 전위부대는 강 건너편에 포진한 프랑스 수비대를 격파했다. 영국군 궁수들이 강 중간까지 걸어 들어가 화살 세례를 퍼부은 것이다. 로빈 후드의 활로 유명해진 장궁은 영국군 최고의 비밀병기로, 프랑스군이 사용하는 석궁보다 사거리가 5배나 길었다. 위력 또한 막강해서 갑옷으로 중무장한 기사와 말을 한 번에 꿰뚫을 정도였다. 프랑스군이 사격을 버티지 못하고 강 언덕에서 퇴각하자 영국의 장갑보병들이 재빨리 진격해서 강 언덕을 확보했다.

영국군이 이렇게 아슬아슬하게 솜 강을 건넜지만 행운은 여기까지였다. 노르망디에 상륙한 지 벌써 한 달 반이 지났다. 영국군은 너무 지쳐 더 이상 프랑스군보다 빨리 움직일 수 없었다. 이대로 무모한 행군을 계속하다가는 체력이 바닥날 게 뻔했다. 이런 상황에서 프랑스군의 공격을 받으면 제대로 저항할 수조차 없을 것이었다. 싸움을 피할 수 없다면 체력이 남아 있을 때 싸워야 했다.

대처 불가능한 상황은 고려하지 말고 대처 가능한 상황에만 집중하다

영국군이 결전을 각오한 곳은 크레시 마을 근처의 작은 언덕이었다. 8월 26일, 에드워드 3세는 예하 부대에 수비대형을 갖추고 참호를 파라고

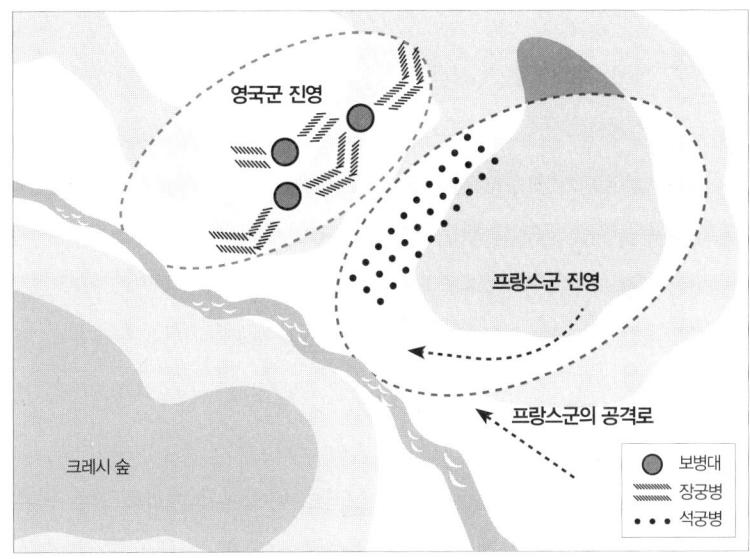

▶ **크레시 전투 전황도** | 프랑스군의 진영에서 보면 IV자 형태로 길이 있는데 왼쪽은 시냇물이 천연장벽을 형성해주는 가파른 도로인 반면 오른쪽은 완만한 비탈이었다. 프랑스군은 왼쪽 길을 따라 집요하게 영국군을 공격했다.

지시했다.

영국군은 크레시 숲을 배경으로 언덕에 일자로 포진했다. 영국군이 포진한 전선의 길이는 약 1.8킬로미터였다. 중앙은 산비탈을 깎아 만든 계단형 경작지로 3난으로 구성되어 있었다. 폭은 300미터 정도로 좁고, 층이 져 있어 기병의 돌격에 장애물이 되어주었다. 우익에는 숲 가장자리를 따라 작은 시냇물이 흘러 천연장벽을 형성했다. 비탈도 가파르고 경사로의 길이는 270미터나 되었다. 하지만 좌익은 안타깝게도 경사가 거의 없는 완만한 비탈이었다.

프랑스군 쪽에서 보면 프랑스군 진지가 있는 곳에서 영국군 쪽으로

도로가 IV자형으로 나 있었다. 프랑스군은 꼭짓점 부분에 있고, 크레시 언덕은 V자로 갈라진 도로의 끝부분에 두 도로를 연결하듯이 수평으로 놓여 있었다.

도로는 프랑스군에게 둘로 나뉘어 영국군의 양익을 공격하라고 말하고 있었다. 프랑스군의 병력에 대해서는 10만 명설에서 1만 명설까지 있어 종잡을 수가 없지만 최소한 영국군의 3배는 되었다는 것이 정설이다. 따라서 프랑스군이 병력을 셋으로 나눠 영국군을 양익에서 공격하고, 중앙은 전면의 영국군을 견제했더라면 영국군을 꼼짝 못하게 할 수 있었다.

3배 정도 되는 병력을 셋으로 나누면 영국군에게 각개격파 당할 위험이 있다고 볼 수도 있다. 하지만 지형상 영국군이 프랑스군의 한 측면 부대에 전면공격을 하기는 어려웠다. 게다가 프랑스군은 기사와 보병이 주축을 이룬 부대였던 반면, 영국군은 갑옷을 입은 병사가 3분의 1에 불과했다. 나머지 3분의 2는 갑옷을 입지 않은 궁수였다. 그들은 무기는 활을 제외하면 짧은 칼 한 자루뿐이었기 때문에 영국군 전원이 한꺼번에 프랑스군의 한 측면에 달려든다 해도 백병전을 해볼 만한 수준이었다.

한편 영국의 에드워드 3세는 짧은 시간에 중요한 결단을 해야 했다. 이처럼 전력이 절대 열세인 상황에서는 여러 가지 가능성에 대처할 방법을 생각할 여유가 없다. 프랑스의 작전을 정확히 예측하고 그에 맞추어 족집게 대응을 해야 한다. 예상해볼 수 있는 가상 시나리오에는 앞서 언급한 작전을 포함해서 생각하기도 끔찍한 방안이 몇 개 있었다. 가장 쉽고 무서운 방법은 프랑스군이 뒤로 돌아와서 퇴로를 끊고 장기전으로 가는 것이었다. 굶주린 영국군은 얼마 버틸 수도 없었다.

하지만 이 방법들은 고민할 필요가 없었다. 하나같이 대처할 방법이 없었기 때문이다. 남은 방법은 적이 3면 중 한 군데로 집중공격을 해오는 것이다. 좌익으로 들어오는 것이 최악이고 우익으로 와주는 것이 가장 유리했다. 에드워드 3세는 프랑스군이 우익으로 오리라고 확신했다. 좌익, 즉 V자의 우측길로 가려면 프랑스군은 방향을 오른쪽으로 꺾어야 하지만, 지금의 진행 방향 그대로 오면 왼쪽 길로 진행하기 때문이다. 게다가 왼쪽 길에는 바로 옆에 길이 하나 더 있어서 병력을 집중 투입하기가 좋았다. 그러면 전투를 가장 빨리 진행할 수 있었다. 프랑스군은 전투를 서두를 것이다. 이것은 정확한 예측이기도 했지만 바람이기도 했다.

에드워드 3세는 부대를 셋으로 나눠 좌익과 우익에 하나씩 배치하고, 중앙부는 예비대로 약간 뒤쪽에 두었다. 각 부대는 말에서 내린 기사와 갑옷을 입은 창병으로 구성되었다. 격전지를 우익으로 예상했기 때문에 최정예 부대를 우익에 배치하고, 장남인 에드워드 흑태자에게 지휘를 맡겼다. 이때 흑태자의 나이는 겨우 16살이었다. 이것이 에드워드의 승부수였다.

영국군의 비밀병기인 장궁병도 나누어 장갑병의 양 측면에 두는 형태로 배치했다. 이것은 궁병을 고르게 분포시켜 공격이 예상되는 삼면을 고르게 방어한다는 의미도 있지만, 진짜 목적은 백병전에 약한 궁병을 보호하기 위한 것이었다. 궁병을 기병과 창병 사이에 나누어 배치해서 서로를 엄호하게 하는 방법은 이전에 영국군이 웨일즈 및 스코틀랜드의 전설적인 지도자 윌리엄 월라스와 싸우면서 터득한 전술이었다.

배치가 끝나자 에드워드 3세는 전장을 관망할 수 있도록 우익 진영 옆에 있는 풍차로 올라갔다.

전문가 집단이 고귀한 아마추어를 이기다

프랑스군은 앞서 안타깝게 영국군을 놓쳤지만 자신에 차 있었다. 그들은 각지에서 온 고귀한 기사와 왕족, 용병대장들이 지휘하고 있었다. 전설적인 기사도 정신이 충분히 남아 있던 시대여서, 기사들은 그들이 익히 들어왔던 수많은 영웅담과 고결한 승부, 명예를 생각하면서 전투에 대한 두려움을 억눌렀다. 하지만 상상의 세계에 너무 깊이 빠져 영국군이 결전을 준비하고 있다는 사실을 알아채지 못했다.

그들은 추격을 하면서도 영국군이 허겁지겁 도주하고 있을 것이라고만 생각했다. 정찰병들이 영국군의 진지를 발견했을 때 프랑스군 일부는 앞만 보고 달리다가 이미 크레시 언덕을 지나쳐 간 다음이었다.

프랑스군이 영국군 진지 앞으로 육박했을 때는 날이 저물고 있었다. 해가 영국군의 등 뒤로 넘어가고 있어서 프랑스의 자랑인 맑은 햇살이 프랑스군의 눈을 어지럽혔다. 프랑스군의 정찰대장은 똑똑한 장교였다. 그는 상황이 매우 좋지 않다고 판단했다. 낭만적인 감상과 기사도 정신의 환상으로 프랑스군은 무질서하게 흩어져 있었다. 겨우 도착한 부대도 좁은 공간에 빽빽이 엉켜 있었다. 그는 필립 6세에게 진형을 정비하고 다음 날 공격하자고 건의했다.

필립 6세는 처음에 이 건의를 받아들였지만, 막상 전방으로 진출해서 전장을 둘러보고는 마음을 바꾸었다. 영국군은 산등성이에 생쥐처럼 웅크리고 있었다. 갑옷을 입은 고귀한 군인은 별로 없고, 절반이 넘는 숫자가 민병대 같았다. 여기에 조금 전에 내린 소나기에 영국 병사들은 홀딱 젖은 채였다. 궁수들은 활을 적시지 않기 위해 필사적으로 활을 감싸고

웅크렸다. 그 모습이 그들은 더욱 초라하게 만들었다. 말 그대로 비에 젖은 생쥐 꼴이었다.

필립 6세는 자신을 군대를 돌아보았다. 형형색색의 깃발, 기사들마다 가문의 명예를 걸고 제작한 화려한 갑옷들, 물기를 머금은 갑옷에 저녁 햇살이 반사되면서 거대한 광채가 피어올랐다. 신의 군대와도 같은 그 모습에 자신감과 사명감이 느껴졌다. 그는 이런 군대로 공격을 미루는 것은 신의 뜻이 아니며, 기사의 긍지에도 어긋난다고 생각했을 것이다.

저녁노을이 느껴지기 시작하는 시점에서 필립 6세는 동생 알랑송 공작의 부대에게 공격을 명했다. 알랑송 부대에는 유럽 최강으로 꼽히던 제네바 석궁부대 6,000명이 포함되어 있었다. 프랑스군은 제네바 석궁부대를 전선 중앙부에 길게 포진시켰다. 사격전을 펼쳐 영국군의 화력을 제압하게 하고, 석궁부대의 뒤와 좌측에서 영국군의 우익을 향해 중장기병을 돌격시켰다.

하지만 영국의 장궁은 제네바 석궁보다 더 강력한 무기였다. 사거리와 위력에서 장궁이 석궁을 압도했다. 결정적인 것은 발사속도였다. 석궁은 1분에 2번 발사할 수 있는 반면, 장궁의 화살은 10~12번을 발사할 수 있었다. 제네바 궁수의 수가 영국 장궁병보다 조금 많거나 비슷하다고 할 때, 하늘에서 교차하는 화살의 밀도는 영국 쪽이 압도적이었다.

그 결과 석궁부대가 궤멸했는데도 알랑송은 무리하게 기사들을 전진시켰다. 그리고 함께 엉켜 쓰러졌다. 살아남은 기사들은 뒤로 물러서려 했지만 좁은 도로로 뒤쪽의 프랑스군이 꾸역꾸역 몰려들었다.

뒤로 물러서려는 기사와 앞으로 전진하려는 기사가 뒤엉켜 전쟁터는 아수라장이 되었다. 프랑스군이 하도 빽빽하게 엉켜 있는 덕분에 활을 조준하지 않고 쏘아도 모조리 맞힐 수 있을 정도였다. 그렇다고 영국의 궁수들이 마구잡이로 당겼던 것은 아니다. 그들은 잘 훈련된 군인이어서 간단하지만 효과적인 트릭을 사용했다. 먼저 일제 사격으로 적을 뒤흔들고, 적이 동요하면 정면이 아닌 측면의 적군에게 화살을 날렸다. 진형이 엉클어진데다가 전방만 주시하던 프랑스군은 측면에서 날아오는 화살은 전혀 예측하지 못해 속수무책으로 당했다. 그들은 화살이 어디서 날아오는지도 몰랐다. 불리한 햇살의 방향과 어둑어둑해지는 시간, 게다가 시야가 대단히 좁은 기사의 투구는 눈 가림판을 내리면 앞만 겨우 볼 수 있을 뿐이었다.

이런 혼란과 불리한 지형에도, 프랑스군은 공격이 어려운 우측의 경사면으로만 공격해 들어왔다. 공격이 무려 15차례나 쉬지 않고 반복되었지만, 매번 똑같은 결과를 얻을 뿐이었다. 보헤미아 용병대만이 화망을 뚫고 영국군 진지 앞까지 육박했는데, 안타깝게도 갑옷을 입고 270미터의 경사로를 올라온 그들은 지칠 대로 지쳤다. 궁수들의 뒤에서 앉아서 기다리던 영국군 기사와 보병들은 손쉽게 그들을 때려잡았다.

프로의 진정한 자산은 규율과 조직력

도망치던 에드워드 3세는 이 승리의 여세를 몰아 칼레까지 점령하면서 100년 전쟁의 초기 판세를 영국으로 돌려놓았다. 소년이던 흑태자는 정확히 10년 후 푸아티에에서 크레시 전투와 비슷한 결전을 벌여, 더욱 결정적인 승리를 거두었다.

이런 역사적인 상황은 차치하고, 전술사적 시각에서 보면 크레시 전투는 오직 수비로만, 그리고 거의 궁수에 의해 승리를 거둔 전투였다는 점에서 전쟁사에서 아주 드문 사례다. 전투의 양상이 독특하다는 것은 특별한 이유가 있다는 의미도 된다. 크레시 전투의 두드러진 특징은 기사와 궁수의 격돌이라는 점이다. 중세 1000년을 지켜온 고귀한 기사 집단과 언제나 그들의 하인이거나 보조병이었던 평민 출신 궁수가 동등하게 맞붙었다. 그렇다고 기사 계급을 타도하자는 혁명정신으로 무장한 전투는 아니었지만, 한 시대의 종언과 새 시대의 시작을 알리는 역할을 했다.

크레시 전투는 작전에 따라 얼마든지 상황이 바뀔 수 있었다. 분명한 것은 과거 군대의 한계와 문제가 무엇인지는 정확히 가르쳐주었다는 점이다. 기사 군대의 문제는 조직력이었다. 그들은 전투의지와 명예의식이 확실했다. 약탈이나 전리품을 위해 모인 전투도 아니었다. 하지만 상황을 객관적으로 파악하거나 전황을 이해하는 일이 불가능했다. 지휘관부터 자신에게 주어진 유리한 카드를 전혀 사용할 생각을 않고, 감정에 휘둘린 전투를 했다.

영국군의 초라한 몰골이 필립 6세에게 자신감을 주었다고 하지만 사실은 평민에 대한 오랜 차별의식, 복장과 외모로 모든 것을 판별하던 습관 탓이있을 수도 있다.

동시에 그것은 영국 직업군대의 장점과 자신들의 약점에 대한 분별력을 앗아갔다. 직업군인으로 편성된 영국군은 충분한 훈련을 받았고, 놀라운 인내력과 조직력, 협력전술을 보여주었다. 그들은 전투 내내 전열을 흐트러뜨리지도, 동요하지도 않았다. 반면 프랑스군은 용감하기는 했지만 잡다한 부대의 연합체로, 조직력을 전혀 발휘하지 못했고 앞의 부대가 전멸해도 똑같은 행동을 반복했다. 심지어는 전투가 완전히 끝난 다음 날, 프랑스군 시민보병대가 무턱대고 진군해 궤멸당하기도 했다. 그들은 전투가 끝난 줄 몰랐다고 한다.

이런 상황이니 지휘관이 작전을 구상한다고 해도 실현이 불가능했다. 영주와 기사로 구성된 중세 군대는 서로 다른 영지의 군대가 합동훈련을 할 일도 없고, 신호체계도 제각각이었다. 그리고 영지를 오래 비울 수 없기 때문에 전투를 빨리 끝내고 집으로 돌아가려고만 했다.

중세 유럽 군대의 평균 복무일은 40일이었다. 그러니 손발을 맞춰볼 시간도 없이, 기사의 용맹과 사명감에 의존해서 싸울 수밖에 없었다. 그리고 그런 전통이 기사들 스스로가 자신들을 위대하고 특별한 존재로 보이도록 했다.

세상의 모든 승부가 그렇지만 크레시 전투는 사전정보와 팀워크, 훈련이 얼마나 중요한가를 보여준 일전이었다. 문제는 팀워크와 훈련이 하루아침에 달성될 수 없다는 것이다. 고대든 현대든 군인들이 복잡하고 힘든 전투를 수행할 수 있을 만큼 훈련을 받으려면 최소한 6개월~1년의 기간이 필요하다. 여기에 적에 대한 전술 정보를 얻고, 대응 전술을 구상하는 시간까지 포함하면 기간은 더 늘어난다. 그래서 전쟁은 물론 경영에서도 항상 상대의 정보를 수집하고, 고민을 통해 새로운 계획과 훈련 프로그램을 마련해야 한다. 막상 전투가 벌어지는 순간은 짧다. 크레시 전투도 노을 녘에 시작해 밤이 되자 끝났다. 하지만 이 승부는 사실 오래전부터 준비되고 있었던 것이다.

19. 을묘왜변
현장의 목소리에 답이 있다

명종 10년인 1555년 5월 11일, 전남 영암 달량에 왜선 11척이 나타났다. 왜구의 배는 큰 배와 작은 배가 섞여 있었는데, 작은 배의 승선 병력은 1척당 10~15명, 좀 더 큰 배는 대략 30~40명 정도였다. 일반적으로 왜구는 조선 해안으로 잠입한 뒤, 섬이 많은 남해와 서해의 특성을 이용해서 무인도나 섬의 그늘에 잠복했다.

왜구의 가장 쩨쩨하고 흔한 노략의 형태는 지나가는 어선을 터는 것이었다. 강도에 대비하기 위해 어선들은 관에 신청해서 궁수 및 멍을 태울 수 있었다. 궁수는 1척당 겨우 한두 명 정도가 승선했지만, 10명 미만의 작은 배를 탄 소규모 왜구도 많아서 이들을 격퇴하는 데는 문제가 없었다. 사실 10명 미만의 해적이라면 어부들이 자체 무장해서 해결할 수도 있었을 듯한데, 조선은 치안이 확고한 국가라 어선들이 병장기를 갖추는 것을 엄금했다. 왜구라고 모두가 진짜 왜구는 아니고, 조선인이 변장한 가짜 왜구나 범죄자도 있었으며, 허가를 받고 조선에 거주하는 일본인 어부도 있었다. 정부는 조선인, 일본인을 막론하고 무기를 지닌 어선은 무조건 해적으로 간주했다.

조금 더 강력하고 무서운 왜구는 섬에 은신하고 있다가 밤이 되면 마을로 들어와 약탈하고 관군이 도착하기 전에 달아났다. 왜구의 배들은 조선의 전함보다 빨랐다. 가벼운 목재를 사용했으며, 조선의 배가 바닥이 평평한 평저선인 데 반해, 왜구의 배는 요즘 배처럼 바닥이 뾰족한 첨저형이어서 안정적이고 조류와 파도에 대한 적응성이 좋았다. 느린 조선 수군은 아무리 뒤쫓아도 왜선을 나포할 수가 없었다.

노출된 전략은 아무리 훌륭해도 버려야 한다

달량에 출현한 왜선은 이런 좀도둑형 왜구에 비하면 많은 편이지만, 대단한 규모도 아니었다. 그런데 이들은 대담하게 300~400명 정도의 병력을 해안에 상륙시켰다. 이들은 바로 마을을 불태우고 노략질을 시작했다. 달량에 성이 있었지만 상주 병력은 20명에 불과했다. 인근에 있던 가리포 첨사 이세린은 즉각 강진에 주둔 중인 전남의 병마절도사 원적에게 이 사태를 보고했다.

조선은 왜구에 철저히 대비하기 위해 해안선과 주요 섬, 도로의 요충에 군사기지와 경계 초소를 촘촘하게 배치했다. 그러다 보니 한 가지 약점이 생겼는데, 배치할 곳이 너무 많아 병력이 과도하게 분산되었다. 이 약점을 커버하기 위해 한 곳이 침공당하면 주변 기지와 군현에서 바로 출동해서 원호하는 일종의 협력방어 시스템을 활성화했다. 어느 지역이 침공당하면 어느 지역에서 출동한다는 사전 매뉴얼이 완벽하게 짜여 있었다. 해안지방의 군현은 이 체제가 엄해서 훈련도 잘되어 있었다.

침공 보고를 받은 원적은 매뉴얼대로 각 고을에 동원령을 내리고, 급한 대로 자신의 호위무사 20여 명과 병영의 병력 및 인근 장흥과 영암의 병력을 동원해서 달량으로 출동했다. 먼저 달량성으로 들어가 농성하면서 왜구를 묶어놓고, 주변 고을의 증원 부대가 차례로 도착하기를 기다리는 것이 원적의 작전이었다.

그런데 원적의 구원병이 달량성으로 들어가자 갑자기 60척의 왜선이 더 나타나더니 거꾸로 달량성을 포위해버렸다. 처음의 11척은 미끼였다. 조선의 협력방어 시스템을 잘 알고 있던 왜구가 그에 맞추어 계략을 짠 것이었다. 왜구가 60척이 넘는 대규모 병력이었음을 미리 알았다면, 원적은 바로 달량으로 달려오지 않고, 더 많은 군현의 병력을 모아 신중하게 대응했을 것이다.

달량은 적에게 포위되었다. 조선군은 200명인데, 왜구는 1,500명이 넘었다. 거기다 오랫동안 계속된 평화로 군비를 소홀히 한 탓에 달량성에는 200명이 먹을 식량도 비축되어 있지 않았다. 단 이틀 만에 식량이 떨어졌다. 병사들이 굶주리고 기력이 떨어졌다는 사실을 간파한 왜구는 바로 성을 넘어와 병사들을 학살했다. 전라도 병마절도사 원적과 장흥부사 한온이 피살되고, 영암 군수 이덕견은 항복해 포로가 되었다. 병마절도사가 왜구에게 살해된 것은 조선 건국 이래 없었던 치욕이었다.

그동안 주변 고을에서 구원군이 달려왔다. 이 또한 예측한 왜구는 달량으로 오는 길목에 병력을 매복시켰다. 전라 우도 수군절도사 김빈과 진도 군수 최린, 해남 현감 변협의 부대가 이 매복에 걸려 각개격파 되었다. 김빈은 목숨을 건졌지만 패하고 깃발까지 빼앗겼다.

　이상의 전투로 전라도 수비대가 한순간에 무너져버렸다. 이제 구원병은 타도나 중앙에서 와야 하는데, 아무리 빨라도 열흘 이상 걸릴 것이었다. 곡창 호남지방이 열흘 동안 무방비 상태가 된 것이다. 왜구는 곧바로 진도로 들어가 해안가에 세운 수군기지 남도와 금갑항을 함락하고 주변을 유린했다. 5월 21일에는 원적의 패배로 텅 비어버린 전라도 병영과 장흥부에 침입해 병기와 군량을 모조리 털어갔고, 26일에는 강진까지 함락시켰다. 이것이 을묘왜변이다.

　다행히 이때 왜구가 실수를 저지른다. 급하게 여러 도시들을 한꺼번에 약탈하려고 병력을 분산시킨 것이다. 강진을 공격한 부대는 성공했지만, 영암으로 간 부대는 저항에 부딪혔다. 영암으로 들어온 전라도 도순찰사 이준경은 민심을 수습하고 군민을 단결시켜 용감하게 싸웠다. 부딪히고 보니 왜구도 제대로 된 정규군은 아니라는 사실이 드러났다. 전투력이 약해서 조선군이 공격하자 의외로 쉽게 무너졌다. 영암에서 거둔 왜구의 시체만 100여 구였다. 타격받은 왜구는 철수하게 되는데, 일본으로 돌아가는 길에도 여러 곳을 약탈했다. 이것은 임진왜란 이전에 조선이 경험한 최대의 피해였다.

　오랫동안 을묘왜변은 조선의 군제가 해이해진 탓에 발생한 참변으로 해석되었다. 군사들은 부실해지고, 군역 대상자들은 힘든 군역을 피해 다른 사람을 사서 대신 보냈다. 조선군의 전투력이 이처럼 약화되어 있던 것은 사실이었지만, 오히려 그런 상황임에도 방어시스템이 신속하게 잘 작동하고 있었다는 점이 중요하다. 달량성 패배의 진짜 원인은 조선의 전략이 완전히 노출된 데 있었다. 아무리 완벽한 계획이라도 적에게 예측되면 방법이 없다.

이미 여러 차례 보고된 현장조사 결과를 외면하다

왜구가 조선의 방어전술을 예측하고 역이용할 수도 있다는 사실을 조선이 전혀 몰랐던 것은 아니다. 을묘왜변이 발생하기 100년 전인 1455년 경상도의 왜구 방어체제를 보고하라는 명령을 받은 경상도 관찰사 황수신 황희 정승의 아들은 왜구의 침공 우려가 가장 높은 삼포의 방어체제를 점검했다. 그는 삼포와 주변 기지를 직접 돌아보고, 장수와 군관들의 의견을 청취한 결과 동원체제가 지니는 전술상의 약점을 간파했다. 그는 왜구가 사용할 가능성이 높은 전술까지 예측하고 제시했다. 야간에 소규모 부대를 주변의 기지에 보내 기지의 병력을 묶어놓고, 그들의 본래 목표지점을 집중공략해서 단숨에 함락시킨다면 조선은 대응할 방법이 없다는 것이었다.

불행하게도 황수신의 예언은 적중했다. 1510년 삼포왜란이 발발해 제포진해와 부산포가 함락되는 참극이 벌어졌다. 이 왜구는 정규군이 아니라 해적과 민간인이 적당히 섞인 집단이어서 조선군이 진형을 갖추고 반격하자 바로 격파되었다. 그럼에도 두 개의 도시와 주변 포구가 함락되고 만 것은 왜구가 황수신의 예측대로 작전을 펴서 조선군의 약점을 정확히 찌른 탓이었다.

그러면 왜 조선은 황수신의 지적을 무시했을까? 사실은 무시하지 않았다. 황수신은 현지의 방어력이 주변 군현과 기지의 구원에 의존하는 비중이 너무 높다고 지적하고, 병력을 균일하게 나눌 것이 아니라 전략 요충과 중요 기지에 병력을 증강 배치해서 자체 방어력과 순간 대응력을 높여야 한다고 주장했다. 이 방법은 방어선에 빈 공간이 많아지는 단점이 생긴다. 하지만 전쟁을 대비하려면 작은 희생은 감수해야 하고, 최종 승리를 위해서 더 효과적인 방안이었다.

조선은 그의 방안을 채택해서 방어체제를 개편했다. 하지만 얼마 지나지 않아 기지를 사방에 증설하고, 병력을 이전보다 더 곳곳에 흩뿌렸다. 그 이유는 내륙의 군현들도 모두 도움을 기다리지 말고 자체 방어를 하게 하자는 의도였다. 황수신의 건의에 따라 삼포와 같은 해안의 요충에 후방과 내륙의 군현에서 차출한 병력을 집중시켜 방어를 강화하다가, 돌연 이들을 모조리 자기 군현으로 돌려보낸 것이다. 그래서 이론적으로는 모든 군현이 자기 방어능력을 갖추게 되었다.

한편 수령들은 관내에서 작은 강도나 치안 사건이 발생해도 문책을 당하기 때문에, 관내에 경비초소를 계속 늘렸고, 병력을 더욱 잘게 쪼개 이런 곳에 배치했다. 덕분에 치안은 좋아졌지만, 병력을 흩어버려서 훈련과 관리가 전혀 되지 않았다. 한마디로 전투부대를 경찰로 바꾸어 버린 것이다. 이전에는 후방 군현이 약화되더라도 삼포와 같은 일선기지는 믿음직했는데, 모든 군현이 자기 방어능력을 갖추려 하자, 국방 요충을 포함한 전 군현이 방어능력을 상실하는 결과를 낳았다. 그래서 주변 군현의 협력 의존도가 더 높아졌고, 왜구가 이 약점을 간파해 승리를 거두었던 것이다.

삼포왜란에서 교훈을 얻었음에도 조선은 '예측 가능한 전술'을 포기하지 않았다. 을묘왜변에서 왜구는 한 단계 진보한 작전을 썼다. 삼포 때는 각 포구의 병력을 묶어놓고 목표로 한 도시를 공략해 약탈했지만, 이번에는 아예 한 지역을 도발해, 전 수비대를 유인한 뒤에 각개격파로 궤멸시키는 것이었다. 이 작전 또한 성공해서 전라도 전체가 무방비 상태가 되었다.

조선이 두 번이나 왜구에게 이런 모욕을 당한 것은 군비가 부실해서가 아니었다. 현장의 목소리를 도외시한 채, 중앙의 관료들이 지도와 정치논리, 모양새만으로 전략을 구상했기 때문이었다. 고위급 정책 운영자들은 군사뿐 아니라 치안, 통치, 민심 등 온갖 사항을 고려하며 자신들의 시스템이 옳다고 주장했다. 이론적으로 보면 그들의 생각이 그럴듯하고 옳아 보인다. 하지만 현장의 상황은 전혀 그렇지 않았다.

특히 삼포 같은 곳은 국가에서 정식으로 허가한 왜인들의 체류지가 형성되어 조선의 사정과 정보가 많이 유출되었다. 현지의 수령, 군관들이 그 사실을 몰랐을 리 없으니, 중앙에 이런 사실을 보고했을 것이다. 이들의 목소리를 외면한 것이 치명적인 패전을 초래하고 말았다.

현장과 떨어지면 대책은 산으로 간다

이처럼 현장과 괴리된 정부는 을묘왜변의 대응 과정에서도 믿을 수 없는 만행을 저지른다. 달량성이 함락되고 진도, 강진마저 함락되어 상황이 최악으로 치닫고 있던 5월 22일, 조정에 갑자기 뜬금없는 제안이 등장했다. '왜구를 토벌하려면 급히 화포를 제작해야 하니 남대문과 동대문에 걸어둔 동종을 녹여 총통을 주조하자'는 상소였다.

남대문과 동대문에 있는 종이란, 현재의 파고다 공원인 원각사에 있던 동종들이었다. 이 종들이 남대문과 동대문에 걸리게 된 데는 사연이 있었다. 조선시대에는 종을 쳐서 시간을 알렸다. 가장 중요한 타종이 일과의 시작과 끝, 즉 성문을 열고 닫는 시간을 알리는 것이었다. 이 타종은 지금 제야의 종 행사를 하는 종각에서 했다. 하지만 정작 종소리를 듣고 성문을 열고 닫아야 하는 동대문과 남대문은 종각과 거리가 있어서 종소리가 잘 들리지 않았다. 그래서 정부에서 원각사에 있던 종을 동대문과 남대문의 성루에 두고 타종했다.

그런데 유학자들의 눈에는 다른 곳도 아닌 도성의 성문에 사찰의 종이 걸려 있다는 사실이 눈에 거슬렸다. 저걸 어찌 없애나 궁리하던 차에 을묘왜변이 터지자 종을 녹여서 화포를 만들자는 기막힌 아이디어를 떠올린 것이다.

한번 이런 발상이 터지자 누군가 더 기막힌 이유를 찾아냈다. 원각사의 종을 성문에 걸자고 제안한 사람이 간신으로 악명이 높고, 끝내는 역모 죄로 처형된 김안로였다. 설명이 복잡하지만 ㄱ가 김씨라는 사실에 착안해서 누군가가 음모론을 만들어냈다. 조선시대는 오행 사상을 중시해서 개인과 단체, 국가의 운명을 모두 오행에 맞추었다. 오행은 세상을 움직이는 다섯 가지 원소 불火, 물水, 나무木, 쇠金, 흙土을 말하는데, 김안로의 성이 김씨여서 오행의 하나와 같다. 그런데 조선왕조의 성은 이李씨다. '李'의 단어 뜻은 오얏나무이므로 오행에 맞추면 목木에 해당한다. 결론인즉 역심을 품은 김안로가 쇠金로 만든 종을 나무로 만든 성문 위에 걸어 쇠에 해당하는 자신의 기를 강화하고 목의 기를 억눌러 왕이 되려고 했다는 것이다.

이보다는 합리적인 이유를 제시하는 사람도 있었다. 대포를 만들어야 하는데, 민간에서 쇠를 거두면 민폐를 끼친다. 한편 대포를 제작하는 청동은 최상품이어야 하는데, 시장에서 유통되는 청동은 저급품이 많다. 사찰에 있는 동종이 최상의 정품 청동을 사용해서 제작되니 이 동종을 녹여 대포를 만들어야 한다. 이런 논리였다.

아무리 그렇다고 해도 당장 게릴라 투쟁을 벌여야 하는 상황도 아니고, 국가가 멀쩡히 돌아가고 있는데 이런 비상대책을 사용한다는 것은 국가로서 자존심이 상하는 일이다. 명종은 이 제안을 단호히 거부했다. 오늘날로 치면 종이 오래된 문화재라는 이유와 함께, 타협안으로 내수사에 보관된 국왕의 사유재산인 동철을 내놓겠다는 제안도 했다.

그런데 이 제안이 역효과를 일으켰다. 국난에 임해서 사재를 기부하겠다는 명종의 솔선수범하는 자세가, 관료들의 눈에는 국왕이 사재까지 털어서 불가의 유물을 보호하겠다는 의도로 해석되었다. 명종의 뒤에서 섭정을 하는 문정왕후가 대놓고 불교를 보호하던 시절이라 관료들은 더 흥분했다. 그들은 그 종이 어렵다면 전국에 있는 사찰의 종을 녹여 총통을 만들자는 수정안으로 반격했다.

국왕과 신하들 간에 벌어진 이 논쟁은 왜구가 물러난 뒤에도 몇 달간 계속되면서 정작 왜구와의 전쟁은 뒷전으로 가고, 종을 녹이느냐 마느냐가 초미의 관심사가 되었다.

현장 경험을 익힌 리더만이
현장을 제대로 지휘할 수 있다

군사적으로 볼 때 을묘왜변은 반성할 점이 많은 사건이다. 조선의 군비와 전쟁 대처 능력도 그렇고, 왜군이 조선의 전술과 전투 방식을 간파하고 있었다는 사실도 심각한 문제였다. 장기적으로 보면 조선에는 다행일 수도 있었는데, 임진왜란이 발발하기 전에 조선의 국방 시스템에 대한 전면적인 반성과 점검을 할 계기를 마련해주었기 때문이다.

하지만 성문에 걸린 종은 사태를 이상한 방향으로 몰고 갔다. 왜구가 물러가자마자 동종 사건은 왕실의 불교우대 정책에 대한 비판으로 비화했다. 그리고 왕실의 불교우대 정책 때문에 을묘왜변이 발생했다는 이상한 결론이 도출되면서 을묘왜변에 대한 반성과 대책마저 산으로 가버렸다.

마침내 어느 사관史官·역사를 기록하는 관료은 을묘왜변을 이렇게 정리했다. '왜구의 변은 작은 피해에 불과하나, 부처를 받드는 것은 앞으로 커다란 불행이 되어 국가의 운명을 위태롭게 할 것이다.' 이 사관의 예측은 정반대가 되어, 40년도 지나지 않은 1592년에 일어난 임진왜란은 조선을 멸망 직전까지 몰아갔다.

현실적인 방어체제를 도면상으로만 멋진 방어체제로 전환하고, 조선의 방어전술이 노출되었음에도 수정할 생각을 하지 않았으며, 전쟁 중에도 대책회의가 산으로 간 이유는 관료들의 현실감각에 문제가 있었던 탓이다. 조선이 한참 활기차게 돌아가던 시절에는 고관이 되려면 실무직과 수령, 변방의 임무를 모두 역임해야 했다. 따라서 그들은 현장 사정을 잘 알았고, 소통에도 신경을 썼다. 하지만 16세기가 되면서 엘리트 관리들은 편한 곳만 찾아다니고, 정작 현장과는 멀어졌다. 그러면서도 소위 중앙의 황금보직만 거친 덕에 자신들이 고급정보와 지식을 독점하고, 모든 것을 안다고 생각하기 시작했다. 그 결과가 이런 상황 판단을 낳았고, 국가를 더 큰 위험으로 몰아갔다.

오늘날에는 이런 황당한 일이 벌어지지 않을 것이라고 생각할 수도 있다. 경영에서나 정치에서 현장의 목소리를 경청해야 한다고 입이 닳도록 말하기 때문이다. 하지만 정책 결정자의 입장에서 보면 그들의 시각과 제안은 자기 현장과 제한적인 경험에 고정되어 있다. 그래서 대부분 올바른 지적이기는 하지만, 전체를 고려해야 하는 입장에서는 받아들일 수가 없다고 말한다. 그런데 이것은 현장의 목소리가 가진 의미와 용도를 잘못 이해한 것이다. 현장에 있는 사람이 전체를 보는 시각을 갖추지 못하는 것은 당연하다. 그것은 경영자의 몫이다.

경영자에게 현장의 목소리가 중요한 이유는 정책의 결정 과정에서 절실하게 필요한 '현실감각과 우선순위'를 위해서다. 그것이 결여되었다면 우리도 이미 너무 높은 산에 배를 끌고 온 것인지도 모른다.

20. 게티즈버그 전투
익숙하지 않은 상황에서
더욱 빛나는 팀워크

 남북 전쟁은 최후의 근대전이자 최초의 현대전이라고 일컬어진다. 이 전쟁 중에 기관총, 철갑선, 잠수함이 등장했고, 보병이 일렬로 전진하는 나폴레옹식 전쟁이 종말을 맞았다. 철도를 이용해 병력을 이동시킨 최초의 전쟁이기도 하다. 덕분에 전쟁 상황판이 갑자기 크고 복잡해졌다. 군의 기동력과 이동 범위가 크게 넓어짐으로써 전투의 가용 영역과 전술 영역도 넓어졌다. 두뇌와 사고력이 넓어진 범위를 감당하지 못하던 지휘관들은 낭패를 보고 전장에서 퇴출당했다.
 전쟁이란 게 원래 혼돈과 파멸의 신이 지배하는 곳이지만, 구시대의 정신과 신시대의 문명이 공존하다 보니 남북 전쟁의 전황은 한마디로 혼돈과 살육 그 자체였다. 그리고 이 특징을 제대로 구현한 전투가 승부의 분수령이었던 게티즈버그 전투다.

남북 전쟁이 발발했을 때, 전쟁의 객관적 조건, 병력, 물자, 명분 등 모든 면에서 북군이 우세했다. 남군의 상황은 얼마나 처참했는지, 신발도 없고 한겨울에도 거의 러닝셔츠 한 벌만으로 버티기도 했다. 북군의 행군을 본 사람은 저런 멋진 군대가 어째서 부랑자 집단 같은 군대를 이기지 못하는지 궁금해했다고 한다.

전쟁은 처음부터 끝까지 북군의 공격, 남군의 수비라는 형태로 진행되었다. 하지만 남군은 우세한 북군의 공격을 잘도 막아냈다. 막아낸 정도가 아니라 늘 대승을 거두었다. 하지만 남군도 북군을 몰아낼 수 있을 뿐, 근본적 힘의 차이는 절대적이었다. 이런 식의 승리가 언제까지나 지속될까? 그 부담감이 남군의 장군들을 은근히 짓눌렀던 것 같다.

위기에 더욱 과감하라

1863년 전쟁 발발 3년째가 되자 전황에서 미묘한 변화가 나타나기 시작했다. 남군의 명장 잭슨이 전사했고 서부 전선에서는 전세가 역전되었다. 율리시스 그랜트 장군이 이끄는 북군이 파상공세로 남군의 요충 빅스버그를 공략해온 것이다. 서부 전선은 동부 전선보다 중요성이 떨어졌지만, 북군 입장에서는 선생 발발 후 사실상 최초로 제대로 된 승전을 맛보고 있었다.

아직은 버틸 만했지만 점차 불길해지자 남군 사령관 로버트 에드워드 리 장군은 돌발적인 제안을 한다. 북군의 전력이 빅스버그에 쏠린 지금, 남군의 정예병을 모아 바로 워싱턴을 치자는 것이었다. 북군은 빅스버그에 관심을 집중하고 있었으며, 남군의 장군들도 모두 동부의 병력을 나눠 빅스버그를 구할 방법만 생각하고 있었다. 하지만 리 장군은 이때가 바로 승부를 걸어야 할 때라고 판단했다. 아직 남군은 불패의 명성을 유지하고 있었지만, 장기전으로 가면 남부의 패배는 피할 수 없는 운명이었다. 남군이 승리하기 위해서는 도박이 필요했다. 아마도 리는 처음부터 이런 구상을 하고 있었을 것이다. 문제는 기습의 순간인데, 지금이 바로 그때였다.

리 장군은 7만 6,000명의 남군을 거느리고 남부의 운명을 건 행군길에 올랐다. 버지니아에서 포토맥 강을 건너면 바로 워싱턴이었지만, 북군의 방어선을 우회하기 위해 섀넌도어 계곡을 따라 워싱턴 북쪽의 펜실베이니아로 들어갔다. 남군이 빅스버그가 아닌 펜실베이니아에 나타나자 워싱턴은 공황에 빠졌다. 북군이 워싱턴 방어에 동원할 수 있는 병력은 9만 명이었다. 링컨은 남군의 주력을 섬멸할 기회가 왔다고 허세를 부렸지만, 이때까지 북군은 10배의 병력을 가지고도 승리해본 전력이 없었다.

두 명의 명령 불복종이 남군의 기회를 빼앗다

남북의 대군이 조우한 곳이 게티즈버그였다. 게티즈버그 전투는 1863년 7월 1~3일에 5킬로미터가 넘는 긴 전선에서 진행된 복잡한 전투의 조합이다. 남북군 모두 처음부터 게티즈버그를 결전지로 삼았던 것은 아니다. 게티즈버그 전투는 우연치 않게 시작되었다. 물자 부족으로 거지 꼴을 하고 있던 남군의 선발 사단은 게티즈버그에 제법 큰 구둣방이 있다는 소문을 들었다. 중요한 전투를 앞두고 군화를 조달하기 위해 그들은 게티즈버그로 입성했다. 한편 남군을 찾기 위해 열심히 뛰어다니던 북군 기병대도 우연히 게티즈버그로 들어왔다가 남군의 구둣방 습격을 알게 되었다.

기병 연대장이었던 존 뷰퍼드는 게티즈버그의 전략적 가치를 당장에 파악하고, 자기 연대의 희생을 감수하면서 남군의 주력을 게티즈버그로 끌어들이겠다고 결심한다. 게티즈버그의 북쪽은 평원, 남쪽은 험한 바위산을 낀 능선으로(당시 남군이 워싱턴으로 똑바로 가지 않고 우회해서 접근했기 때문에 남북군의 방향이 바뀌어 남군은 북쪽에서, 북군은 남쪽에서 오고 있었다), 대단히 우수한 방어 지형을 형성하고 있었기 때문이다.

뷰퍼드는 겨우 1개 연대로 사단과 맞섰다. 뷰퍼드의 안목과 군인정신은 확실한 보답을 받았다. 남군은 예상치 못하게 전투에 휘말린 데다 북군을 가볍게 본 탓에 병력을 집중적으로 운영하지 않고 차례대로 투입했다. 뷰퍼드는 아슬아슬한 순간까지 저항을 계속했고, 위기의 순간에 전속력으로 달려온 북군 1군단이 전선에 나타났다. 1군단장 레이놀즈는 북군 총사령관으로 천거되었는데, 자신은 전선에서 싸우고 싶다며 거절한 인물이었다. 그는 뷰퍼드의 보고를 받고 주저 없이 전 군단에 게티즈버그로 달려가라는 명령을 내린다. 가장 먼저 도착한 부대는 검은 모자를 트레이드마크로 하는 '킹철여단'이었다. 북군 최고의 정예로 알려진 영예로운 부대, 강철여단은 명령을 받자마자 2배의 속도로 행군해서 전장으로 달려와 궤멸 직전의 뷰퍼드를 구하고 남군을 역습해 여단장을 포로로 잡았다.

하지만 레이놀즈가 전투 중에 저격병의 총에 맞아 그의 소원대로 야전에서 삶을 마치는 바람에 전장은 여전히 어수선했다. 남군과 북군 양쪽 다 게티즈버그의 지형조차 완전히 파악하지 못한 상태였다. 이때만 해도 지도가 부정확해서 전투를 벌이려면 사전 정찰과 지형 파악이 필수였다. 그나마 북군은 빠르게 지형을 파악했지만, 남군은 정찰을 맡아야 할 기병대장 스튜어트가 사라져버렸다. 약탈에 정신이 팔려 북군 지역으로 너무 깊이 들어가 있었던 것이다. 이는 치명적인 실수였다. 남군 입장에서 이곳은 낯선 적지로, 기병의 정찰업무는 어느 때보다 중요했다. 그런데 남북군을 통틀어 최고의 기병대장이라는 스튜어트가 임무의 중요성과 우선순위를 완전히 망각한 것이다.

하지만 탁월한 전략가인 남군의 리 장군은 현장에 도착하자마자 결정적 지점을 본능적으로 짚어냈다. '묘지 능선'이라고 불리는 구릉이었다. 리는 즉시 2군단에게 언덕을 장악하라고 명령했다. 그런데 2군단장 이월이 구릉의 중요성을 가볍게 보고 명령을 이행하지 않았다. 스튜어트에 이은 두 번째 명령 불복종이었다.

오늘날까지도 리 장군은 미군 역사상 가장 뛰어난 장군, 최고의 명장, 사관생도에게 가장 인기 있는 장군이다. 그런 그가 유일하게 비판받는 부분이 있는데, 너무 대단한 인격자라는 점이다. 그는 부하들에게 화를 내거나 소리친 적도 없고, 명령을 내릴 때도 정중하고 신사적인 언어를 사용했다. 부하들이 아무리 큰 잘못을 해도 경질하거나 인격적인 모독을 가한 적이 없다. 하지만 이것이 스튜어트의 만용과 이날 2군단장 이월 장군의 명령 불복종을 낳았다는 지적이다.

절체절명의 순간에 두 건의 명령 불복종은 타격이 컸다. 7월 2일, 북군이 주요 고지에 포진을 완료하자 남군은 땅을 쳤다. 그 언덕은 전략적으로 매우 중요한 곳이었는데, 첫날 북군의 주력이 다 도착하지 못해서 능선의 주요 고지들이 비어 있었던 것이다. 게티즈버그에 동원한 북군 병력은 모두 9만 명이지만 남군은 한데 뭉쳐서 이동했고, 북군은 여기저기 흩어져 있다가 게티즈버그로 달려왔기 때문에 2일차까지도 병력은 북군이 열세였다. 남군이 지형을 빨리 파악하고, 신속하게 움직여 고지를 차지했더라면 게티즈버그의 2일과 3일 전투는 남군이 북군을 향해 공격하는 것이 아니라 북군이 고지를 향해 돌격하는 양상으로 변했을 것이다. 그리고 그 결과 전투는 북군이 무모한 공격 끝에 학살당하는 것으로 끝났을 것이다.

남군의 패인은 게티즈버그로 들어서는 순간 지휘관들이 하나같이 소극적으로 돌변했다는 점이다. 적진에 들어온 상황이라 병력과 보급을 최대한 아껴야 한다는 생각이 그들은 느리고 둔하게 만들었다.

남군은 첫날의 실패를 만회하려고 능선 양쪽의 고지를 향해 맹공을 가했다. 희생이 컸지만 성공할 뻔했다. 하지만 신의 장난인지, 불운이 연달아 남군의 발목을 잡았다. 이날의 최대 격전지가 된 리틀 라운드 톱은 북군의 좌익 끝에 위치한 바위산으로, 북군 전선 전체를 감시할 수 있는 요충지였다. 그런데 이곳에 배치된 북군 3군단의 지휘관이 어이없는 판단 착오로 엉뚱한 곳에 병력을 배치했다. 그 바람에 고지가 비었고, 또다시 무혈점령의 기회가 왔다. 척후병들이 이 기쁜 소식을 전했지만 남군은 함부로 공격 지점을 바꿀 수가 없었다. 전날 이월의 명령 불복종 사건이 있었던 터라, 리 장군이 지정한 공격 지점을 고수하고 함부로 변경하지 못하도록 엄명했기 때문이다. 빈 고지 앞에서 남군은 그저 명령 변경을 기다릴 뿐이었다.

계속되는 실패가 명장을 독불장군으로 만들다

그 사이에 북군에게 행운이 따랐다. 공병 참모로 전선을 시찰하던 워런 장군이 마침 리틀 라운드 톱에 올라왔다가 이 중요한 고지가 비었음을 발견한 것이다. 놀란 그는 급히 본부로 돌아가 눈에 띈 메인 20연대를 고지로 급파했다. 남군이 고지 공격을 개시하기 직전에 20연대가 배치를 마쳤다.

하지만 3군단의 실수는 아직 메워지지 않았다. 고지에 배치한 북군은 겨우 380명, 고지 공격에 나선 남군은 3,000명이 넘었다. 20연대의 연대장 조슈아 체임벌린 대령은 수사학과 종교학을 가르치던 교수 출신으로 군 경험이 전혀 없었다. 장교가 워낙 부족하다 보니 판사, 변호사, 교수 같은 지역 유지나 명사들이 종종 지휘관으로 뽑히던 때였다. 요즘 정서로는 이해하기 힘들지만, 이 시대만 해도 과거 귀족사회의 관행이 남아 있었던 것 같다. 이들이 제대로 된 지휘를 할 리가 없으니 가뜩이나 비참하고 엉망인 전쟁이 더 엉망이 되었다.

하지만 체임벌린은 뛰어났다. 리틀 라운드 톱 전투는 영화로도 몇 차례나 만들어졌는데, 20연대는 2시간 동안 5차례나 남군의 돌격을 막아냈다. 최후의 공세 때 연대 병력은 100명으로 줄었고, 탄약마저 떨어졌다. 항복할 수밖에 없는 상황에서 체임벌린 대령은 착검 돌격을 명령한다. 하루 종일 바위산을 오르내리느라 지칠 대로 지쳐 있던 남군은 북군이 위에서 아래로 비탈길을 뛰어 내려오자 그 기세에 압도되고 말았다. 남군은 붕괴했고, 300명의 남군이 빈총을 든 100명의 북군에게 포로가 되었다. 이 전투로 체임벌린 대령은 의회무공훈장을 받았다. 이후에도 그는 혁혁

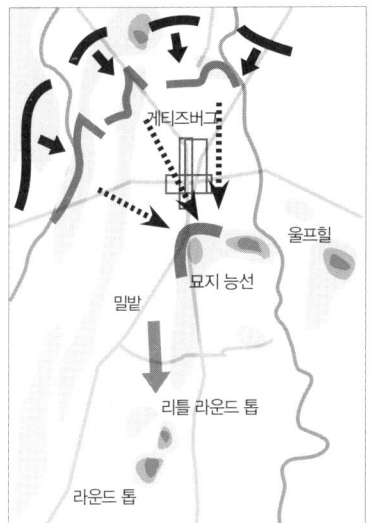

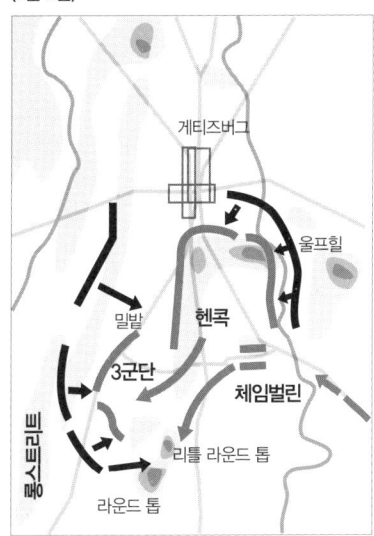

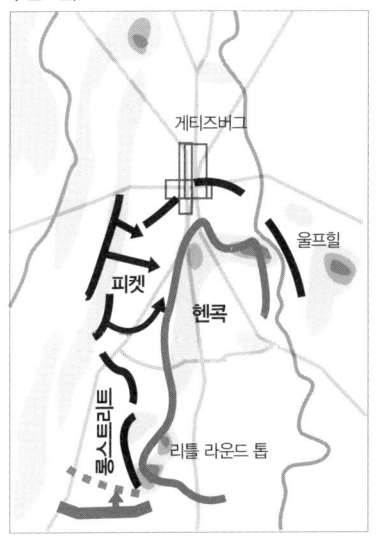

▶ **게티즈버그 전투 전황도** | 게티즈버그에 먼저 입성했는데도 부하의 명령 불복종으로 묘지 능선을 차지하지 못한 남군은 남쪽의 리틀 라운드 톱, 서쪽 밀밭의 무인지대 공략에 연달아 실패함으로써 패색이 짙어졌다. 결국 3일째 피켓 대공세를 펼치지만 처참하게 실패한다.

:: Strategy 4 :: 멀리 가려면 함께 가라 **219**

한 공을 세워 남북 전쟁이 배출한 최고의 명사가 되었다.

리틀 라운드 톱은 이렇게 해결되었는데, 북군의 3군단이 만든 구멍은 아직도 남아 있었다. 서쪽의 밀밭이다. 무인지대를 발견한 남군이 이쪽으로 뚫고 들어왔다. 게티즈버그 전투 3일 동안 남군이 승리에 가장 가까이 다가갔던 순간이었다. 이 지역을 담당한 북군의 2군단장 헨콕은 구멍을 막기 위해 투입할 수 있는 부대를 허겁지겁 찾았다. 발견한 부대는 겨우 262명이 남은 미네소타 연대뿐이었다. 헨콕은 이들을 불러 상황을 설명하고 돌격을 명했다. 미네소타 연대는 1,600명의 남군을 향해 돌격했고, 지원 부대가 도착할 때까지 백병전을 벌이며 남군의 전진을 저지했다. 생존자는 단 47명이었다.

게티즈버그 3일째, 이틀 연속 어처구니없는 실패를 맛본 리 장군은 대담한 결정을 내리기에 이르렀다. 3개 사단을 동원해 북군의 중앙으로 나폴레옹식 정면공격을 감행한 것이다. 오후 3시 3개 사단 1만 5,000명의 병력이 전진을 시작했다. 주력인 피켓 사단의 명칭을 따서 '피켓 대공세'로 알려진 이 공격에서 남군 대열의 좌우 길이만 1킬로미터가 넘었다. 하지만 이 돌격이 처참한 살육으로 끝나면서, 워싱턴을 점령하겠다는 리의 승부수도 막을 내렸다.

홈그라운드에서의 승리만으로는
진정한 승리라고 할 수 없다

게티즈버그 전투가 남북 전쟁의 분수령이 되었다는 사실은 이론의 여지가 없다. 하지만 이 전투는 수많은 논쟁을 낳았다. 병력과 지형에서는 북군이 유리한 위치에 있었다. 그럼에도 남군은 몇 번이나 성공할 뻔했다. 하지만 중요한 고비마다 남군에게 불운이 닥쳤다.

남군은 팀워크도 엉망이었다. 롱스트리트 장군은 리의 충실한 오른팔이었지만, 게티즈버그 전투 내내 리와 충돌했다. 피켓 대공세 때는 거의 태업 수준이었다. 만년에 두 사람은 상당히 멀어지는데, 롱스트리트가 회고록에서 게티즈버그에서 리의 작전과 행동, 특히 피켓 대공세를 비난했다. 반면 리 장군을 옹호하는 사람들은 롱스트리트의 계속된 태업이 실패의 원인이었다고 생각한다. 리는 죽을 때까지도 피켓 대공세가 성공할 수 있었다고 믿었다. 단 영원한 신사였던 그는 실패의 이유와 책임에 대해 끝내 언급하지 않았다.

게티즈버그 전투 직전에 잭슨이 죽지만 않았어도(잭슨은 보초병의 오발로 사망했다) 게티즈버그에서 승리했을 것이라고 말하는 사람들도 있다. 한편 두 사람의 이상한 라이벌 의식으로 보면 가능성이 낮기는 하지만, 잭슨이 롱스트리트와 합세해서 반대했을 수도 있다. 게티즈버그 전투나 피켓 대공세는 잭슨의 스타일이 아니었다. 롱스트리트도 피켓 대공세 이전부터 게티즈버그에서 휘말리지 말고 우회해서 그들이 원하는 전쟁터로 북군을 끌고 가자고 주장했다. 두 사람이 함께 반대했으면 리도 고집을 꺾었을지 모른다. 잭슨이 살아 있었다면 2군단을 이월이 아닌 그가 이끌었을 것이고, 그 결과 묘지 능선을 점령해 허약한 북군의 방어선을 뒤흔들었을지도 모른다.

또 다른 실패 요인도 있었다. 바로 '불운'이다. 마치 신의 장난처럼 남군에게는 불운이 잇따라 찾아왔다. '진인사대천명'이라는 말처럼 세상에는 인간의 능력만으로는 되지 않는, 운이 따라줘야 하는 부분이 있는 것일까?

하지만 전쟁이란 것이 원래 우연과 불운의 연속이다. 그리고 불운처럼 보이는 사건도 파고들면 다 이유가 있다. 남군에게 닥친 급작스런 불운은 정보 부족과 연관이 있다. 과거 남군이 거둔 멋진 승리들은 대부분 홈그라운드에서 싸운 방어적 전투였다. 병력의 열세에도, 남군 지휘관들은 창의적이면서 멋진 지휘능력을 보여준 반면, 북군 지휘관들은 대부분 멍청하게 굴고 허둥대곤 했다. 하지만 북군 지휘관들의 이런 행동은 남군이 지리와 지형에 익숙했던 탓도 크다. 당시는 항공 정찰도 없었고, 지도는 부정확했다. 게티즈버그의 지형을 모르는 남군 또한 작전단계부터 불협화음이 일고, 전에 없던 명령 불복종과 리틀 라운드 톱에서와 같은 실수가 연달아 터질 수밖에 없었다.

무전이 없던 시대라 부대 간의 연락에도 많은 시간이 걸렸다. 홈그라운에서는 지휘관들이 서로 지형을 숙지하고 있으니 적군의 움직임을 예측할 수 있고, 지휘부나 현장 지휘관 사이에 사전 약속이 없는 부분도 이심전심 판단해 행동한다. 그래서 남군은 이전 전투에서는 언제나 한 발 빠르고 융통성 있으며, 신출귀몰했다. 하지만 낯선 지형에서는 지휘부와 현장 지휘관이 알고 있는 지형정보가 다르고, 그에 따라 상황 판단도 달라진다. 그렇다고 전령을 파견해 정보를 주고받은 뒤 전술을 변경하다가는 공격 타이밍을 놓친다. 낯선 땅과 대규모 군대, 넓어진 전장, 그것이 남군이 게티즈버그에서 실패한 결정적 요인이었다.

미국 역사상 최고의 명장이자 인격자였던 리 장군이 이상할 정도로 잔혹하게 피켓 대공세를 밀어 붙였던 이유도 여기에 있지 않았을까? 1일과 2일의 전투로 인해 리는 게티즈버그에서 남군이 예전처럼 싸우기는 불가능하다고 판단했을 가능성이 높다.

    이를 현대의 경영 현장 적용해보면, 리더와 직원들의 팀워크와 팀원의 창의적인 역량을 높이기 위해서는 사업 지형과 업무 지형의 파악이 그만큼 중요하다는 사실을 보여주는 교훈이라고 하겠다.

21. 노르망디 상륙 작전
드러나지 않는
공로자를 배려하라

    1944년 6월 6일 새벽, 6,000여 척의 배와 약 1만 3,000대의 항공기 및 글라이더가 도버 해협으로 출발했다. 함대는 7개 사단, 15만 명에 달하는 병력을 해안에 토해놓을 예정이었다. 이 중 1만 9,000명은 해안을 지나 독일군 후방 지역으로 침투할 것이다. 공격에 나선 항공기 중 폭격기는 5,112대, 전투기는 5,409대였다. 낙하지점과 시간대별 폭격지점, 엄호지점을 가리키는 점과 항공기의 진로를 표시한 선만으로도 지도는 거미줄처럼 변했다.
    인류 역사상 최대 규모의, 가장 복잡하고 위험한 작전이 시작되고 있었다. 신이 누구의 편인지도 불확실했다. 상륙을 위해서는 맑은 하늘과 밝은 달빛, 조용한 바람과 충분한 수위를 보장하는 만조, 잔잔한 파도가 필수적이었다. 하지만 그 모든 기상 조건은 가능과 불가능의 경계선

을 넘나드는 아슬아슬한 조건만 제공해주었다. 폭풍우 치던 하늘은 신이 애매하게 미소 짓는 듯 약간 걷혔다. 바람은 낙하산을 갈가리 찢어버리지 않을 정도로 강했고, 조수는 낮아 해안 장애물을 넘어서지 못할 듯했다. 고려할 것이 너무나 많았는데 그 모든 것이 아슬아슬하고 애매해서 결과를 전혀 예측할 수 없었다. 그래도 그 시간 거대한 침공부대의 어딘가에 있었던 사람들은 단지 그곳에 있었다는 사실만으로도 영광이라고 말했다.

가끔은 역사와 경험이 위대한 선택을 방해할 때가 있다. 도버 해협을 건너는 일이 그랬다. 도버 해협은 가장 좁은 곳의 너비가 35킬로미터다. 그리 먼 거리는 아니지만 영국에서 대륙으로 건너가거나 대륙에서 바다를 건너 영국으로 침공하기란 쉬운 일이 아니었다. 역사적으로 이 과업을 이룬 사람은 별로 없었다. 처칠은 프랑스가 함락되자 영국 방어전에 돌입하면서 전쟁사를 검토했는데, 해협을 건넌 군사적 침공이 마지막으로 성공한 때가 1066년 노르만족의 침공이란 사실을 상기했다.

최초의 성공은 아마도 기원전 55년 카이사르의 침공이었을 것이다. 카이사르는 약 9,000명의 군단을 거느리고, 칼레 서남쪽 불로뉴쉬르메르 시의 앙블퇴즈에서 출발해서 브리타니아로 상륙했다. 이는 불길한 사례였지만, 처칠의 입장에서는 위대한 카이사르와 히틀러를 동격에 두고 비교하고 싶지 않았을 것이다. 그런데 '양키'도 믿음이 안 가기는 마찬가지였다. 영국군 장교들은 전쟁물자가 바닥난 상태여서 어쩔 수 없이 미군의 주도권을 인정하기는 했지만, 미군은 전투 경험이 없는 신병들인 반면 자신들이야말로 역전의 베테랑이라고 믿었다. 이 갈등은 현대의 경영자와 투자자의 관계와 유사했다. 영국군은 신흥 투자자가 관록 있는 경영자를 무시하는 것이 못마땅했고, 미군은 파산한 경영자들이 아는 척 하는 것이 싫었다.

히틀러와 처칠의 고민

히틀러는 영국 침공과 러시아 정복 두 가지를 두고 고민하다가 러시아 침공을 선택했다. 35킬로미터밖에 되지 않는 해협을 건너는 것보다 수천 킬로미터의 얼어붙은 대륙을 횡단하는 것이 쉽다고 판단한 것이다. 이제 입장이 바뀌어서 히틀러가 연합군의 침공을 경계해야 하는 상황이 되었다.

히틀러의 입장에서 보면 이것은 새로운 기회였다. 그의 기준에 의하면 연합군은 러시아 횡단보다 더 어려운 진격을 해야 한다. 전선 확대나 영국 점령이 더 이상 불가능해진 독일군으로서는 연합군의 상륙 작전이 승기를 잡을 마지막 기회이기도 했다. 상륙 부대를 격멸하거나 적어도 커다란 타격을 입힌다면, 연합군의 전쟁 수행 능력과 의지를 꺾고 독일의 유럽 지배를 인정하는 강화 협정을 이끌어낼 수도 있었기 때문이다. 그것이 히틀러의 새로운 희망이었다.

도버 해협의 횡단이 러시아 침공보다 어렵다는 말은 과장된 표현 같다. 하지만 유럽인들이 전반적으로 '오버로드 작전'노르망디 상륙 작전의 원래 명칭의 가능성에 대해 미군보다 회의적이었던 데는 역사적인 이유가 있다. 영국군이나 독일군에게 적이 방어하고 있는 해안을 대상으로 하는 대규모 상륙 작전은 낯선 개념이었다. 반면 미군은 태평양 전선에서 상륙 작전을 무수히 경험했다. 그리고 미군의 제2차 세계대전 참전은 미국이 전통적인 고립주의를 버리겠다는 선언이기도 했다. 그들이 고립주의의 틀을 깨고 나와 세계를 보니 세계의 모든 땅은 태평양과 대서양 건너편에 있었다. 그들이 팍스아메리카나의 시대를 이룩할 힘은 상륙 작전 능력에 달려 있다는 사실을 깨달았다. 미군은 적극적으로 덤빌 수밖에 없었다.

유럽인들이 미군보다 더 회의적이었던 데는 묘한 선입견도 작용했다. 자신들이 해보지 않은 일은 더 어렵게 느껴지는 법이다. 자존심이 강한 사람일수록 자신에게 어려우면 남도 어렵다고 생각한다. 하지만 결국 처칠도 오버로드 작전에 동의했고, 영국의 모든 역량을 쏟아부었다.

독일도 상륙 저지에 모든 역량을 투입했다. 노르웨이부터 프랑스까지 전 해변 지역을 상륙이 불가능한 강력한 콘크리트 요새로 만들었는데, 히틀러는 이것을 '대서양 방벽'이라고 불렀다. 독일은 이를 완성하기 위해 1942년 말부터 25만 명의 노동자들을 동원해 매달 80만 톤의 콘크리트를 쏟아부었다. 모든 항구를 요새화하고, 해안가에 콘크리트 방벽과 강력한 토치카형 포대를 설치했다. 또 상륙 방지를 위한 장애물로 해안을 덮었다. 특히 노르망디 해변 방어를 맡았던 롬멜은 아주 창의적인 장애물을 고안해서 설치했다. 그 중 하나가 글라이더나 낙하산병이 강하할 만한 평지에 설치한 말뚝 같은 장치로, 모양에 따라 용의 이빨, 히드라 등으로 불렀다.

하지만 이 명민했던 장군은 최상의 장애물이 기뢰와 지뢰라고 확신했다. 롬멜은 다양한 용도의 기뢰와 지뢰를 구상하고 생산을 요청했다. 그가 산정한 필요 수량은 400만 개였는데, 롬멜의 판단은 정확했다. 그것은 연합군 함정, 상륙부대원, 탱크와 차량에게 치명적인 위협이었다.

전투력보다 중요한 것이 지원능력

'현대전에서 요새화된 축성진지에 대한 정면공격은 자살행위다.' 이는 남북 전쟁과 제1차 세계대전을 겪으면서 비싸게 깨달은 교훈이다. 그런데 상륙 작전은 요새진지에 대해 엄폐물이 하나도 없고, 기동도 훨씬 힘든 바다와 모래사장에서 공격하는 행위다. 참혹한 희생이 예정된 것이나 마찬가지였다. 그나마 참극을 최소화하기 위해 모색한 방안이 두 가지 있었다. 기계와 기술, 산업사회의 역량을 최대한 발휘하는 것과 가능한 한 적의 예상에서 가장 벗어난 지점으로 상륙하는 것이었다.

디데이를 재현한 영화 〈지상 최대의 작전〉을 보면 독일군 에리히 마르쿠스 장군이 "다른 사람들 모두가 상륙지점이 해협의 거리가 가장 짧은 칼레라고 예상하지만 나라면 아무도 생각지 못하는 곳, 가장 먼 곳을 치겠어"라고 말하는 장면이 나온다. 그곳이 노르망디였다. 분명 노르망디는 독일군의 허를 찌른 장소였다. 하지만 이 성공이 영화의 대사처럼 단지 적의 예측을 역이용한 것만은 아니다.

독일군의 예측이 노르망디를 비껴간 데는 합리적인 근거가 있었다. 상륙 작전의 가장 큰 난관은 대량 보급 및 신속하고 지속적인 보급의 유지다. 당시 독일군은 전 대서양 연안에 분산되어 있었지만, 일단 연합군이 상륙하면 독일군은 그 지점으로 집결해 가용할 수 있는 모든 병력을 모아 반격할 것이다. 사상 최대의 작전이지만 상륙 당일에 투입한 병력으로 이 반격을 막아내기란 불가능하다.

반격을 저지하고 교두보 밖으로 진격하려면 병력과 물자를 추가로 투입하고, 계속 보충해주어야 한다. 연합군이 노르망디를 통해 유럽에 투입할 총 병력은 33개 사단이었다. 이들이 사용할 물자를 조달하려면 하루에 1만 2,000톤의 물자를 하역해야 했다. 당장 상륙 다음 날에 수송해야 하는 차량만 2만 대였다. 이런 이유로 독일군은 상륙지점이 항구가 아니면 안 된다고 판단했고, 요새 건설과 방어계획을 대형 항구를 중심으로 추진했다.

그런데 노르망디에는 항만시설이 전혀 없었다. 이 때문에 연합군 지휘부도 이 문제로 골머리를 앓았는데, 케임브리지대학교의 버널 교수와 브루스 화이트라는 인물이 기막힌 아이디어를 제공했다. 버널의 아이디어는 피닉스라고 불린 조립식 인공항구였다. 방파제, 선박 접안용 독, 선창, 대공방어 시설 등으로 구성된 각종 항구 시설을 조립식으로 사전 제작한 뒤 노르망디 해안으로 끌고 가 서로 연결해서 단숨에 항구를 조성하는 것이다. 하지만 이 방법으로도 방파제는 건설할 수 없었다. 화이트가 나머지 과제를 풀었다. 낡은 전함과 화물선 60척을 끌고 와 염주처럼 줄줄이 엮은 뒤 바다에 가라앉히는 것이었다.

항구 조립을 위해 146개의 거대한 콘크리트 구조물이 제작되었다. 가장 작은 것이 1,672톤, 큰 것은 6,044톤이었다. 독일군의 공습을 대비한 대공포대, 특공대가 침투했을 때를 대비해서 옆의 구조물로 탈출하는 비상통로에 차단문까지 설치했다. 이것을 만드는 데 200만 톤의 콘크리트와 강철이 들어갔으며, 2만 명이 8개월을 작업했다. 이렇게 해서 2개의 항구가 탄생했는데, 1개의 구조물이 바다를 덮은 면적이 5제곱킬로미터였다. 상륙 후 100일 동안 이 항구는 250만 명의 인원과 50만 대의 차량, 400만 톤의 보급품을 하역했다.

하지만 이 대단한 인공항으로도 처리가 곤란한 필수품이 하나 있었다. 석유였다. 크고 느리고 위험한 유조선은 적기의 탐스런 목표였고, 유조선이 폭발하면 항구 전체를 날려버릴 수도 있었다. 결국 연합군은 이 문제를 해결하기 위해 바다 밑으로 해저송유관을 설치했다.

성공을 이끈 리더 뒤에는
묵묵히 일한 많은 평범한 사원들이 있다

　1944년 한 해 동안 영국에 체류한 해외 군인 가운데 미군만 150만 명에 달했다. 이외에 프랑스, 폴란드, 캐나다, 오스트리아 등 수많은 다국적 군대가 있었다. 이때까지 올림픽을 제외하고 이처럼 다양한 국가의 깃발이 계양된 리그가 없었다. 이들을 한곳에 수용할 수 없었기 때문에 전국 각지에 캠프가 건설되었다.

　캠프만이 아니라 엄청난 물자를 보관하고 생산할 시설과 창고도 필요했다. 항공기도 넘쳐나서 간이 비행장만 100개가 넘게 건설되었다. 활주로로만 달려도 택시 영업이 가능하겠다는 우스갯소리가 나올 정도였다.

　이들이 사용할 보급품을 대느라 영국의 모든 항구와 도로는 힝싱 만원이었다. 영국은 지금도 도로가 좁기로 유명하지만, 당시의 항구나 도로 시설은 지금에 비해 턱없이 적었다. 따라서 군수물자를 수송하기 위해서는 영국민의 일상생활을 제한하는 수밖에 없었다. 항구에서 미군의 식량을 내리기 위해 영국민 57만 명분의 식량 수송을 포기하기도 했다. 얼마 후에는 민간인의 도로 이용조차 금지되었다. 처음에는 전 영국이 병영처럼 변했다가 나중에는 감옥이 되었다. 보안을 위해 병사들은 편지

조차도 금지된 채 철조망으로 차단된 캠프, 영국민은 마을에 갇힌 채 몇 달을 지내야 했다.

전 영국이 공장이 되었다는 이야기도 있다. 상륙 작전에는 다양한 용도의 배가 수천 척 필요했다. 이미 있는 배들도 용도에 따라 개조해야 했다. 당시 조선소가 턱없이 부족해 전국의 작은 공장, 심지어는 거리에서도 배의 부품을 제작한 뒤 조선소로 보내 조립하는 방식이 활용되었다. 이런 상황은 배뿐 아니라 탱크, 소총 등 모든 분야에서 마찬가지였다. 영국의 모든 마을에서 무언가 한 가지는 제작되고 있었다.

도로와 차량이 부족하므로 항구에서 하역한 물자만이 아니라 이런 공정을 위해서도 수송에 사용할 차량과 도로를 배정하고, 이동시간표와 도로사용표를 짜서 운영해야만 했다. 하나라도 부족하거나 어긋나면 상륙 작전의 성공은 장담할 수 없었다.

그런데 생산해야 하는 물품은 계속 늘어났다. 인공항구의 경우, 복잡한 설계와 실험을 거쳐 만들고 나니, 이것을 배에 걸어 끄는 도구가 부족했다. 도구를 만들고 나니 더 큰 문제가 생겼는데, 이것을 끌고 갈 예인선이 없었다. 조선소의 선박 생산과 개조 계획을 전면 수정해야 했다. 뿐만 아니라 미국에서 들여오는 물자의 수송계획을 다시 짜야 하고, 도로, 차량도 다시 배정해야 했다. 아마 이 임무를 맡았던 사람들은 전국 도로 사용계획을 매일 새로 짜서 내려보내야 했을 것이다.

이들을 포함해 노르망디 상륙 작전에는 숨은 공로자가 너무나도 많다. UDT 수중 파괴반에 해당하는 특수수색대는 근 1년 동안 매일 밤 노르망디 해안에 침투해 해안가 전체와 강 하구의 해저 지형, 수중 장애물을 샅샅이 파악해 보고했다. 그들의 헌신적인 노력으로 상륙부대는 해저

:: Strategy 4 :: 멀리 가려면 함께 가라 **231**

지형과 작은 장애물의 위치까지도 놀랄 만큼 정확히 파악할 수 있었다.

가장 어이없고 황당한 임무를 맡았던 사람은 패스파인더라고 알려진 공수부대 선발대였다. 공수 작전의 성패는 정확한 시간에 낙하지점을 정확히 포착하고 강하하는 데 달려 있다. 하지만 당시는 항공기의 레이더나 위치파악 장치가 형편없어서 조종사가 육안으로 낙하지점을 찾아야 했기 때문에, 강하지점을 파악하기가 대단히 어려웠다. 게다가 강하 시간은 야간이었다. 패스파인더에게 주어진 임무는 강하지점에 미리 침투했다가 약속된 시간이 되면 낙하지점을 표시한 등을 켜들고 서 있는 것이었다. 대공포가 작렬하고, 전 독일군에게 비상이 걸려 예상 낙하지점을 뒤지고 있는 상황에서 "나 여기 있소" 하며 하늘로 불을 밝히는 임무인 것이다. 이 명령을 들었을 때 그들의 심정이 어땠을지 정말 궁금하다. 어쨌든 패스파인더는 디데이에 임무를 훌륭히 완수했고, 절반 정도가 희생되었다.

1년 365일 대서양을 횡단해서 엄청난 물자를 미국에서 영국으로 수송했던 수송선단의 선원들 또한 말없는 희생자였다. 그들은 독일 잠수함 유보트에 대한 방어수단이 전혀 없었다. 늑대들 사이를 지나는 양떼처럼 그들은 대서양을 묵묵히 지나갔고, 그때마다 희생양이 나왔다. 나중에는 선원이 부족해서 경험이 전혀 없는 사람도 지원자를 받아 선원으로 채웠다. 병사들보다 더 위험한 이 임무에 많은 청년들이 자원했다. 유보트보다 더 무서운 것은 추위였다. 겨울이면 영국으로 향하는 북대서양은 매섭게 춥고 사나워진다. 거친 파도는 배를 잡아먹을 듯이 덮쳐 갑판을 휩쓸고 지나갔다. 이때마다 갑판을 적신 물이 바로 얼어붙었다. 선원들은 파도를 맞으며, 이 얼음을 계속 깨서 떼어내야 했다. 얼음이 쌓이면 그 무게로 배가 침몰할 수도 있기 때문이었다. 노련한 선원도 서 있기 힘들 정도로 요동치는 갑판에서 초보 선원들은 파도, 그리고 얼음과 싸웠다. 파도에 쓸려가거나 어뢰를 맞아 침몰하면 구조는 불가능했다. 차가운 바다에서 저체온증으로 사망하는 데는 5분이면 충분했다. 이것이 대서양 항해였다.

아무리 좋은 계획도 이를 뒷받침할 경영 능력과 실행력이 없으면 실패한다

이외에도 수많은 숨은 공로자들이 있다. 하지만 이 많은 공로자들 중에서도 극적인 일화나 희생, 혹은 전투 장면이 없다는 이유로 가장 심하게 잊힌 사람들이 보급과 관리를 담당했던 행정장교와 요원들이 아닐까 싶다.

그때까지 어떤 기업도 이처럼 거대하고 복잡한 사업을 수행해본 적이 없었다. 이런 엄청난 사업은 당시 세계 최고의 선진국이자 산업국이며 해운국이었던 미국과 영국의 힘과 기술이 있었기에 가능했다. 두 국가의 기업 운영 경험과 산업, 그 안에서 양성된 인력이 없었더라면 이 작전은 결코 성공하지 못했을 것이다. 대서양 건너에서 방어 직진을 지휘하고 있던 독일만 해도 이 부분에서 완패했다. 히틀러가 구상한 대서양 요새는 지지부진했다. 롬멜이 요청했던 지뢰는 10퍼센트도 공급되지 않았다. 연합군의 폭격과 자원 부족으로 공장 시설과 인프라가 부족하기도 했지만 경영과 운영 능력에서도 이미 지고 있었다.

전쟁이 끝난 후 최고 지휘관과 전투사단을 지휘했던 장군들은 유명세를 탔지만, 어떤 기업가보다도 대단했던 조직관리와 조달 분야의 장군들과 행정요원, 그리고 해변의 포성과 함성 뒤에서 상륙 작전의 성공에 결정적으로 기여했던 '경영'이라는 요인은 잊혀졌다.

전 세계적인 불황과 급변하는 환경에서 살아남기 위해 우리는 그날의 교훈을 다시 떠올려야 한다. 바로 한 국가와 사회의 진정한 힘의 근원은 조직과 경영 능력, 그리고 모든 사람들이 자기 분야에서 최대한의 효율과 역량을 발휘할 수 있는 능력에서 나온다는 것이다. 이것이 진정한 경쟁력이다.

:: Strategy 5 ::
명장의 리더십을 배워라

22. 갈리아 전쟁
벤치마킹의 위력과 한계

정치가란 대중으로부터 두 가지를 얻어야 한다. 바로 관심과 신뢰인데, 그런 점에서 연예인과 비슷하다. 관심을 얻으려니 극적인 사건이 필요하고, 계층이 다르고 이해관계가 다른 사람들로부터 신뢰를 얻으려니 속이거나 환상을 주어야 한다.

로마의 유구한 역사에 수많은 영웅과 걸물이 배출되었는데 그 중에서도 카이사르만큼 이 사례에 적절한 인물은 없다. 젊은 시절 카이사르는 로마 최고의 귀족 집안 출신이었지만, 난봉꾼에 도박꾼이었다 둘 다 돈이 많이 드는 일이라, 거부였음에도 재산보다 더 많은 빚을 졌다. 그래도 돈과 명성이 있는 집안이고 친구 사귀는 재주도 좋아 위기를 모면하고 변호사로 명성을 얻었다. 성공하자 관직이 따라왔고, 마침내 에스파냐 총독을 거쳐 집정관까지 되었다.

당시 로마는 내란의 위기로 빠져들고 있었다. 로마의 공화정은 부패와 체제의 한계로 사회적 대립이 커졌다. 정계는 귀족파와 민중파가 대립했고, 로마와 속주의 갈등도 커져 사회가 극한의 대립으로 치닫고 있었다. 의회에 해당하는 원로원도 중구난방이어서 현안을 해결하는 능력을 상실했다. 권력의 집중과 강력한 리더십에 대한 요구가 높아져갔다. 이 기대에 부응해서 세 명의 잠룡이 등장했다. 카이사르와 폼페이우스, 크라수스였다. 이들의 연립정권이 그 유명한 '삼두정치'다.

하지만 국민은 만족하지 못했다. 귀족과 민중, 부자와 빈민의 대립은 극단적이어서 어떤 정책과 제도를 내놓아도 극렬한 비난을 받았고, 폭력이 난무했다. 논리와 설득이 통하지 않는 세상, 카이사르는 이 분열된 국민에게 지도력을 발휘하려면 논리 이상의 설득력, 지도자에 대한 환상과 로망이 필요하다는 사실을 깨달았다. 기원전 58년 카이사르는 41세라는 적지 않은 나이에(이때의 평균 수명으로 보면 지금의 50대 후반에 가까운 나이였다) 그때까지 획득한 모든 권력과 재산, 생명까지도 잃을 수 있는 위험한 도전에 나선다.

카이사르의 자기경영,
목표를 정했으면 도전할 과제를 선택하라

천하의 로마군조차 두려워했던 종족이 갈리아인과 게르만족이다. 갈리아는 지금의 프랑스와 스페인 국경에서 라인 강까지 대체로 프랑스, 스위스, 벨기에, 네덜란드, 룩셈부르크 일대를 아우르는 지역이다. 로마인보다 머리 하나는 더 큰 체격에, 사납고 용맹스러웠다. 그 동쪽의 게르만족은 갈리아인보다 더 크고 사납고 야만적이었다.

현재의 서유럽 전체에 해당하는 땅, 약 3,500만 명이 살고 있는 이곳을 정복하기 위해 카이사르가 일으킨 병력은 4개 군단 1만 8,000명 정도였다. 이후 8년간 지속된 원정에서 카이사르의 병력은 가장 많을 때도 4만~8만 명을 넘지 않았다.

카이사르는 대단한 야심가였다. 이 점은 어떤 역사가도 부인하지 않는다. 비난하는 사람도 많다. 하지만 그가 거대한 권력을 거저 얻으려 하지는 않았다는 점은 높이 사야 한다. 대부분의 경쟁자들이 지금까지 자신이 이룬 것만으로 최종 승자가 되려고 할 때, 카이사르는 새로운 모험에 자신의 모든 것을 걸었다.

두려움에 떠는 로마군을 이끌고 갈리아로 들어간 카이사르는 믿을 수 없는 승리를 거두며 단숨에 전 갈리아를 석권하고 바다 건너 영국까지 정복했다. 함성을 지르며 돌진하는 거구의 갈리아 전사들이 10분의 1도 되지 않는 병력의 로마군에게 무참하게 패배하는 전투가 반복되었다.

로마군의 승리는 카이사르의 천재적인 전술과 절묘한 상황 판단, 우수한 장비, 고도의 전술, 그리고 카이사르의 명령과 전술을 100퍼센트 수행할 수 있도록 철저히 훈련된 병사들 덕분이었다.

갈리아인들은 부속 난위로 분열되어 있었고, 도끼와 창, 방패를 들고 함성을 지르며 마구 달려드는 싸움밖에 할 줄 몰랐다. 로마군이 침입하자 가끔 부족들이 연합하기도 했지만, 연합훈련을 해본 적이 없었고 전술도 없었다.

로마의 탁월한 기술력과 공병술도 한몫했다. 갈리아인이라면 20일은 걸릴 도강 작전을 로마군은 단 하루 만에 부교를 가설해서 건넜다. 갈리아인들의 요새는 로마군의 공성구 앞에 무용지물이었다. 나름 튼튼한 방비를 갖춘 요새도시에서 싸울 준비를 마친 갈리아인들이 난생 처음 보는 로마군의 공성구가 출현하자 곧바로 전투를 포기하고 항복한 적도 있었다.

갈리아인들은 매년 반란을 일으켰지만 카이사르에게 번번이 패했다. 기원전 52년이 되자 마침내 갈리아인들이 저항을 포기하기 시작했다. 카이사르도 그 징후를 느꼈고, 갈리아를 정말로 평정했다고 생각했다. 하지만 갈리아인들의 마음속에 로마군의 힘을 인정하고 복종하려는 생각이 깃들기 시작하자, 동시에 전통적인 방식을 버리고 로마의 방법과 장점을 배워서 로마와 싸우자고 생각하는 사람도 생겨났다. 개나리가 피면 벚꽃도 피는 것처럼 이는 당연한 사회적 현상인데, 천하의 카이사르도 미처 이 진리는 깨닫지 못했던 모양이다.

강자는 강적을 만든다

카이사르가 득의양양하게 로마로 귀국해서 국내 정치에 몰입하려고 할 때, 프랑스 중부의 도시 케나붐 오를레앙에서 카르누테스족이 봉기했다. 봉기 자체는 소수 열혈분자의 모험주의적 행동에 가까웠다. 하지만 이 소식이 중부 프랑스 전체에 퍼지자 믿을 수 없는 일이 발생했다. 갈리아인들이 하나로 뭉친 것이다. 이것은 놀라운 사건이었다. 지난 7년 동안 갈리아는 로마에 저항해왔지만 단 한 번도 갈리아 전체가 합심해서 들고 일어난 적이 없었다(사실 EU가 결성된 오늘날까지도 이 국가들이 하나로 뭉친 적은 한 번도 없다).

이 놀라운 단합을 이루어낸 인물이 아르베르니족의 족장 베르킨게토릭스라는 청년이었다. 그의 부친 켈틸루스는 전 갈리아의 일인자였는데 왕위를 노리다가 부족민에게 살해되었다. 부족체제를 통합해 국가를 세우려다가 실패한 것이다. 부친의 꿈을 이어받은 베르킨게토릭스는 갈리아가 좀 더 일찍 하나의 국가로 단결했더라면 이처럼 무력하게 로마에게 짓밟히지는 않았을 것이라고 생각했을 것이다.

그의 생각은 자기 부족 내부에서도 견제를 받았던 모양이지만, 로마의 침공이 시작되자 부족주의를 버리고 단합해야 한다는 생각이 확산되기 시작했다. 베르킨게토릭스는 이 기회를 놓치지 않았다. 그가 사전에 어떤 작업을 했고 케나붐의 봉기와 어떤 연관이 있었는지는 알 수 없지만, 소문이 퍼지는 가운데 그가 갑자기 봉기의 중심에 등장했다. 로마군의 개입은 시간문제로, 전운이 감도는 가운데 갈리아의 전 부족을 소집한 그는 단숨에 갈리아의 대표자가 되었다.

그런데 베르킨게토릭스는 로마의 침공이 조성해준 단합의 분위기에 편승하지만은 않았다. 그가 평범한 지도자였다면 갈리아 전사가 총궐기했다는 사실만으로도 과거의 분열, 즉 패배의 핵심 요인을 극복했다고 생각했을 것이다. 평범한 지도자는 언제나 겉으로 드러난 현상에 집착하기 때문이다.

하지만 비범한 지도자는 내면의 진실을 본다. 베르킨게토릭스가 원한 통합 갈리아는 물리적 연합이 아니었다. 지난 전쟁이 준 교훈은 분열이 패배를 부른다는 통상적 진리가 아니었다. 부족의 전쟁 방식으로는 각자 싸우든 통합하든 제국의 군대에게 이길 수 없다. 베르킨게토릭스는 이 사실을 확실히 인지하고 있었다. 그래서 그는 소집에 응한 갈리아 연합군에게 질적인 변화도 요구했다. 통합 갈리아는 국가가 되어야 했고, 국가의 전략과 전술로 전쟁을 치러야 했다. 그리고 이를 위해서는 먼저 로마에게 배워야 했다. 베르킨게토릭스는 로마의 힘과 군대, 전술을 면밀하게 관찰해서, 자신들에게 부족한 것이 무엇인지 고민했다.

후진국에 진출하는 기업이나 앞선 아이디어와 아이템으로 시장을 선점한 기업들은 자신들의 우위가 오래갈 것이라고 믿는 경향이 있다. 하지만 벤치마킹의 힘은 의외로 강하다. 아무리 후진적이고 겉모습이 지지부진해 보이는 사회에도 천재들이 있다. 낙후한 사회일수록 선진문명이 주는 자극이 강해서 구성원들의 획기적인 각성과 단합을 이뤄내기도 한다.

나중에 카이사르는 베르킨게토릭스를 갈리아인 가운데 가장 뛰어나다고 칭송했다. 그 말은 그가 로마에 가장 위험한 인물이라는 의미도 되었다. 카이사르도 언젠가는 그런 인재가 출현할 것이라고 예상은 했을 것이다. 다만 시기가 너무 빨랐다. 카이사르는 허겁지겁 갈리아로 향했다.

조직원이 이제 겨우 걸음마를 뗐는데 리더는 뛰어가다

카이사르가 돌아오는 동안 갈리아 부족들은 베르킨게토릭스의 주변으로 모여들고 있었다. 이 과정에서 베르킨게토릭스는 소집에 늦게 응하거나 말을 잘 듣지 않는 족장들의 귀를 자르고 눈을 뽑는 등 잔혹한 수단을 사용했다.

그가 야만족이어서가 아니다. 동서고금을 통틀어 선각자에게는 두 가지 고통이 따른다. 우선 자신의 깨달음을 공감시키기가 어렵다. 설득이 안 되니 강경수단을 쓸 수밖에 없다. 그래도 좀 심하다 싶지만 갈리아 부족들은 종속관계가 아니라 평등·독립관계여서 문명적인 재제수단을 사용할 수가 없었다.

그래도 여기까지는 성공했다. 그 다음이 진짜 어렵다. 벤치마킹도 속성으로 되는 것이 있고, 숙성의 시간을 요구하는 것이 있다. 베르킨게토릭스는 로마와 싸우려면 부족의 방식이 아닌 제국의 방식으로 싸워야 한다는 깨달음은 얻었지만, 그렇게 싸우려면 훈련에만 몇 년이 필요했다. 갈리아인에게는 그런 시간도 훈련을 시킬 능력과 여건도 없었다.

베르킨게토릭스는 이 사실도 확실히 인지했다. 많은 부족장들이 한 자리에 모인 통합 갈리아군의 수와 위용에 흥분을 감추지 못했지만, 베르킨게토릭스는 함성 요란한 갈리아군의 힘을 신뢰하지 않았다. 이것이 그의 위대한 점이었다. 그는 자신이 가장 잘할 수 있는 것과 먼저 해야 할 일을 정확히 알았다. 눈앞의 과제는 갈리아 연합군을 확장하고, 로마군과 싸울 방법을 결정하는 것이었다. 갈리아 연합군이 결성되었지만, 모든 갈리아 부족이 가담하지는 않았다. 그 중에는 갈리아에서 가장 강한 부족들도 있었는데, 그들에게는 강압이 통하지 않았다. 그들을 모으려면 연합군의 힘과 승리의 가능성을 보여주어야 했다.

갈리아군의 약점을 알고 있는 베르킨게토릭스는 로마군에 대한 직접 공격 대신 전략적 접근 방식을 택한다. 로마군을 분리시키는 것이다. 특히 로마군의 힘의 절반에 해당하는 카이사르를 전선에서 오랫동안 떼어놓아야 했다. 카이사르는 로마에 있었고, 로마군은 여러 숙영지로 분산되어 있었다. 베르킨게토릭스는 군을 둘로 나누어 한 부대로 남부 프랑스에 주둔 중인 로마군을 압박하고, 자신은 다른 부대를 이끌고 반란에 소극적인 부족들을 공격했다. 로마군의 주의를 남쪽으로 유인하고, 그 사이에 중부 부족의 통합을 완성하려는 것이었다.

그런 그에게는 안타깝게도 적장 카이사르는 너무 똑똑했다. 카이사르 역시 속성 벤치마킹의 약점과 일의 우선순위를 잘 알았다. 그는 반란 소식을 듣자마자 단숨에 프로방스 지방으로 달려가 동요하던 부족을 진정시켰다. 하지만 사태는 위급했다. 주둔 중인 로마군은 너무 적었고, 베르킨게토릭스는 파도처럼 프랑스를 휩쓸며 세력을 넓혀가고 있었다. 그의 행진을 멈추지 않으면 반란에 가담하는 갈리아 부족은 눈덩이처럼 불어날 것이다. 이런 곤란한 상황에서 카이사르는 얄밉게도 베르킨게토릭스의 약점을 정확히 짚었다.

카이사르는 강력한 병력을 이끌고 있는 베르킨게토릭스를 직접 추격하지 않고, 가용한 소수의 병력만을 이끌고 베르킨게토릭스의 근거지인 아르베르니로 치고 들어갔다. 베르킨게토릭스도 이 행동을 예측했던 모양이지만, 겨울에 세벤느 산맥을 넘지는 못할 것이라고 생각했다. 하지만 잘 훈련되고, 뛰어난 공병술을 보유한 로마군은 눈 덮인 산맥에 도로를 가설하며 아르베르니로 진입했다.

자신들의 도시와 마을이 위험에 처하자 아르베르니 사람들은 베르킨게토릭스에게 즉시 고향으로 돌아가야 한다고 주장했다. 로마나 중국과 같은 제국의 군대라면 지역적, 개인적 사정으로 예정된 전략을 변경한다는 것은 있을 수 없는 일이었다. 하지만 베르킨게토릭스는 이를 거절할 수 없었다. 거절했다가는 자신의 부족인 아르베르니의 사람들이 그를 떠날 것이고, 병사 없는 장군이 된 그는 부친의 꼴이 되고 말 것이다.

베르킨게토릭스가 아르베르니로의 회군하자 카이사르는 다시 군대를 돌려 동요하던 중부 갈리아 지역을 진정시키고, 몸소 비엔나 지역까지 돌아다니며 갈리아 전역에 흩어져 있는 로마군을 소집했다. 그리고 신속한 기동으로 케나붐을 비롯한 주요 도시를 탈환했다. 반란의 확산이 저지되고, 로마군단이 결집했다. 순식간에 전장의 주도권이 카이사르에게 넘어간 것이다.

로마군단이 전투태세를 갖췄지만, 베르킨게토릭스는 좌절하지도 겁먹지도 않았다. 그는 로마군의 새로운 약점을 찾았다. 카이사르가 로마군을 분산 배치한 이유는 파출소를 설치하듯이 갈리아 전체를 감시하려는 의도도 있었지만, 진짜 이유는 식량이었다. 로마군은 한 지역에 모아두면 식량 공급을 감당할 수가 없었던 것이다. 로마군이 집결하자 당장 식량 문제가 터졌다. 다행히 식량 공급을 담당한 하이두이족은 갈리아에서 가장 강력하고 부유한 부족으로, 갈리아 원정 내내 로마의 충실한 지원자였다. 하지만 하이두이족도 식량 공급 부담이 커진데다가 갈리아 전체가 반란에 가담하자 마음이 흔들렸다. 베르킨게토릭스는 이 틈을 파고들어 하이두이족을 배신시키는 데 성공한다.

하이두이족의 배신은 로마군에게 치명타였다. 하이두이족은 최대의 식량 공급자였을 뿐 아니라 기병이 없는 로마군의 기병 공급원이었다. 하이두이족이 반란에 가담하자 카이사르의 기병은 게르만 용병 400명 정도밖에 남지 않게 되었으며, 식량 지원도 끊겼다.

그래도 베르킨게토릭스는 로마군에게 덤벼들지 않았다. 로마군, 특히 보병은 수비전에 강하다. 성급하게 덤벼들 필요가 없었다. 어떤 군대도 배가 고프면 싸울 수 없다. 베르킨게토릭스는 갈리아 부족에게 또 하나의 새로운 제국 군대의 전술을 제안한다. 주변에 적이 사용할 만한 모든 군수물자와 식량 등을 없애 적군을 지치게 만드는 '청야전술淸野戰術'이었다. 중국이나 우리나라라면 국왕의 명령 한마디로 간단하게 청야전술을 시행할 수 있지만, 부족 세계는 그렇지 않았다. 남을 위해 자신의 식량과 도시를 희생할 수는 없었다. 로마군이 물러간 뒤에 그들은 거지가 될 것이고, 피해를 입지 않은 다른 부족에게 먹혀버릴 수도 있었다. 베르킨게토릭스는 이 부족 저 부족으로 뛰어다니며, 전쟁이 끝나면 식량을 지원하고 도시 재건을 돕겠다고 약속했다. 상당히 힘들기는 했지만, 그는 부족들의 동의를 얻어내는 데 성공했다.

베르킨게토릭스의 명령으로 20개가 넘는 도시가 불탔다. 도시를 태운 이유는 도시에 큰 곡물창고가 있기 때문이었다. 할 수 없이 카이사르는 식량을 구하기 위해 여기저기 흩어져 있는 농촌과 작은 촌락으로 부대를 보내야 했다. 여기서 곤란한 문제가 생겼다. 기병은 장거리를 빨리 이동하고, 식량도 말에 싣고 돌아올 수 있다. 하지만 앞서 말했듯이 로마군은 기병이 없다. 보병은 이동시간이 길고, 식량을 운반하기도 힘들다. 이들을 이용해 넓게 흩어진 촌락을 수색하려니 부대를 잘게 나누어 파견해야 했다. 분할된 부대는 갈리아 기병의 좋은 먹이가 되었다.

카이사르는 여러 부대를 한꺼번에 내보내 적을 교란하거나, 부대 출동시간을 변경하는 등, 할 수 있는 모든 방법을 써보았다. 하지만 목적지와 동선이 뻔한 데다 상대는 재빠른 기병이어서 기습을 피할 수 없었다. 로마군은 엄청난 피해를 입었다. 뿐만 아니라 식량이 떨어지면 로마군은 전멸할 수밖에 없었다. 천하의 카이사르도 방법이 없었다. 죽음의 덫에 완벽하게 걸려든 것이다.

카이사르와 로마군단이 중부 프랑스에서 생을 마감했다면 세계사가 달라졌을 것이다. 하지만 이 역사적 순간에 설익은 갈리아 제국이 또 다시 카이사르를 구했다. 베르킨게토릭스는 20개가 넘는 도시를 태웠지만, 정작 아바리쿰이라고 불리는 가장 크고 부유한 도시 하나를 태우지 못했다. 청야전술을 펼칠 때 가장 먼저 태웠어야 할 도시였다. 하지만 부족의 결사적인 반대와 애원으로 끝내 태우지 못했다. 그들은 강과 늪으로 둘러싸여 요새화된 도시이므로 로마군이 절대로 도시를 함락시키지 못할 것이라고 주장했다. 베르킨게토릭스는 한발 물러섰는데, 이것이 치명적 실수였다.

로마군에게 가까운 곳에 도시 하나가 건재하다는 보고가 들어갔다. 지형이 까다롭고 공략이 어려운 곳이기는 했지만, 자신들이 처한 곤경을 아는 로마군은 결사적이었다. 그리고 아바리쿰이 난공불락이라는 것도 갈리아인의 기준으로 본 판단이었다. 로마군은 25일 동안 필사적으로 작업해서 성벽을 공격할 수 있는 경사로를 구축했다. 경사로가 완성되자 공성탑과 공성구를 밀어붙였다.

아바리쿰을 함락한 로마군은 주민들을 모두 학살했다. 입을 줄이고, 갈리아인들에게 경고도 보내야 했기 때문이다. 현대인의 기준으로 보면 용납할 수 없는 행위지만, 옛날 전쟁에서 이런 일은 비일비재했다. 아바리쿰에 비축된 식량은 로마군이 몇 달은 먹을 수 있는 양이었다. 사기가 오른 로마군은 힘차게 전진해서 베르킨게토릭스의 고향이자 아르베르니 족의 수도인 게르고비아를 함락했다. 그제야 갈리아인들은 "우리가 무슨 짓을 한 거야"라고 중얼거렸을 것이다. 도시 하나와 갈리아 전체를 바꾼 것이나 다름없었다. 더구나 지나고 나서 생각해 보니 아바리쿰을 아낄 이유가 전혀 없을 뿐만 아니라, 아바리쿰을 보존한 것이 아바리쿰을 위한 행동도 아니었다.

벤치마킹으로 이룰 수 없던 것

아바리쿰 함락을 끝으로 베르킨게토릭스가 구상한 제국의 전쟁, 제국의 전술은 물거품이 되었다. 그에게 남은 방법은 전통적인 방법, 전체 갈리아 연합군의 병력 수에 의존하는 방법뿐이었다. 지도자의 뛰어난 자각에도 불구하고 '통합 갈리아의 전쟁'은 단 하나의 관문도 통과하지 못하고 출발점으로 되돌아왔다. 반면 로마군은 갈리아인들에게 선진군대의 능력을 제대로 과시할 기회를 잡았다.

전통적 전술로 돌아간 이상 베르킨게토릭스는 갈리아군을 최대한 동원하기 위해 스스로 미끼가 되었다. 그는 군대를 끌고 알레시아의 고지로 올라갔다. 알레시아는 평지에 불쑥 솟아오른 타원형의 바위산인데, 정상부가 칼로 자른 듯 평평하다. 꼭 둥근 카스테라를 테이블 위에 놓은 형상인데, 강줄기가 산 양쪽을 휘감고 흘러서 해자의 역할을 하는 천혜의 요새였다.

로마군이 그를 추격해서 포위하자 그는 기병을 모두 내보내 각자 자신들의 고향으로 달려가게 했다. 고향으로 간 그들은 주민들에게 성전에 참여할 것을 호소했다. 이 호소는 놀라운 감동과 반향을 일으켰다. 24만 명의 갈리아 전사가 속속 집결해서 알레시아를 포위한 로마군을 역포위했다. 베르킨게토릭스도 8만의 병력을 보유하고 있었으므로 5만 명의 로마군이 안쪽에 8만, 바깥쪽에 24만의 적을 양쪽에서 맞이하게 되었다.

세계 전쟁사에 유례가 없는 이중 포위전이라는 특이한 전투가 벌어졌다. 과정은 치열했지만, 결론적으로 말하면 승자는 로마군이었다. 승리의 요인은 세 가지였다. 로마의 공병술, 카이사르의 천재적인 판단력, 그리고 베르킨게토릭스가 그토록 두려워했던 선진군대의 힘이었다. 이 셋의 조합은 베르킨게토릭스가 예상했던 것보다 더욱 강했다.

갈리아 구원군이 집결하는 동안 로마군은 알레시아를 빙 둘러 감싸는 보루를 구축했다. 공병술에 뛰어났던 로마군은 짧은 시간에 엄청난 시설을 구축했다. 전체 길이는 16킬로미터나 되며, 중간 중간에 망대를 설치하고 돌탄을 쏘는 큰 석궁 형태의 포를 설치했다. 보루는 지그재그로 구축되어 어느 한 지점 사각이 없고, 최소한의 인원으로 최대의 효과를 낼 수 있게 만들어졌다. 보루 앞에는 폭 4.5미터, 깊이 2.4미터로 두 개의 해자를 파고, 해자 바닥에는 뾰쪽한 말뚝을 박았다. 일단 해자 안으로 발을 디디면 바닥으로 미끄러져 떨어지도록 V자로 경사지게 팠다. 해자 바깥쪽에는 3중으로 가시 말뚝을 박은 함정을 설치했다. 해자 쪽을 향한 보루의 벽에도 사슴뿔 형태의 말뚝을 박았다.

그래도 병력의 차이가 워낙 심해서 갈리아군이 팀워크와 시간차를 이용한 정교한 공격을 했더라면 충분히 함락시킬 수 있었다. 하지만 안타깝게도 갈리아군은 차분하게 이 진지를 공략할 여유가 없었다. 알레시아의 식량이 거의 고갈되었기 때문이다. 갈리아 구원군도 급히 달려온 데다 병력이 너무 많아 식량이 얼마 되지 않았을 것이다.

정교한 작전을 세워도 갈리아군은 연합훈련을 받은 적이 없으며, 같은 부족끼리도 신호를 주고받을 방법이나 전술체제가 발달하지 않았다. 그 바람에 효과적으로 로마군 진지를 공략하거나 로마군이 지친 지역을 신속하게 공략할 수 없었다. 특정 지역을 집중공격할 때도 잡동사니 병력은 오히려 방해가 되었다.

연합 갈리아 구원군은 로마군의 진지도 제대로 정찰하지 않고 전투에 돌입했다. 양쪽에서 동시에 공격이 시작되었다. 카이사르는 로마군을 배치하고, 전투가 격렬한 곳에 얼마 되지 않는 예비대를 적절하게 투입했다. 카이사르뿐 아니라 각 부분을 맡은 지휘관들은 그때그때 상황에 맞추어 적의 공세가 약한 곳의 병력을 덜어 치열한 곳에 투입하고, 때로는 보루를 튀어나가 적의 후방을 공격하면서 버텼다. 갈리아군은 손발이 맞지 않아 로마군의 약점을 발견해도 신속하게 대응하기 힘든 반면, 로마군은 안쪽에서 더 작게 움직이기 때문에 이동속도와 대응속도가 빠를 수밖에 없었다.

갈리아군은 안팎에서 로마군을 공격하는 대단히 유리한 조건을 지녔지만 상호 연락이 되지 않고 미리 정해진 약속, 즉 전술이 없었기 때문에 조직적인 공세를 할 수 없었다. 전투 막바지가 되어서야 갈리아군은 전술을 도입했다. 로마군 보루에는 치명적인 약점이 있었다. 알레시아는 강이 고지 양쪽을 두 갈래로 감아서 흐른다. 이 강줄기가 합쳐서 빠져나가는 곳은 방벽을 이을 수가 없어서 보루가 없었다. 갈리아 군은 이곳을 목표로 삼아 6개의 정예 부족을 집중 투입했다. 이 전투가 알레시아 포위전에서 가장 치열한 전투였다. 격전에 격전을 거듭해 마침내 로마군은 5분 내로 지원군이 오지 않으면 더 이상 버틸 수 없는 순간을 맞았다. 하지만 로마군은 끝내 진지를 사수했고, 갈리아인은 전투를 포기했다.

만약 공격과 수비의 입장이 바뀌었다면 로마군은 분명 승리했을 것이다. 적절하게 병력을 나눠 위장공격이나 양동작전을 사용했다면, 공격군의 희생을 줄이고 적을 천천히 소모시키며, 수비대의 예비대와 지원병력의 이동을 약화시킬 수 있었다. 그리고 순간적으로 빈틈이 생겼을 때, 신속하게 집중공격을 가해 돌파구를 형성할 수도 있었을 것이다.

행동은 금방 따라할 수 있지만, 정신과 가치관은 쉽게 배우지 못한다

지원군이 철수하고, 식량도 떨어지자 베르킨게토릭스는 단신으로 카이사르 앞에 나타나 포로가 되었다. 그는 로마로 이송되어 복역하다가 기원전 46년 카이사르의 개선식 행사 때, 하이라이트 이벤트로 화형에 처해졌다.

베르킨게토릭스는 천재이자 선구적 지도자였다. 그는 더 나은 방법을 구상하고 시도했지만, 그가 속한 사회와 문명이 이해하고 감당하지 못했다는 것이 그의 불행이다. 국가든 기업이든 리더의 역량과 자각이 아무리 뛰어나도 조직의 수순을 넘어설 수는 없다.

이럴 때, 이기적인 리더는 목표와 방법을 조직과 구성원의 수준에 맞추고, 그들을 이용한다. 그러면 그는 비난받지 않을 것이고, 잠시 동안은 지지와 환호를 받으며 적당한 성과를 올릴 수 있다. 하지만 카이사르가 다가오면 싸워볼 것도 없이 필패다. 베르킨게토릭스는 그렇게 하지 않았다. 그는 갈리아를 역사의 다음 단계로 발전시키기 위해 노력했다. 비록 실패했지만, 그는 로마군을 패배 직전까지 몰아넣었고 갈리아인들에게 갈리아가 나아갈 방향과 이를 위해 필요한 것들이 무엇인지 명확히 제시했다.

하지만 전체 갈리아가 그것을 인식하고 실천하는 데는 상당히 오랜 시간이 걸렸다는 점도 지적해야 할 것 같다. 벤치마킹 전술의 진정한 한계가 이것이다. 오늘날 벤치마킹은 상당히 위협적인 전술이다. 선도적 기업이 벤치마킹으로 쫓아온 후발기업에게 당하는 경우도 종종 있다. 많은 사람들이 벤치마킹을 시도할 때, 기술, 방법, 조직구조를 먼저 본다. 물론 겉으로 드러나지 않는 내면의 가치에도 주목하는데, 노하우와 운영기술, 경험과 숙련도가 여기에 해당한다.

하지만 진정으로 따라하기 어려운 것이 사고와 관습, 가치관의 훈련이다. 갈리아적 사고로는 로마의 전술을 사용할 수도, 벤치마킹을 뛰어 넘는 창의력을 발휘할 수도 없었다. 같은 이유로 중진국에서 선진국, 중소기업에서 대기업으로 이행하는 것처럼 단계를 뛰어넘는 성장을 추구할 때, 그 국가와 기업에 최대의 위기가 닥친다. 그러므로 진정한 환골탈태를 위해서는 교육을 통해 구성원을 자각시켜야 한다.

그런데 막상 교육을 하면서 베르킨게토릭스처럼 좌절한 천재, 실패한 선각자의 이야기를 하면 사람들의 반응은 대부분 이렇다. "그러기에 사람은 주변의 수준에 맞춰 살아야 해." "너무 튀면 부러지는 거야." 옛날이라면 이 말이 맞을지도 모른다. 옛날에는 문명과 사회의 발전 속도가 느렸다. 변혁의 시기도 세기말에야 한 번 올까 말까 했다. 그래서 천재와 선각자는 다가올 파멸을 홀로 떠들었고, 다음 세대나 되어서야 사람들은 그의 예지가 옳았음을 알 수 있었다. 하지만 오늘날의 세계는 급변하고 있다. 따라서 천재의 비극이 곧 집단의 공멸로 이어질 수 있다. 천재의 예지를 다시 한 번 생각해야 하는 이유가 여기에 있다.

23. 임진왜란
리더십은 책임감이다

1598년 11월. 7년간의 임진왜란이 막을 내리던 이 한 달은 전체 전쟁 기간 중에서도 가장 긴장되고 극적인 기간이었다. 도요토미 히데요시의 죽음으로 일본군은 조선에서 철수하기로 결정했다. 그런데 공격보다 더 어려운 것이 철수다. 게다가 바다(엄밀히 말하면 전라도 남단 해역)는 조선 수군이 지배하고 있었다.

이 철수 과정에서 사천에 주둔한 고니시 유키나가의 부대가 가장 큰 곤경에 처했다. 임진왜란에 참전했던 일본군은 여러 부대가 있지만, 주력은 가토 기요마사와 고니시의 부대였다. 군인으로서는 가토가 훨씬 유능했지만, 점령 범위가 넓고 세력이 강한 부대는 고니시의 부대였다. 조선과 명나라의 연합군은 바로 이 고니시를 포위하는 데 성공했다.

고니시는 명나라의 수군 제독 진린과 이순신에게 사신을 보내고 뇌물까지 바쳐가면서 퇴로를 열어달라고 부탁했다. 하지만 이순신의 단호한 거절로 이 제안은 실패했다. 진린도 퇴로를 열어주지는 않았지만, 뇌물을 받고 일본군 4명이 탄 작은 배 하나가 만을 빠져나가는 것을 허용했다. 이 배가 남해에 주둔한 일본 수군에게 고니시의 위기상황을 보고했다.

일본군의 거의 절반에 해당하는 병력을 구하기 위해 일본 수군의 주력이 총출동했다. 수군 2만 명에 동원한 배만 500여 척이 넘었다. 이순신과 진린의 연합 함대는 400척이 못 되었는데, 안타깝게도 조선의 함대는 80여 척밖에 되지 않았다. 일본 수군의 출동을 감지한 조명 연합 함대는 노량에서 이들을 요격하기로 결정했다. 조선 측 기록에 의하면 진린은 전투를 피하려고 했지만, 이순신이 강경하게 요청해서 작전이 결행되었다고 한다. 그곳은 약 300년 전 관음포 해전에서 정지 장군의 고려 수군이 왜구의 함대를 수장시킨 바로 그 해역이었다.

생명보다 우선하는 사명의식

11월 19일 새벽 2시경 지금의 남해대교가 놓인 협로 근처에서 총성이 울렸다. 이렇게 시작된 해전은 임진왜란 사에서 가장 규모가 크고, 격렬했던 전투로 발전한다. 양국의 장병들 모두 집으로 돌아가기 전에 치르는 마지막 전투임을 잘 알고 있었다. 하지만 고향으로 돌아가는 마지막 한 계단 앞에 펼쳐진 사선은 너무나 깊고 처참했다. 양 군은 사력을 다해 싸웠다. 일본군 병사들은 바다 건너 집으로 돌아가기 위해서, 조선의 병사들은 침략자를 격멸하고 승리자로서 귀환하기 위해서.

이 전투가 얼마나 격전이었는지 조·명·일 3국의 대장선이 모두 한두 차례씩 위기를 겪었을 정도였다. 얼마 후 함대의 좌측을 맡아 선두에서 싸우던 명나라의 노장 등자룡의 배가 갑자기 화염에 휩싸여 통제 불능이 되었다. 일본군은 이 기회를 놓치지 않고 배로 난입해 등자룡을 살해했다. 조선 수군은 명나라군보다 더 악착같이 싸웠던 만큼 피해가 컸다. 장수급만 10여 명이 전사했는데, 임진왜란을 통틀어 장수급 전사자의 절반이 이날 전투에서 나왔다. 이순신의 뒤를 이어 통제사가 된 유형 장군의 갑옷에는 여섯 발의 총탄이 박혀 있었다고 한다. 다시 얼마의 시간이 흐른 후에 이순신 장군이 총탄에 맞아 쓰러졌다.

격렬한 전투는 정오쯤에 끝났다. 해전이었기 때문에 일본군 전사자 수는 정확히 알 수 없다. 조선 측 사료는 일본 병선 200척을 격침했다고 했고, 명군의 보고는 100척 포획에 200척 파괴라고 했다. 고니시는 혼란을 틈타 작은 배를 타고 탈출해서 일본으로 귀환하는 데 성공했다. 하지만 그의 목숨은 오래가지 못했다. 2년 후 고니시는 도요토미 사후 일본의 패권을 두고 도쿠가와 이에야스와 이시다 미쓰나리가 격돌한 세키가하라 전투에서 미쓰나리 편에 섰다가 패배해 현장에서 살해당했다.

이순신 장군 자살설의 진실

노량해전은 위대한 승리로 막을 내렸지만 조선은 최고의 영웅을 잃었다. 그런데 시간이 지나자 이상한 소문이 돌기 시작했다. 조선의 위정자들에 환멸을 느낀 이순신 장군이 마지막 전투에서 갑옷을 입지 않고 참전했다는 소문이었다. 이 이야기가 언제부터 시작되었는지는 모르겠지만, 17세기에는 이미 상당히 퍼져서 조정의 고관까지도 이 소문을 믿는 사람들이 나왔다. 숙종 때 이조판서를 역임한 서하 이민서는 이순신 장군이 당파 싸움에 회의를 느껴 갑옷을 벗고 전쟁에 임했다고 서술했다. 영의정을 지낸 이여 역시 이순신의 자살설을 믿었다. 이순신의 자살설은 근래까지 이어져 고명한 역사학자 중에서도 이를 믿는 이들이 의외로 많다.

이순신의 자살설이 등장한 배경에는 조선 사회의 정치문화에 대한 회의가 담겨 있다. 전쟁 중에 이순신은 수군 최고사령관직에서 쫓겨나 일반 사병으로 강등되었다. 이순신이 물러난 자리에는 그의 라이벌이며 당파도 달랐던 원균이 등용되었다. 그 대가로 조선 수군은 칠천량에서 패배해 거의 전멸되다시피 했다. 이 피해는 노량해전에서 전사한 일본군의 수보다 많았다.

이순신 해임 사건의 원인에 대해서는 여러 설이 있지만, 진상이 무엇이든 사람들은 정치적 음모가 개입되었다고 믿었다. 국가적 위기 상황에서도 벌어지는 치졸한 정치 싸움과 그 엄청난 대가에 대해 사람들은 넋을 잃었다. 조선 정부의 치졸함은 여기에 그치지 않았다. 가토 기요마사의 군대를 몰아내고 함경도를 탈환한 정문부도 역모에 휘말려 살해되었다. 의병장으로 최고의 공을 세운 곽재우는 이에 관직에 나오지도 않고 은거했다. 역시 의병장이었던 김덕령도 모함을 당해 죽었다. 그뿐인가, 대체로 숙종 무렵부터 당파 싸움이 점점 치열해지더니 대규모 숙청과 정적에 대한 살해까지 나타났다. 대유학자이자 정치계의 거두였던 송시열도 사약을 받았다. 정쟁이 치열해지는 만큼 관리 등용과 인사행정에서는 혈연과 지연, 학연이 더욱 중시되기 시작했다. 든든한 배경이 없으면 아무것도 할 수 없는 세상이 된 것이다. 그러자 사람들은 정치판에 실망하는 만큼 이순신 장군의 자살설에 더 확신을 갖기 시작했고, 이순신의 선택이 옳았다고 생각했다.

개인의 명예보다 조직을 더 중시하는 것이 진짜 리더

결론부터 말하면 이순신 장군의 자살설은 진실이냐 허구냐를 논하기 이전에 이순신 장군에 대한 최대의 모욕이다. 자살설의 골자는 이순신 장군이 대놓고 자살할 수가 없어서 일부러 전사하는 방법을 택했다는 것이다. 그런데 한창 전투 중에 그것도 7년의 전쟁 기간 중 최대의 격전이며, 부하 장병들이 가장 많이 희생된 엄청난 전투에서 지휘관이 앞으로 닥쳐올 세상은 보기 싫고, 자살했다는 불명예는 쓰기 싫어서 갑옷을 입지 않고 싸우다가 전사한다는 게 말이 되는 이야기일까? 전투 중에 지휘관이 전사한다는 것은 상상할 수 없는 위험을 초래한다. 그럼에도 이순신 장군이 갑옷을 입지 않고 싸웠다면 그가 부하들의 생명과 전투의 사명감은 안중에도 없고, 자기 명예와 체면만 소중히 하는 사람이라는 뜻이 된다. 이순신 장군의 입장에서 보면 생전에 가해진 어떤 비난이나 백의종군의 처벌보다도 통분할 이야기가 자살설인 것이다.

리더에게 가장 중요한 자질은 자신이 맡은 과업과 부하들에 대한 책임이다. 이를 이루기 위해서 사적인 이익은 물론이고, 비난과 굴종마저도 감수하는 것이 진정한 리더다. 실제 역사 기록을 보면 이순신 장군의 최고 미덕이 바로 이런 모습이다. 이순신 장군이 통제사에서 해임되었던 이유도 조정에서 요구하는 잘못된 전략을 끝내 거부했기 때문이다. 물론 이순신 장군은 그 대가로 해임과 백의종군을 받아들일 수밖에 없었다. 반면 원균은 그것을 해내지 못했고, 결국 자신과 조선 수군 2만 명의 목숨을 칠천량에 수장해야 했다.

자살설의 배경에 정치문화와 폐쇄적인 사회 현실에 대한 회의가 놓여 있다는 사실, 그 혐오감이 지금까지 해소되지 않았다는 사실은 어느 정도 이해할 수 있다. 그것이 조직 생활을 잘 모르는 순박한 농부들과 시골 선비들 사이에 유행한 것까지도 이해할 수 있다. 하지만 이 이야기가 국가 경영을 책임진 고위 관료와 최고 지식인들 사이에도 퍼져갔고, 지금까지도 유행하고 있다는 것은 충격적인 일이다.

리더는 조직원들의 자발적 참여를 토대로 과업을 달성하기까지 무한 책임을 져야 한다. 하지만 리더의 역할에 대한 이런 기초적인 이해조차 부족한 것이 우리 현실이다. 또 훌륭한 리더십을 행사한 리더가 한국 사회에 부족하다는 점도 돌이켜볼 필요가 있다. 특히 급속한 경제 발전으로 각 영역에서 필요한 책임자의 숫자는 급속히 늘어났지만 충분한 자질과 역량을 갖춘 리더는 부족했다. 이런 불균형이 지속되면서 제대로 된 리더십을 보여줄 역할모델을 찾기가 쉽지 않았고, 민족적 영웅에 대한 어처구니없는 오해도 확산되었던 것이다. 이것이 우리가 이순신의 영웅적인 면모만 살펴볼 것이 아니라, 그가 가진 진정한 리더십에 대해 제대로 공부하고 이해해야 하는 이유다.

24. 미드웨이 해전
완벽한 계획의 함정

1941년 12월 7일 일본군의 진주만 공습은 완벽한 기습의 성공사례로 기억되고 있다. 이 공습으로 미국은 10여 척의 군함이 피해를 입거나 침몰했고, 180여 대의 비행기가 격추당하거나 손상되었다. 미군 사상자는 무려 2,400여 명에 달했다. 반면 일본군이 이 작전에서 잃은 병력은 60여 명에 불과했다.

그래도 진주만 공습을 다룬 영화나 사진에서 느끼는 피해보다는 의외로 적다는 생각이 드는 것은 제2차 세계대전 때만 해도 눈대중으로 폭탄을 떨어트리는 방식이라 공습이 상당히 부정확했기 때문이다. 폭탄을 무차별 투하해서 도시 하나를 먼지로 바꿔버리는 것은 가능했지만, 군함, 콘크리트 벙커, 포대와 같이 정밀 집중 타격을 요하는 목표들은 대부분 폐허더미에서 살아남았다. 몇 번 그 경험을 한 보병들은 공중폭격이 공격부대, 그것도 전투 경험이 적은 병사들에게 주는 심리적 효과와 함께 약 15~20분 동안 수비대를 잠시 멍하게 하는 효과뿐이라는 사실을 깨달았다.

이런 사정을 감안하면 진주만 공습의 전과는 대단한 것이었다. 하지만 전략적 관점에서 보면 진주만 공습은 완전한 실패였다. 목표였던 항공모함이 마침 기동훈련차 항구를 떠나 있어서 단 한 척도 격침하지 못했다. 파괴된 전함은 항공모함보다 속도가 느린 구형이라 전쟁에서 사용하지 못할 것들이었다. 순양함, 구축함은 중요성이 떨어지는데다 파괴되더라도 빨리 건조할 수 있었다.

일본군 비행단의 장교들은 항모 격침을 위해 3차 출격을 요청했으나 사령관 나구모 제독이 이 정도면 충분하다고 공격을 중단시켰다. 이는 돌이킬 수 없고, 이해할 수도 없는 실수였다. 그 바람에 미국 태평양 함대의 항모는 고스란히 살아남았는데, 이는 미군이 제해권을 잃지 않았다는 의미였다. 제2차 세계대전에서 군함과 군함끼리 벌이는 포격전은 구식이 되었고, 함재기 공격이 해전의 승패를 좌우했다. 진주만에 있던 3척의 항모가 파괴될 경우 이를 다시 건조하려면 아무리 미국이라고 해도 1, 2년은 족히 걸렸을 것이다. 그 기간이면 일본군은 태평양을 완전히 장악하고, 호주까지도 점령하거나 고립시켰을 것이다.

실수가 실수를 낳고

일본의 진주만 공습은 미국이 호들갑을 떤 것처럼 미국 침공을 위한 것은 아니었다. 일본은 그럴 마음이 전혀 없었다. 부존자원이 없는 일본은 전쟁을 수행하기 위해 태평양에 있는 석유, 고무, 구리 등 전략물자가 꼭 필요했다. 여기에 걸림돌이 되는 것이 미국이었다. 그래서 일본은 항모를 파괴함으로써 미국이 태평양에서 손을 떼게 하거나 자신들에게 유리하게 협상을 맺는 것이 목표였다. 파괴된 항모를 다시 건조해서 미국이 태평양에 개입한다고 해도 그 사이에 일본이 태평양의 섬들을 요새화하고 옥쇄의 정신으로 사수한다면, 그들을 협상 테이블로 끌어낼 수 있다고 믿었다. 이런 전략에서 보면 3차 공격의 포기는 정말 납득하기 힘들다. 게다가 항공 전력에서 일본이 완전한 우위였는데도 말이다.

그럼에도 일본군은 승리에 도취했고, 승자의 자만심에 빠졌다. 더욱 황당한 것은 다음 단계의 전략이 전혀 준비돼 있지 않았다는 점이었다. 치밀하기로 유명한 일본군의 전통을 감안할 때 이해하기 힘든 일이지만, 사실이었다. 장기 계획의 부재는 육군과 해군의 충돌을 낳았다. 전선이 중국과 태평양으로 확장되면서 이미 병력 부족에 시달리던 육군은 전략과 상관없이 육군 병력이 필요한 작전은 무조건 반대했던 것이다. 결국 다시 미국의 태평양 함대를 공격해 항모를 잡고 미국의 태평양 진출을 완전히 봉쇄한다는 작전으로 결정이 났다. 즉 2차 진주만 공습이었는데, 이것이 기존 진주만 공습의 실패를 자인하는 꼴이 되므로 목표를 조금 수정해 미드웨이 섬으로 결정했다. 육군도 이 계획에는 동의했는데, 미드웨이가 워낙 작은 섬이라 육군이 거의 필요하지 않았기 때문이다.

사실 미드웨이는 미끼고 진짜 목표는 항모였다. 미드웨이를 점령하면 미군 항모가 출동하지 않을 수 없다. 그런데 일본군 항모는 10척, 미군 항모는 경항모를 포함해서 5척에 불과해 항모 전력에서 일본군은 완벽한 우세였다. 이후의 모든 전투를 통해서 볼 때 같은 수준의 항모가 격돌했을 때도 미군과 일본군의 전력은 4대6 정도로 일본군이 우세했다. 여기에 전력 역시 2배가 넘어, 자만심 때문에 눈을 감고 덤비지만 않는 이상 정면대결을 벌여도 일본군의 승리가 확실했다. 객관적 전력의 열세로 미 해군은 자신감을 상실하고 거의 공황 상태에 빠졌다. 오직 타고난 전사, 참된 군인정신을 지닌 몇몇 지휘관들이 절망적 상황에서도 최선을 다한다는 자세로 운명을 마주했을 뿐이다.

그런데 이런 상황에서 일본군은 이해할 수 없는 작전을 연발한다. 일본군은 뉴기니 상륙을 지원하기 위해 최신예 항모인 쇼카쿠, 즈이카쿠, 소형 항모인 소호를 뉴기니 근해로 투입했다. 그러자 미군 역시 다른 곳에 가 있었던 엔터프라이즈와 호넷을 제외하고 남은 항모 3척을 모두 뉴기니로 보냈다. 1942년 5월에 벌어진 산호해 해전에서 미군의 항모 렉싱턴이 침몰했고 요크타운과 사라토가가 심각한 피해를 입었다. 일본군은 소호가 침몰했고 나머지 두 척도 손상을 입었다. 미국은 더 크게 패할 상황이었는데, 기막힌 행운 덕분에 이 정도로 끝날 수 있었다.

반대로 일본에게는 이것이 큰 실수였다. 미군의 항모가 몇 척 없는 상황에서 미드웨이에 집중하거나 대규모 함대를 파견해 산호해에서 승부를 걸었어야 했는데, 괜히 항모를 소규모로 파견해 대등한 결전을 벌였다. 따지고 보면 일본의 판정승이지만, 소호는 제쳐두고라도 일본 최강의 항모 2척이 미드웨이 해전에 참가하지 못하게 된 것이다. 그래도 일본군은 전황이 유리해졌다고 판단했다. 미드웨이에 투입할 항모가 미군은 2척이 되었고, 일본군은 7척을 투입할 예정이었기 때문이다.

이 단계에서 일본군은 지금까지 한 실수를 전부 합친 것보다 더 이상

▶ **미드웨이 섬** | 미드웨이 해전이 벌어진 미드웨이 섬의 전경(1941년). 앞에 있는 것이 미드웨이의 비행장이었던 이스턴 아일랜드다. 비행장을 제외한 대부분의 기초 설비들이 자리하고 있던 샌드 아일랜드는 항구 항로의 건너편에 위치하고 있다.

한 실수를 한다. 함대를 셋으로 분할한 것이다. 항모 준요와 경함모 소류를 주축으로 하는 5함대는 알류샨 열도를 침공해서 미군의 주의를 분산시킨다. 나머지 5척은 다시 주력인 1함대와 미드웨이 상륙부대인 2함대로 나누어 항모를 4대1로 분할했다. 1함대가 미드웨이를 공습하면, 2함대가 상륙한다. 그러면 진주만의 미군 항모가 출동할 것이고, 이것을 1함대가 요격한다는 작전이었다.

한마디로 정의하면 7대2의 싸움이 될 전투를 4대2의 싸움으로 하겠다는 것이었다. 일본군이 왜 이렇게 힘을 분산시키는 작전을 구사했는지는 미스터리다. 알류샨 열도의 미군 전력은 있으나 마나 한 수준이었고, 미군은 여기저기로 나누어 보낼 항모도 없었다.

미드웨이 공략 작전도 지나치게 복잡했다. 1함대에 배치한 항모 4척의 함재기는 우선 미드웨이를 폭격하고 이틀 후에 있을 2함대의 상륙 작전을 지원한 뒤 마지막으로 하와이에서 올 미군 항모를 상대하도록 되어 있었다. 그런데 육상공격과 해상공격은 주력 항공기가 다르다. 항공모함은 모든 함재기를 동시에 띄울 수가 없다. 육상공격을 할 때는 고폭탄을, 군함을 공격할 때는 어뢰를 달아야 한다. 그러므로 공격이 복잡해지면 큰 혼란이 발생할 수 있다.

자신들이 유리한 상황에서도 방심하지 않고, 최선을 다하는 태도는 분명 필요하지만 전투를 복잡하게 하는 것이 최선은 아니다. 유리할수록 작전의 주도권을 쥐고 선 굵은 전투를 해야 한다. 하지만 일본군은 정반대로 나갔고, 그것이 치명적 결과를 초래했다.

불운은 불운한 사람에게 먼저 찾아온다

일본군의 계획은 처음부터 어긋났다. 미군은 일본군 암호를 감청해서 미드웨이 근처에서 이미 대기하고 있었다. 1,400명의 기술자들이 철야로 작업한 결과 산호해에서 파괴된 요크타운을 기적처럼 바다에 띄웠다. 항모가 3척이 된 미군은 주력인 나구모의 함대를 노렸다.

미드웨이 해전은 워낙 큰 규모의 해전이어서 전개 과정에서 여러 가지 사건이 발생했다. 그 사정을 전부 설명하려면 상당히 복잡한데, 결과적으로 보면 일본군에게 불운이 겹쳤다.

미드웨이로 접근하던 일본군은 미군 항모가 근처에 있다는 조짐을 발견했다. 돌다리도 두들겨보고 건넌다는 심정으로 나구모는 함재기에 군함 공격용 어뢰를 장착시켜 수색을 내보냈다. 그런데 마침 수색기 한 대가 고장 나서 30분 늦게 출발하게 되었다. 수색기의 정찰 지역은 사전에 정해져 있었는데, 하필 고장으로 30분 늦게 출발한 수색기의 정찰 지역에 미군 항모가 있었다. 이 한 대만 빼고 다른 정찰기가 모두 미군을 발견하지 못했다고 보고하자 나구모는 미군 항모가 없다고 단정하고, 미드웨이를 공격하기 위해 함재기의 어뢰를 고폭탄으로 교체한다. 이 작업이 1시간 정도 소요되는데, 작업을 시작하자마자 늦게 출발한 정찰기로부터 미군 함대를 발견했다는 연락이 왔다. 하지만 흥분한 조종사는 미군 함대라고만 보고하고 항모가 있다고 말하지 않았다. 나구모는 폭탄을 다시 어뢰로 교체하라는 명령을 내리기를 주저한다.

그 사이에 미군 공습부대가 나타나 나구모 함대를 공격했다. 소규모 공격이어서 일본 함대는 피해를 입지 않았지만 미군 항모가 근처에 있다는 사실은 확실해졌다. 나구모는 함재기에 탑재한 폭탄을 다시 어뢰로 교체하라는 명령을 내렸다. 근실한 일본 갑판원들이 최선을 다했지만, 갑판은 그야말로 난장판이 되었다. 교체를 위한 폭탄과 어뢰가 수북하게 쌓인 것이다. 안전규정대로라면 이렇게 폭탄을 쌓아놓고 하는 작업은 금지였지만, 시간이 없었다. 이때 미군 뇌격기 전대가 대대적으로 몰려왔다. 일본군 갑판은 폭탄 덩어리였고, 갑판이 복잡해서 호위 전투기를 충분히 발진시킬 수 없었다. 이 등골 오싹한 순간에 기적이 일어났다. 미군 뇌격기는 말 그대로 고물 항공기라 둔하고 느려서, 호위 전투기와 대공포의 밥이었다. 사선을 뚫고 어뢰를 발사한 뇌격기는 몇 대 되지 않았는데, 그나마 미군 어뢰가 심각한 불량품이어서 뇌격기에서 분리되지 않거나 떨어져도 폭발하지 않았다. 이 공격에서 살아남은 미군 조종사는 단 한 명이었다.

일본군이 안도의 숨을 내쉴 때, 미군의 2차 공세가 시작되었다. 정상적인 공세로는 둔한 미군 함재기가 일본 호위 전투기의 방어망을 뚫고 일본 항모까지 도달하는 일이 불가능에 가깝다. 그런데 마침 수면 위로 낮게 비행하면서 어뢰를 떨어트리는 뇌격기의 공세를 막기 위해 일본군 호위 전투기들이 모조리 저고도로 내려와 있었다. 그때 급강하 폭격기로 구성된 2차 공세가 이어진 것이다. '던트리스'라고 불리는 미군의 급강하 폭격기도 고물이기는 마찬가지였지만, 미군 함재기 중에서는 그럭저럭 위력을 발휘할 수 있는 유일한 기종이었다. 이 시대의 항공기는 출력이 약해 급상승을 할 수 없었으므로, 던트리스 편대는 아무런 방해 없이 항모를 공격할 절호의 기회를 잡았다.

이것이 우연이었을까? 아니면 전멸한 뇌격기 조종사들을 미끼로 한

의도적인 작전이었을까? 현재로서는 알 수 없고 조종사들 역시 누구 하나 의견을 제기하지 않았다. 다만 뇌격기 조종사들의 희생은 영웅적이고 고귀했다고 이야기할 뿐이다.

급강하 폭격은 위력적이기는 한데, 명중률이 떨어진다. 더구나 미군 조종사들은 신참들이어서 실력이 뛰어나지도 않았다. 하지만 일본 항모 갑판의 중앙에는 일장기의 붉은색 원이 커다랗게 그려져 있어서 그것이 완벽한 표적이 되었다. 더구나 갑판에는 연료를 가득 채운 항공기와 폭탄, 어뢰가 가득했다. 단 한 발만으로도 어마어마한 폭발이 일어났다. 그 결과 3대의 항모가 침몰했고, 일본군 정예 조종사들이 몰살당했다. 미군은 요크타운 1척을 잃었다.

완벽주의는 불확실성을 인정하는 데서 출발한다

미드웨이 해전을 보면 일본군의 패인은 우연과 불운이다. 하지만 앞서 말했듯이 전쟁에서는 우연과 불운이 언제든 찾아올 수 있다는 사실을 역사가 알려주고 있다. 그래서 모든 계획에는 항상 예상치 못한 상황에 대한 대응력을 갖추어야 한다.

일본군은 이 점에 대한 인식이 부족했는데, 그 이유는 특유의 관료주의와 완벽주의 덕분이었다. 일본군은 결과가 명확하지 않거나 모호하고 불확실한 부분이 있는 계획서나 보고서는 제출할 수가 없었다. 불확실성이 전쟁의 본질임에도, 불확실성을 성의 부족, 노력 부족으로 간주하는 태도가 이런 결과를 초래한 것이다.

공격 계획이 쓸데없이 복잡해진 것도 같은 이유였다. 여러 가지 변수와 불확실성을 공개적으로 인정하지 않고 겉보기에 완벽한 계획으로 작성하려니 괜히 복잡해진다. 이것은 미드웨이뿐만 아니라 일본군의 모든 작전에서 드러나는 특징이었다. 여기에 관료주의의 특징인 보신주의까지 겹쳐지면서 더욱 복잡해져서 책임소재가 잘 드러나지 않도록 가공되었다. 형식주의와 관료주의의 폐단이 이렇게 무섭다. 진정한 완벽주의는 불확실성을 정직하게 인정하고, 그 불확실성에 신속하게 대응할 수 있는 계획이다.

모든 예측은 변수를 가지고 있다. 사회와 기업에도 이런 점을 충분히 인정하는 리더가 필요하다. 최대한 예측한 결과를 가져올 수 있도록 조직원을 독려하고 앞장서서 이끌어야 하는 한편, 예측 가능한 변수에 대해서 언제든 열린 마음을 가지고 대처할 줄 알아야 진정한 리더가 될 수 있다. 이를 인정하지 않고 예측한 결과를 내지 못한 것을 실패로 간주하고 책임을 따지기만 한다면, 조직이 경직되고 실패 한 번에 무너지는 미드웨이 해전의 일본군 같은 상황을 맞이하게 될 수도 있음을 명심하자.

25. 지평리 전투
카리스마형 리더십과 민주적 리더십

1980년대에 카리스마형 리더십과 민주적 리더십에 대한 통계를 본 적이 있다. 일정 규모 이상의 조직을 경영하는 리더를 대상으로 리더의 스타일을 분석한 것이다. 미국의 경우는 5대5가 나왔고 한국은 9대1로 카리스마형이 완승을 거두었다.

한국인이 카리스마형을 좋아하기 때문일까, 한국 사회가 아직 권위적이어서 카리스마형이 먹히는 것일까? 두 해석 다 일리는 있지만 정답은 아니다. 1980년대에 한국에서 카리스마형이 성공하는 리더십이 된 이유를 굳이 찾자면, 앞의 두 이유와 더불어 리더나 구성원이나 제대로 사용할 수 있었던 리더십이 카리스마형밖에 없었던 탓이 아닌가 싶다.

하지만 본질적인 문제는 이런 질문 자체가 우문이라는 것이다. 리더십은 모두 장단점과 특성이 있기 때문에 민주형, 카리스마형, 귀족형, 서민형 중 어느 것이 바람직하다고 꼬집어 말할 수 없다. 그렇다면 좀 더 수준 있게 지금 우리 상황에, 우리 목적에 적합한 리더십은 무엇이냐고 물으면 어떨까? 이런 질문은 간혹 옳을 수도 있지만 그 역시 오류로 귀결되기 딱 좋다. 어떤 형태의 리더십이든 그 성과는 리더의 능력과 인격, 리더십에 대한 이해, 조직과 구성원에 대한 이해와 태도에 따라 달라진다. 그 좋은 사례가 한국 전쟁사에 있다.

자신의 원칙이 확고해서는
독불장군밖에 되지 못한다

역사책에 등장하는 인물에게 참 안된 일은 역사가로부터 호된 비난을 받는 것이다. 하지만 더 처참한 경우는 조롱의 대상이 되는 것이다. 한국 전쟁에서 이 끔찍한 역사의 덫에 걸린 사람이 미 10군단장 에드워드 알몬드 장군이 아닌가 싶다.

알몬드는 맥아더 총사령관의 참모장으로서 그의 열렬한 추종자였다. 당연히 맥아더의 신임을 한 몸에 받았다. 그 대가로 주변 사람들로부터는 과잉 충성으로 낙인찍혀 비난의 대상이 되기도 했다. 일설에는 맥아더의 중요한 판단 착오, 특히 중공군 개입을 오판한 것 등은 불리한 정보를 도통 전달하지 않았던 알몬드의 탓이라고 한다.

알몬드에 대한 비난을 모아놓으면 그가 대단한 기회주의자에 무능력자처럼 느껴진다. 하지만 알몬드에 대해 비판적인 이들도 솔직히 인정한 점은 알몬드가 금욕주의자에 완벽주의자로서 그만큼 자기 절제가 강했다는 점이다. 그는 자부심이 강하고, 모든 면에서 최고가 되고 싶어했는데, 결코 아첨이나 비정상적 방법에 의존하려는 인물은 아니었다. 그는 최고가 되려면 남보다 더 열심히 노력해야 한다는 건전하고 확고한 신념을 가졌다. 전술적으로도 그는 전통적 교리에 얽매이지 않고, 스케일이 크고 도전적이며, 첨단의 전술을 추구하는 이론가였다. 흥남 철수 작전 때 미군 철수 함대에 한국 피난민의 수송을 허용하는 결정을 내린 사람도 알몬드였다.

모든 면에서 멋진 지휘관이 되고 싶었던 알몬드는 당연히 부하들로부터도 진심 어린 존경과 신뢰를 얻기 위해 노력했다. 그는 좋은 지휘관은 결코 권위적이거나 군림해서는 안 되며, 말단 병사와의 소통과 스킨십도 중요시해야 한다고 생각했다. 그래서 부하들과 자주 만나고 격의 없는 대화를 나누었다. 또 휘하의 지휘관들에게도 부하의 이름을 모두 외우고 있어야 한다는 명령을 내리고 자신도 몸소 실천했다.

한마디로 우리가 아는 멋진 지휘관의 행동은 모두 긍정하고 실천했다. 그는 위험을 무릅쓰고 최전선을 돌아다녔고, 전투 중에 전공을 세운 장병을 보면 계급에 구애받지 않고 그를 불러 칭찬하고, 관행과 규정에 얽매이지 않고 표창을 했다.

한 가지 예로 제임스 딜 중위의 회고가 있다. 1950년 9월 26일, 서울 탈환 작전 중에 미 해병중대가 인민군의 역습을 받은 사건이 있었다. 탱크까지 동원한 대대적인 야간 기습이었다. 방심한 데다 대전차 화기도 부족했던 해병중대는 전멸 위기에 몰렸다. 이때 마침 포병 관측장교였던 딜 중위가 근처에 있었다. 그는 155밀리미터 포대를 호출해 지원 포격을 하려고 했는데, 야간에다 온갖 포대에서 발사하는 포화가 사방에서 터지는 통에 탄착점을 확인할 수가 없었다. 딜은 의전행사에서 사용하는 일렬포격을 요청했다. 의장병들이 하늘에 일제 사격을 하듯 포를 한 줄로 터트리는 방식이다. 일직선으로 터지는 포화를 보고 그는 155밀리미터 포의 탄착점을 확인할 수 있었고, 탄착점의 정확한 위치를 알아내 해병 중대를 공격하는 탱크 부대를 일거에 박살냈다. 근처 언덕에서 알몬드가 이 전투를 관측하고 있었다. 그는 갑자기 터지는 이상한 포격과 멋진 전과를 보고 당장 관측장교를 데려오라고 명령했다.

한 장교가 나에게 와서 "딜 중위, 군단장님이 자네를 찾고 있네"라고 전했다. 장군이 중위를 부르는 경우 대부분은 그 중위가 큰 문제점을 가졌다는 것이 불문율이었다. (중략) "중위 나는 산꼭대기에서 직접 그 포격과정을 목격했네. 나는 그동안 숱한 야포대의 포격을 봤지만 여태껏 그처럼 훌륭한 포격 광경을 본 적이 없네…. 자네가 한 일을 치사하는 바이네." 나는 실신할 뻔했다. 나는 거의 떨리는 목소리로 "감사합니다"라고 말했다.

알몬드는 딜 중위에게 진정한 군인이라는 찬사를 더하고 본부로 돌아간 뒤, 잊지 않고 그에게 동성훈장을 수여했다. 이게 뭐 대단한 일화인가 싶지만, 당시의 군대는 우리가 생각하는 것 이상으로 권위적이고 부조리가 횡행했다. 딜 중위의 회고처럼 중위가 군단장을 대면하는 일은 놀랄 만큼 드물었다. 웬만큼 큰 공을 세워도 훈장을 받기는 하늘의 별 따기였다. 부대에 할당된 훈장은 포커판에서 오가고, 지휘관의 부관, 비서, 당번병, 친구의 아들 등등 지휘관의 개인 인맥에서 1차로 소진되는 것이

상식이었다. 이런 사정을 감안하면 알몬드는 하급장교에게 충격을 줄만큼 파격적이고 할 도리를 하는 지휘관이었다.

소통에 실패한 소통 리더십

알몬드의 아들도 장교였다. 사관학교 졸업 후 그는 이탈리아 전선에 투입되었다. 알몬드는 아들의 상관에게 직접 편지를 보내 자신을 배려해서 괜히 참모로 두지 말고 전투중대를 맡겨달라고 부탁했다. 상관은 부탁을 들어주었는데, 전투 지휘관이 된 아들이 전사하고 말았다. 아들을 설득해서 사관학교로 보냈던 알몬드는 큰 충격을 받았지만, 비극에도 내색하지 않고 평소처럼 부대를 지휘했다.

이 정도면 위인전에 나올 만한 일화다. 그런데 이상하게도 알몬드의 의욕적인 행동은 항상 헛돌았고 좋은 결과를 가져오지 못했다. 한국 전쟁의 처참한 패배와 결정적인 미스는 거의 전부가 알몬드의 고집과 관련이 있었다. 맥아더가 알몬드를 총애하지만 않았어도, 알몬드의 자리에 다른 누군가가 있기만 했어도, 알몬드가 다른 사람의 말을 듣거나 누군가가 진정으로 알몬드를 존경하기만 했어도 한국 전쟁의 양상은 완전히 달라졌을지도 모를 정도다.

그는 소통의 리더십을 추구하고 실천했지만, 장병들은 전혀 감동하지 않았다. 1951년 2월 알몬드는 중부전선의 2사단 23연대를 시찰했다. 도중에 한 병장을 만나 소탈하게 말을 걸었다. "꽤 춥지? 어찌나 추운지 오늘 아침에는 트레일러 안에 있던 물마저 꽝꽝 얼었더군." 그러자 병장이 대답했다. "트레일러에다가 대야 가득 채울 물까지 있으시니 참 좋으시겠습니다."

조금 후 알몬드는 비탈의 빙판길에 엉덩방아를 찧었다. 옆에 있던 연대장 프리먼 대령이 얼른 손을 내밀자 알몬드는 거절했다. "도움이 필요하면 내가 먼저 이야기 하겠네." 높은 계급임에도, 시중받기를 좋아하지 않는 씩씩하고 건강한 리더로 보이고 싶었던 모양이지만, 굳이 이렇게 말할 필요는 없었다. 이는 마치 강박증이나 콤플렉스가 있는 사람의 말투였다.

알몬드는 늘 이런 식이었다. 그래도 꿋꿋했다. 엉덩방아를 찧은 언덕을 내려오자 한 병사가 도끼로 장작을 패고 있었다. 장작 패는 자세를 보니 초보였다. 알몬드는 즉시 그 병사에게 다가가 그렇게 하다가는 자기 발을 찍을지도 모른다고 경고했다. 그러자 병사는 시큰둥하게 대꾸했다. "그러면 좋겠네요. 이 지옥을 빠져나갈 수 있으니까요."

별을 세 개씩이나 단 고급 장성이 장작도 잘 패고, 삽질도 잘하고, 병사들을 만나면 소총의 사격자세를 가르쳐준다. 당연히 존경과 감탄을 받아야 마땅한데, 돌아오는 대답은 늘 이런 식이었다. 알몬드의 문제점은 자신이 모든 것을 누구보다 잘 알고 있다고 믿는 태도였다. 장작 패기, 참호 파기, 소총 사격과 같은 기본 기술은 물론 병사의 심리와 고충, 소대 지휘부터 군단 지휘까지 자신은 달통했고, 자신의 방법이 옳다고 믿었다. 또 그것을 과시하고 확인하고 싶어했다. 그 욕망이 너무 강렬해서 그의 친절한 행동에도, 장병들은 그의 행동이 자기 과시에 불과하다는 것을 간파했다. 알몬드는 기껏 친절을 베풀어도 때와 장소, 방법을 구분할 줄 몰랐다. 한마디로 그의 소통은 교만이 옷을 바꿔 입은 것에 불과했다.

세상의 모든 상식과 선입견에는 예외가 있다

한편 비탈의 빙판길에서 넘어진 알몬드에게 손을 내밀었던 폴 프리먼 대령은 1950년 8월 2사단 23연대장으로 부임해서 한국에 왔다. 당시에는 미국도 카리스마형 지도자를 좋아했다. 특히 군대에서는 용모도 중시했는데, 프리먼은 여기서 벌써 실격이었다. 할리우드의 영화배우를 닮은 미남자에 선량하게만 보이는 인상이 카리스마에는 독이 되었다. 행동과 말투도 용모를 닮은, 전형적인 샌님 스타일의 인물이었다.

경력으로도 프리먼은 전투 지휘관이 될 자격을 전혀 갖추지 못했다. 미군이 한국 전쟁을 예측했고, 준비가 조금만 되어 있었더라도 프리먼이 실전에 투입될 일은 없었을 것이다. 고등학교 성적도 좋지 않고 사관생도 시절에도 성적은 바닥을 돌았으며, 눈에 띄는 장기도 없었다. 임관 후에는 늘 행정과 참모직으로만 근무했다. 그는 유능한 작전참모라는 평은 들었지만, 참모로서도 전쟁터에는 거의 가보지 못하고 대부분 본국과 후방에만 있었다. 20세기 전반 전쟁의 세기에 그토록 안전하게 군 생활을 하기도 힘들었다.

1949년 그는 대령으로 전역을 눈앞에 두고 있었다. 미군은 제2차 세계대전을 치르면서 크게 증가한 장교의 수를 줄여야 했다. 군에 남겨둘 자원은 유능한 전투경험자였다. 하다못해 부대지휘관이라도 역임했어야 했다. 프리먼처럼 참모로 살아온 사람들은 퇴역 1순위였다. 이들이 전역을 면할 수 있는 유일한 길은 지금이라도 전투부대의 지휘관이 되어 경력을 쌓는 것뿐이었다. 하지만 전투부대의 중대장도 못해본 그가 연대장이 되기란 불가능했다. 이때 기적이 일어났다. 한때 참모로 1년간 수행한 조지 마셜이 국무장관이 된 것이다. 그의 도움으로 프리먼은 2사단 23연대장으로 발령받았다. 그런데 알고 보니 2사단의 사단장 이하 연대장 전원, 그 외 주요 참모와 일부 대대장 등 지휘부 전체가 그렇게 살아남은 '신의 아들'이었다.

프리먼이 부임 준비를 하고 있을 때 한국 전쟁이 터졌다. 그 바람에 23연대보다 늦게 한국에 도착한 프리먼은 전선에 투입되기 전에 부대원들과 손발을 맞출 기회를 단 하루도 얻지 못했다. 거기다 프리먼은 미국이 아시아의 전쟁에 발을 디뎌서는 안 된다는 생각의 소유자였다. 23연대는 전투 경험도, 참전에 대한 사명감도, 부대원과의 유대도 전혀 없는 대령을 지휘관으로 해서 낙동강 방어선에 투입되었다.

1950년 9월 인민군의 총공세가 시작되었다. 유명한 낙동강 돌출부 전투였다. 인민군 공격의 주타깃은 2사단, 그 가운데서도 23연대였다. 13일간 연대본부를 향해서만 17차례의 공격이 퍼부어졌다. 지휘관들의 능력은 물론 병력도 훈련도 부족했던 2사단은 지리멸렬했다. 낙동강 방어선 전투에서 23연대는 40퍼센트가 넘는 사상률을 기록했다.

그런데 이 전투에서 프리먼 대령은 세상의 모든 상식에 예외가 있다는 사실을 증명했다. 실전 경험이 없는 2사단의 모든 지휘관이 무능을 드러냈지만 폴 프리먼은 예외였다. 23연대 장병들은 프리먼을 존경하게 되었고, 1년 후 그는 한국에 있는 가장 뛰어난 지휘관 가운데 한 명이 되었다. 프리먼의 휘하의 소대장 가운데는 나중에 월남전 최고의 영웅이 된 할 무어도 있었다. 무어는 영화 〈위 위 솔저스〉의 실제 모델로 나중에 3성 장군으로 퇴역했다. "귀관들을 모두 무사히 데리고 오겠다는 약속을 할 수 없다. 하지만 전지전능하신 하느님 앞에 이것 하나는 맹세한다.

나는 너희들보다 한 발짝 먼저 달려갈 것이고, 너희들보다 한 발짝 늦게 전장을 떠날 것이다"라는 명연설을 남긴 할 무어의 역할모델이 프리먼 대령이었다. 그는 프리먼 리더십의 특징을 이렇게 요약한다. '강인한 정신력, 뛰어난 판단력, 부하를 존중하는 태도'. 또한 무어는 프리먼이 괜히 화를 내거나 쓸데없는 명령을 내린 적이 한 번도 없었으며, 부대원 모두가 연대장이 진심으로 자신들을 아끼며 자신들의 안전을 위해 노력하고 있음을 믿었다고 말했다.

미군의 전략과 전술이 전혀 먹히지 않은 한국의 산악 지형

1951년 2월 한국 전쟁은 중대한 기로에 섰다. 인천 상륙 작전 이후 파죽지세로 북진하던 유엔군이 중공군에게 완전히 허를 찔려 궤멸에 가까운 타격을 입고 후퇴했으며, 서울까지 빼앗겼다. 이 공세의 최대 희생자가 2사단이었다. 적유령의 참패는 한국 전쟁사 최대의 치욕이 되었다. 하지만 23연대는 프리먼의 기지로 최소한의 피해만 입고 빠져나왔다. 이 사건은 연대 장병들이 프리먼을 더욱 믿고 따르게 만들었다.

한편 1.4 후퇴로 서울까지 빼앗긴 유엔군은 더 이상 밀릴 수 없으며, 어떤 희생을 치르더라도 반격한다는 계획을 세웠다. 중공군도 총력을 기울여 결정적 타격을 입히라는 마오쩌둥의 명령을 받았다. 장기전은 중공에게도 큰 부담이었다. 그들의 목표는 충격적이고 심대한 타격을 입혀 미군이 이 전쟁에서 손을 떼게 하는 것이었다. 개입 초기 개마고원에서 그들은 거의 성공할 뻔했다. 한 번도 패배한 적이 없다는 미 해병대를 완전히 포위하고 섬멸할 기회를 잡았다. 하지만 해병대는 극적으로 빠져나갔다. 이때 처음으로 미군과 싸워본 일부 중공군 지휘관들은 초전의 승리는 기습의 효과를 본 것이고, 정면으로 싸워서 승리하기는 힘들 것 같다고 생각했다.

중공군이 4차 공세로 명명된 대공세를 준비하는 동안 알몬드 역시 비상한 작전을 구상했다. 중공군의 병력 규모가 엄청난 데 비해 유엔군은 절대 부족했다. 우리나라는 땅은 좁지만 산이 많아서 어깨를 맞닿게 병력을 늘어세워야 방어선을 유지할 수 있었다. 그러기 위해서는 최소 100만 명의 군인이 필요했다. 현실적으로 불가능한 전략이었으므로 방어선은 곳곳에 구멍투성이였다. 은신과 은밀한 기동에 관한 한 세계 최고인 중공군 보병들은 이 구멍을 파고들어 후방으로 잠입, 미군을 배후에서 포위했다. 그들의 침투를 막을 방법이 없었다.

알몬드는 숭숭 뚫린 방어선을 유지하다가 적에게 포위되느니 선제공격을 가해 중공군을 휘젓는 전술을 구상한다. 단위 전투력과 기동력은 미군이 강하니 마치 쥐 떼 속에 뛰어든 고양이처럼 주도권을 가지고 이리저리 치면서 뛰어다니자는 전술이었다. 그렇다고 마구잡이로 날뛰는 것은 아니다. 치밀하게 적진으로 파고들어 전략 요충지를 장악한다는 작전이었다. 알몬드가 선택한 요충이 지평리와 원주였다. 원주는 제천을 거쳐 충주로 내려오는 통로였다. 지평리는 더 중요했는데, 철도와 한반도 중부로 내려오는 거의 유일한 도로가 지평리를 통과했기 때문이다.

알몬드는 이런 구상 아래 23연대에게 지평리를 거쳐 원주로 진입하라는 명령을 내린다. 하지만 이것은 무모한 작전이었다. 알몬드는 패튼 장군의 기동전술을 본받으려 했던 것 같지만, 정작 패튼이 살아 있었다면 대경실색했을 것이다. 첩첩산중에 도로가 좁은 1950년대의 한국에서는 예상 진로가 뻔했고, 곳곳이 산에, 산비탈을 끼고 달리는 한국의 도로는 도처에 이상적인 매복지를 제공했다. 실제로 23연대 5,400명의 병력이 지평리에 들어갔을 때, 중공군 5개 사단이 이미 그곳에 잠복해 있었다. 쥐 떼를 헤집기는커녕 미군은 물에 빠진 고양이 꼴이었다.

알몬드만 빼고 다들 일이 또 잘못되고 있음을 직감했다. 불행 중 다행인 것은 그나마 미군이 중공군의 전술과 약점을 파악했다는 것이었다. 중공군의 약점은 보급이었다. 천문학적인 병력에 열악한 수송수단, 미군 항공기의 맹폭으로 중공군은 충분한 보급품을 확보할 수 없었다. 그 결과 중공군의 공세는 5~7일이 한계였다. 문제는 미군이 적의 약점은 파악했어도, 격파할 방법까지는 찾지 못했다는 점이다. 한국의 지형이 중국군의 전술에 이상적인 환경을 제공했기 때문이다. 중국의 평원에서 화력이 강한 적군을 향해 인해전술식 돌격을 감행한다면 엄청난 피해를 입을 것이다. 하지만 한국의 산은 워낙 가파르고 골짜기가 많았다. 미군이 고지에 자리를 잡으면 중공군은 산맥의 산줄기를 따라 접근해왔다. 산이 험할수록 골짜기도 많아 포격을 해도 살상률이 떨어졌다. 실제로 집중 포격을 하거나 항공기를 띄우면 중공군은 산줄기를 따라 후퇴해서 산 사면에 파놓은 참호와 동굴로 숨었다.

더욱이 산 아래 비탈에 붙은 병사는 위에서는 거의 보이지 않는다. 그러다가 진지 앞 30~50미터 거리 정도에서 다시 모습을 드러낸다. 이 거리를 엄청난 병력이 한꺼번에 육탄으로 밀고 들어오거나 적당한 거리에서 일제히 수류탄을 투척했다. 기관총으로 쏴도 이 짧은 거리에서는 떼로 밀려드는 중공군을 제압하기 어려웠다. 중공군은 소총이 부족해서 상당수가 수류탄만 몇 개씩 차고 다가왔다. 미군 병사들의 증언에 의하면 정말로 수류탄이 하늘을 새까맣게 덮을 정도로 날아왔다고 한다. 수류탄의 일제 투척은 막을 방법도 없었다.

자신의 능력과 카리스마로 믿음을 주어야 부하가 따른다

지평리로 들어간 프리먼은 독 안에 든 연대를 구하기 위해 기발한 방어 작전을 구상했다. 한국 전쟁에서 전투의 법칙은 무조건 고지를 선점하는 것이었다. 하지만 주변 고지에 봉우리를 따라 진을 치려고 하니 범위가 너무 넓었다. 높이와 거리를 두고 프리먼은 고민하다가 고지를 버리고 평야와 얕은 구릉을 따라 사각형의 방어진지를 구축했다. 방어선의 길이는 약 1.6킬로미터, 방어선에서 높은 고지는 약 240미터였다. 주변의 400미터가 넘는 고지들을 중공군이 장악했지만 거리가 멀어 기관총의 사거리 밖이었다. 박격포 포격은 가능했지만 이는 감수하기로 했다.

진지 안에 포대를 구축하고 탄약을 최대한 비축했다. 이로써 중공군에 의해 포탄 공급이 끊기거나 포병이 각개격파 될 위험은 사라졌다. 포위되어도 항공 보급을 유지하기 위해 방어선 안에 간이 활주로까지 닦았다.

중공군의 공격이 시작되자 프리먼의 전술이 진가를 발휘했다. 사각형의 미군 방어선에는 각 방향으로 망대 역할을 하는 언덕 수준의 작은 고지들이 하나씩 있었다. 그곳들은 모두 중공군의 주 공격 목표가 되었다. 작은 산을 향해 사방에서 중공군이 개미떼처럼 달려드는 광경은 무시무시했다. 하지만 이번에는 상황이 달랐다.

지평리에서 중공군은 산을 내려와 평야를 가로질러 미군을 공격해야 했다. 자연히 포병과 보병의 시야와 화망에 노출되는 공간이 길어졌다. 망대 역할을 한 산도 낮아 중공군이 산비탈에 붙어도 사계가 충분히 확보되었다.

이렇게 유리했음에도 23연대는 위태위태했다. 1.6킬로미터의 방어선도 병력 한계선을 넘었다. 전 병력을 방어선에 투입해야 했고, 예비대가 전혀 없어서 어디 한 군데라도 뚫리면 전투는 끝이었다. 구원부대가 도착하지 못한 채 사상자가 늘어나면서 방어선은 점점 성성해졌다. 전투 4일째 중공군의 공격이 집중되었던 맥기 언덕(소대장 맥기 중위의 이름을 따라 맥기 언덕이라고 부른다)의 생존자는 맥기 중위를 포함해서 단 4명이었다. 한 번만 더 공세가 오면 언덕을 돌파당할 것이고, 23연대는 전멸이었다.

하지만 여기서 중공군의 공격이 끝났다. 전투 후 수거한 중공군 시체는 1,200구, 부상자와 후방에서 사망한 병사를 고려하면 사상자는 약 1만 명 정도로 추산되었다. 그럼에도 그들에게는 아직 공격을 계속할 병력이 충분했다. 그런데 중공군은 기짓말처럼 물러갔다. 그들의 약점인 보급품이 바닥난 것이다.

전투에 관여했던 모든 장병들은 연대장 프리먼에 대한 연대원들의 신뢰와 믿음이 없었다면 지평리 전투의 승리는 없었다고 단언한다. 전투 중에 프리먼이 작은 부상을 입었다. 다리를 조금 절 정도의 부상에 불과했는데, 이 보고를 받은 알몬드는 바로 교체 명령을 내렸다. 알몬드는 23연대 시찰 때 병사들에게 모욕을 당한 후 보복하지는 않았지만, 장병들의 버릇없는 행위가 연대장이 느슨한 탓이라고 결론 내렸다. 프리먼을 미워하게 된 알몬드는 호시탐탐 그를 교체할 기회만 노리고 있었던 것이다.

군의관까지 나서서 프리먼의 부상은 사소하며, 지금 연대장을 바꾸면 안 된다고 항의했지만 알몬드는 요지부동이었다. 결국 후임 연대장이 부임했지만 프리먼은 명령 불복종을 감수하고 자신이 계속 지휘했다. 후임 연대장도 현실을 인정하고 프리먼의 눈에 띄지 않는 곳에 피해 있었다고 한다. 전투가 거의 종결될 즈음에야 프리먼은 지휘권을 내놓고 후송되었다.

리더는 자신의 확신이 아니라 타인의 신뢰를 얻어야 한다

지평리 전투는 지휘관의 창의적인 전술의 힘이 얼마나 대단한가를 과시한 전투였다. 이 전투로 중공군의 2월 공세는 좌절되었고, 미군은 중공군과 싸울 방법을 깨달았다. 동시에 미군에게 자신감을 부여하고, '그림자 없는 유령'이라고까지 불리던 중공군이 유령이 아니라 굶주린 군사집단이라는 사실을 가르쳐주었다. 중공군 사령관 펭더화이는 이 전투 후 승리가 불가능하다는 사실을 확신했다고 한다. 이후 지평리 전투는 미국 육사의 전술 교범에까지 올랐고, 많은 전투에서 응용되었다. 할 무어의 이아드랑 전투도 지평리 전투의 전술을 응용한 것이었다.

그러면 프리먼의 독창성은 어디에서 나온 것일까? 이 전술은 창의의 문제라기보다는 선택의 문제였다. 지평리에서는 특히 그랬다. 미군은 고지를 포기하는 과감한 선택을 했다. 그 결과 그럭저럭 버텨냈지만 방어선을 유지할 병력이 부족해서 한 군데만 뚫리면 끝이었다. 보통의 군대는 이런 상황에 빠지면 공포와 불안에 잠식당하고, 싸우기도 전에 전의를 상실한다. 하지만 23연대는 소대가 전멸하는 상황에서도 물러나지 않고 싸웠다. 이것이 프리먼이 독창적 선택을 통해 새로운 전술을 선보일 수 있었던 진정한 배경이자, 신뢰와 믿음이 기반이 된 리더십의 진정한 힘이다.

리더십과 관련해서 프리먼과 알몬드의 사례는 상대를 존중하고 신뢰를 얻는 리더십의 권위와 자기만족에 빠진 리더십이 얼마나 위험하고 맹목이 될 수 있는가를 극명히 보여준다. 아무리 좋은 교본과 사례를 따라 행동해도 구성원들은 리더의 진정을 쉽게 알아본다. 반대로 요령 이전에 리더가 가져야 할 마음의 자세를 갖춘 사람은 상황에 따라 얼마든지 좋은 방법을 찾아낼 수 있다. 진정한 리더십, 창의적 리더십은 자신을 버리고, 타인을 존중하고 위하는 마음에서 시작한다.

참고문헌

《1453 콘스탄티노플 최후의 날》 스티븐 런치만 지음, 이순호 옮김, 갈라파고스, 2004.

《1차세계대전사》 존 키건 지음, 조행복 옮김, 청어람미디어, 2009.

《6·25 전쟁》 존 톨랜드 지음, 김익희 옮김, 바움, 2010.

《갈리아 전기》 카이사르 지음, 박광순 옮김, 범우, 2006.

《구아들카날》 그레임 켄들 지음, 이용호 옮김, 백조출판사, 1974.

《나폴레옹 전쟁-근대 유럽의 탄생》 그레고리 프리몬 반즈·토드 피셔 지음, 박근형 롬김, 플래닛미디어, 2009.

《남북 전쟁(상,하)》 박정기 지음, 삶과꿈, 2002.

《니미츠》 E.B. 포터 지음, 김주식 옮김, 신서원, 1998.

《도해 세계전사》 노병천 지음, 연경문화사, 2001.

《디데이》 앤터니 비버 지음, 김병순 옮김, 글항아리, 2011.

《롬멜 보병전술》 엘빈 롬멜 지음, 황규만 옮김, 일조각, 2001..

《롬멜 전사록》 리델 하아트 엮음, 황규만 옮김, 일조각, 2003.

《말이 바꾼 세계사》 모토무라 료지 지음, 최영희 옮김, 가람기획, 2005.

《모든 전쟁을 끝내기 위한 전쟁》 피터 심킨스 외 지음, 강민수옮김, 플래닛미디어, 2008.

《무기의 역사》 찰스 바우텔 편역, 박광순 옮김, 가람기획, 2002.

《무엇이 현대전을 움직이는가》 제임스 더니건 지음, 김병관 옮김, 플래닛미디어, 2008.

《병법사 1》 한스 델브뤼크 지음, 민경길 옮김, 한국학술정보, 2009.

《브레이크 아웃: 1950년 겨울 장진호 전투》 마틴 러스 지음, 임상균 옮김, 나남, 2004.

《비잔티움 연대기》 존 줄리어스 노리치 지음, 남경태 옮김, 바다출판사, 1996.

《비잔티움-어느 중세 제국의 경이로운 이야기》 주디스 헤린 지음, 이순호 옮김, 글항아리, 2010.

《서구해전사》 김주식 지음, 연경문화사, 2007.

《서양 중세사-유럽의 형성과 발전》 브라이언 타이어니·시드니 페인터 지음, 이연규 옮김, 집문당,

1986.

《세상을 바꾼 전쟁》 윌리엄 위어 지음, 이덕열 옮김, 시아출판사, 2005.

《아르마다》 개럿 매팅 리 지음, 박상아 옮김, 가지않는길, 1998.

《역사》 헤로도토스 지음, 천병희 옮김, 도서출판 숲, 2009.

《옥스퍼드 영국사》 케네스 모던 엮음, 영국사학회 옮김, 한울, 1997.

《임진왜란 해전사》 이민웅 지음, 청어람미디어, 2004.

《전쟁과 역사 2-거란 여진과의 전쟁》 임용한 지음, 혜안, 2002.

《전쟁과 역사 3-전란의 시대》 임용한 지음, 혜안, 2009.

《전쟁의 얼굴》 존 키건 지음, 정병선 옮김, 지호, 2005.

《전쟁의 역사》 버나드 로 몽고메리 지음, 송영조 옮김, 책세상, 2004.

《第1次 世界大戰》西井一夫 지음, 每日新聞社, 1999.

《조선시대 화약병기사연구》 허선도 지음, 일조각, 1994.

《중국의 역사-수당오대》 누노메 조후·구리하라 마쓰오 외 지음, 임대희 옮김, 혜안, 2001.

《참호에 갇힌 제1차 세계대전》 존 엘리스 지음, 정병선 옮김, 마티, 2009.

《콜디스트 윈터》 데이비즈 핼버스탬 지음, 정윤미·이은진 옮김, 살림, 2009.

《퍼시픽 1, 2》 휴 앰브로스 지음, 김홍래·이영래 옮김, 플래닛미디어, 2010.

《페르시아 전쟁》 톰 홀랜드 지음, 이순호 옮김, 도서출판 책과 함께, 2006.

《폭파 위기의 덕수궁》 제임스 H 해밀턴 딜 지음, 국방군사연구소, 1996.

《한국고대전쟁사》 임용한 지음, 혜안, 2011.

《한국 전쟁》 매튜 B, 리지웨이 지음, 정우사, 1981.

《한국 전쟁사》 전쟁기념사업회 엮음, 행림출판사, 1004.

《해전의 모든 것》 이에인 딕키 외 지음, 한창호 옮김, Human & Books, 2010.

《핸더슨 비행장》 권주혁 지음, 지식산업사, 2001.

《화염 조선》 박재광 지음, 글항아리, 2009.

《AN ILLUSTRATED HISTORY OF THE FIRST WORLD WAR》 JOHN KEEGAN, Alfred A Knopf Publisher, New York, 2001.

《Armies and Warfare in the Middle Ages》 MICHAEL PRESTWICH, Yale University press, New Haven and London, 1996.

《D-DAY, 24Hours That Saved the World》 Editors of Time, Timebooks, 2004.

《D-Day》 R.W 돔프슨 지음, 이용호 옮김, 백조출판사, 1974.

《FIGHTING TECHNIQUES OF THE ANCIENT WORLD》Simon Anglim, Phyllis G. Jetice, Rob S. Rice Scott M Rusch John Serrati, THOMAS DUNNE BOOKS, ST MARTIN'S PRESS, NEW YORK, 2002.

《History of WARFARE》 H.W. KOCH, PRC Publishing Lit, London, 1987.

《MEDIEVAL WARFARE》 Edited by Maurice Keen, OXFORD, UNIVERSITY PRESS NEW YORK 1999.

《THE ART OF WARFARE IN WESTERN EUROPE DURING THE MIDDLE AGES》 J.F. Verbruggen, THE BOYDELL PRESS, 1997.

《The Civil War》 Edited by William c. davis and Bell I Wiley, Black Dog & Leventhal Pubishers, New York, 1983,

세상의 모든 전략은 전쟁에서 탄생했다

발행일	2012년 5월 15일 초판 1쇄
	2021년 11월 10일 초판 25쇄
지은이	임용한
발행인	안병현
발행처	주식회사 교보문고
출판등록	제406-2008-000090호(2008년 12월 5일)
주소	경기도 파주시 문발로 249
전화	대표전화 1544-1900
	도서주문 02-3156-3681
	팩스주문 0502-987-5725

ISBN 978-89-97235-54-4   03320
책값은 표지에 있습니다.

이 책의 내용에 대한 재사용은 저작권자와 교보문고의 서면 동의를 받아야만 가능합니다.
잘못 만들어진 책은 구입하신 곳에서 바꾸어 드립니다.